本书系国家社科基金项目《汉语语篇衔接连贯规律的描写与解释》
（11BYY094）的最终研究成果。

汉语的衔接

Cohesion in Chinese

曹德和　著

全国百佳图书出版单位
时代出版 时代出版传媒股份有限公司
黄　山　书　社

图书在版编目(CIP)数据

汉语的衔接/曹德和著.—合肥:黄山书社,
2022.12
ISBN 978-7-5737-0587-7

Ⅰ.①汉… Ⅱ.①曹… Ⅲ.①汉语-语言学
Ⅳ.①H1

中国版本图书馆 CIP 数据核字(2022)第 251237 号

汉语的衔接
HANYU DE XIANJIE

曹德和 著

出品人 葛永波
责任编辑 胡 月
责任印制 李 磊
装帧设计 钱志刚
出版发行 黄山书社(http://www.hspress.cn)
地址邮编 安徽省合肥市蜀山区翡翠路 1118 号出版传媒广场 7 层 230071
印 刷 安徽新华印刷股份有限公司
版 次 2023 年 7 月第 1 版
印 次 2023 年 7 月第 1 次印刷
开 本 700 mm × 1000 mm 1/16
字 数 286 千字
印 张 20.25
书 号 ISBN 978-7-5737-0587-7
定 价 68.00 元

服务热线 0551-63533706
销售热线 0551-63533761
官方直营书店(https://hsss.tmall.com)

引起思考:从篇章再到句子

——序《汉语的衔接》

史有为

曹德和先生要我为他的《汉语的衔接》写序。我自知对于语篇没有多少研究,不敢承诺,但架不住陆丙甫兄从旁鼓动,加之与德和兄有南昌大学之谊,也就硬着头皮应了下来。其实我心里有数,自己并非作序的最佳人选。我把这个委托看成一次学习,也看成给我一次思考的机会。借此机会,我可以交一份学习笔记而已。

我是写过一点语篇方面的文章,加起来也就两篇半①。一篇半是为了二语教学的,还有一篇是被华东师大拉去作报告,整理后在《修辞学习》上发表,其实没有多大进步。这些都是从二语教学着手,以二语基础教材作分析对象,比较局限,分析也就初浅,不大会涉及汉语语篇的细微特点与深层机制。

语篇方面的文章我看得不多,但这次是集中看了 14 篇,都是《汉语的衔接》(以下简称《衔接》)的内容。衔接,我在文章中称之为"接应",其实都是 cohesion 的对应。曹书名为《汉语的衔接》,在书名上平行于国外开山之作《英语的衔接》(*Cohesion in English*),其意可敬。

《衔接》所论丰富,从语篇的广狭观到各种语篇衔接问题,再谈到相关的话题与主语争议,最后落实于"语篇推进",让人目不暇接。其中有许多新的观点或新的发现,都让我印象深刻,也有同感。例如第五章(《语篇学核心概

① 笔者所写两篇是:《语篇、语篇法则和语篇教学——中国语教育学研究之五》,[日]《应用言语学研究》2004 年第 6 期(收入《寻路汉语》时改名《语篇和语篇法则引论》);《汉语语篇连贯性问题概析》,《修辞学习》2004 年第 5 期。另有半篇:《关于语篇一词汇主导教学——从对日汉语教学中词汇的地位谈起》,《对外汉语研究》2005 年第 1 期。

念:“衔接”与“连贯”》)提出的“基于节奏衔接、音节衔接、韵部衔接、声部衔接、声调衔接的可及性乃至粘合力表现为由高到低的连续统(continuum),与此相应,则节奏衔接的连贯度高于音节,音节衔接的连贯度高于韵部,韵部衔接的连贯度高于声部,声部衔接的连贯度高于声调”,确实让人眼前一新。

《衔接》第七章还谈到“共轭衔接”,很有新意。“共轭”这个词很吸引人,但又有些生僻。笔者想了许久,才找到一个词“共枕”,也许可以用来理解“共轭”。共枕者,一定是不同大小高低的东西共枕于同一依托上。这个依托是一个可以共同容纳被依托者的概念或事物,而且地位有可能高于被依托者。用“共枕”来理解“共轭”,一下子就容易了许多。比如《衔接》中的用例:

(1)头、颈、两上肢和右腿无运动障碍,/左下肢完全瘫痪。(张卫光《轻松学习系统解剖学》)

(2)活是一条心,/死是一堆土。(袁勃《逃到甜蜜的地方》)

(3)由于自己不小心,柴禾烧着了,/大火燃烧起来。([德]格林著,童欣译《格林童话精粹》)

例(1)划线词共枕于“躯干”,例(2)划线词共枕于“生命”,例(3)划线词共枕于“燃烧”。但“共轭”还有“控制、制约”之意,这是“共枕”所缺少的。于是,过去以为的“意合”,逐渐变得有了些许形式,让人可以把握。说明所谓的意合里有些还是有抓手的,并非完全没有形式的影子。只是这个形式并非西语的形态,而是汉语的有语义共处范畴的语义形式(词汇)。

《衔接》还尝试用“可别度领先原则”(the identifiability precedence principle)解释为什么存在无定数量名主语句,试用一种新的“后景信息”(background information)和“前景信息”(foreground information)概念来替换传统认为话题是“已知信息”、述题是“未知信息”,以此说明更多的话题—述题的搭配类型。这些都发人遐思,催人一探究竟。

《衔接》有许多观点都与笔者相同或相似。比如第四章谈到主语和话题的关系。书的作者“赞同将主语与话题视为交叉关系”,“话题特征如同焦点特征一样,不仅从未淡化过自身的依附性,而且没有丝毫迹象表明,它会最终放弃动态话语调节者的身份而转变为静态句法成分。再次因为我们注意到,主语与话题的语法差异并不是句法因素作用的结果,而是语用因素影响的产物”。

主语与话题为许多学者所纠结。笔者本人在话题的探究上有过反复和多次否定,曾在“主语等同话题”与“话题句法化”等方面为之伤神揪心,在最近的研究中才认识到话题与主语只能是交叉的,各自有其分布。这与本书作者走到一起了。话题仍应保持语用的身份,因为不是所有话题都是主语。话题只是一种语用上的蕴含,需要突显。而突显就需要条件和标记。这也许可以称为“话题蕴含观”,也可以为话题和主语的关系带来一些自由。

主语和话题,与语篇的形成关系甚大,因为它们发挥着特殊的衔接作用。有些被认为“意合”的,实际上是主语或话题以蕴含的方式在发挥接续作用。比如古代的小说或话本,就是讲故事,叙述事件的来龙去脉。很多话都是接着上文而来的,将前面的叙述,暗暗插入一个“欲知后事如何”,当作话题,然后展开“且听下回分解”,这分解就是下文展开的说明。一环套一环,形成一串一串“话题—说明”的叙述链。于是全文就这样衔接而连贯了起来。

至于诗词,当然也会有话题,有说明,但常常在更深的隐藏下发挥衔接的作用。例如:

(4)寻寻觅觅,冷冷清清,凄凄惨惨戚戚。乍暖还寒时候,最难将息。(李清照《声声慢·寻寻觅觅》)

“寻……冷……凄……”是三个分句,它们共同营造出一种氛围,它们共同拥有一个话题,就是“诗人此时的心境”,但隐藏而不说。这正是诗词的高明手法，让每个读者都可以不自觉地代入，从而与诗人产生共鸣。而这三个分句又可以成为“乍暖还寒时候，最难将息”的话题，让“乍暖还寒时候，最难将息”成为画龙点睛的说明。最后这两个语段，“乍暖还寒时候”又成为“最难将息”的话题。高明的诗词就是不断设置蕴含式的空缺与勾连，包括话题蕴含式的空缺与勾连，让读者驰骋想象去填补，一层又一层地进入作者设计的意境，并衔接所有的诗句或场景，使全诗形成一个具有连贯性的整体。这些也就是《衔接》第七章所说的“同指衔接”。

又比如《衔接》第六章，其中指出：“借助衔接手段构成的，归于显性衔接（overt cohesion）；借助语言环境构成的，归于隐性衔接（implicit cohesion）。”这与我在《语篇和语篇法则——兼及语篇教学》中提出的“显逻辑接应”与“晦逻辑接应”几乎一样。只是我不愿意用“隐性”这样的字眼，因为它们的逻辑联系的性质很微弱甚至时常晦暗、模糊，不但缺少逻辑性明确的关联词语，而且常常难以添加连词等关联词语以突显其间的关系。例如，“累了，在这儿休息一下吧”，不能添加连词说成“因为累了，所以在这儿休息一下吧”。这里既有因果的联系，也有承接的意思，介于两种逻辑关系之间，可以说是一种两可式边缘性的逻辑联系。故而觉得“晦暗不明”更能显示汉语的特点，更具有柔性，更容易与“显逻辑接应”连成一个系统。也许，这只是我对隐性衔接里多种情况的一种解读。

通观《衔接》，每个章节都是言之有物的，并非人云亦云，也无空语浮言，而是实事求是，有个性、有独到见解。我希望有更多的人能读到这本书，让语法研究走出传统狭小的天地，走向大语法。

阅读中笔者也约略了解到如今语篇研究的现状，学到不少新东西，也催生出点滴思考。兹记述如下，以明读稿所获。

思考之一：汉语研究的再继承与真自信。《衔接》第一章就论述黎锦熙和刘世儒合著的《汉语语法教材》第三编（以下简称《教材三》）。该教材详细分析了“复式句和篇章结构”，甚至论述了“形合”和“意合”，并注意到语音的衔接作用，包括语调和停延的衔接作用，注意到平行句式的衔接作用。

特别是语音衔接,这是该书首次发现的,尤为重要。它为汉语建构了一个相当全面的衔接手段系统。《衔接》评曰:“完全有资格被视为汉语衔接科学研究开山之作。”

笔者过去也曾读过《教材三》,但当时不以为然,觉得太繁琐,没有必要。在那个时候,学界的关注点都在单句结构上,甚至复句都不可能有单句那样的“幸运”。而这个疏忽,这样的狭窄,居然持续了半个世纪,是曹德和老师首次发现了《教材三》的现代价值,让人眼前一亮,提醒了我们,走出单句小天地,重新评价这部被忽视的著作(当然它还有许多不足)。这足以说明作者见识的不凡。

其实,再往前一步,看看黎先生那些曾经被批判的“句本位”“图解法”和“离句无品”说,可能也会有新的感受。黎锦熙一生以教学为业,著书也是为了语言教学。语言教学,必须以语句为出发点,从可成立的话语开始。这应该就是“句本位”的本意。承续了这样的思想,《教材三》才会走向句群和篇章。这与现代的做法是相仿的。“图解法”说明语句组合中的确存在核心成分,至今都无法否认,“向心结构”的结果就是一例。这其实还是现代思想之一。“离句无品”说的是大实话,离开语句,一个孤零零的概念,怎么知道它的功能与类属?现在词典中标注的词类无非都是想象在某一意义下会如何在句子中活动,或根据实际语料的表现,然后才分出的类别。这岂非无法“离句”吗?人们见到或听到一个词,可能会立刻有一种感觉:“哦,这个表示事物,那个表示动作。”这种感觉来自两个方面,一是词义或所指事物,一是使用现实。遇到“桌子”,你有再强的想象力也无法把它看成动词或形容词,因为所指已经限定。遇到“女人”,第一感觉也是名词。而所谓的“很女人”,“女人”的意义已变,当然也不能把形容词用法的“账”算在名词“女人”身上。所谓的使用现实,就是有多少用例用在某些位置。“动”这个词,怎么说都是在谓语位置上,好像没有“一个动”“我们的动”这样的名词或“大名词”的用法。说穿了,我们现在的“离句”后的类别不过是“有多少用例用在某处”的心理汇合,而非语词本身形式上的区别。即使是印欧系语言也是如此。那些词形变化都是句中的表现,无法离开所指事物和使用现实。所谓的形态变化也只是它们的心理汇合。完全离开语句,汉语和英语一样,也只是一个“概念”,无法有形态变化。因此,词类和传统的词类理论都迷信不得。当然,黎先生有局限性,因为他的“依句辨品”过于接受西语中词类与句法成分之间一一对应的理论,又没有跳出教学,他没有把汉语句子篇章也当成一门理论对象来研究。他与刘世儒在《教材三》的问题上同样如此,太想实用了。但《教材三》里的许多思想依然光辉不减,他们实事求是的态度依然感染着我们。这总比依靠少数几个例子创建一套五迷三道的理论要来得靠谱。越过那段苏联模式的片面专断时光,我们终于可以冷静下来独立、自由地判断了,也应该重新认识那些中国语言研究先辈,切不要以为其早已过时。他们的研究蕴藏着许多以汉语为起点的合理思想,会给我们一些新的启发,会激励我们在理论上开创一番。

当前西方理论如潮,又汹涌而来。一时间,论文里不点缀几个“构式”“隐喻”“系统功能”似乎就过不去,可能就会被刊物审稿人打入另册。中国自《马氏文通》以来,经历了120年的近现代语言学的洗礼与探索,早该成人了、成熟了。如果依然像20世纪那样,奉西方时新学说为圭臬,那么这百多年的努力就白费了;或许只能证明我们太没出息、太不争气。难道我们没有大师?马建忠就是一位。“马建忠特别看重‘华文所独’的语法现象,不局限于西方语法单位概念,根据汉语章句传统,把‘顿’和‘读’放到非常重要的地位。当人们用后来的眼光指责《马氏文通》的‘自相矛盾’时,其实很少去体会马氏在汉语语法民族性上的苦心追求。”①马建忠之后,如赵元任、王力、黎锦熙、吕叔湘、高名凯、方光焘、朱德熙等多位前辈大师在创立汉语语言学的许多方面都做出了不同程度的系统性的贡献,并为中国风格的语法学奉献了富有启发性的学说。尤其是朱德熙开创了“词组基点”的学说,为汉语语法学的发展奠定了坚实的基础。我们如今还有多少人会深入研究这些大

① 参见《中国语文》编辑部:《中国语言学的体系建设和时代使命——写在习近平〈在哲学社会科学工作座谈会上的讲话〉发表五周年之际》,《中国语文》2021年第3期。

师的学说？很少很少吧？许多人又都一窝蜂地扑向了西方理论。

中国原是汉语的本家。走过120年,中国也早已是汉语研究的重镇和鉴别地。现在应该是西方研究汉语的论文用中文到中国来发表,让我们来鉴定高下。我们应该有这个自信。可惜,我们还有许多人对自己的家底一无所知,而对外国的理论却常常如数家珍。尤其是外语专业的学者,他们大都不清楚汉语研究究竟到了什么地步,有多少成果,解决了多少具体语言问题。他们似乎仍以介绍外国新理论、以汉语事实证明外国理论为己任,几乎与几十年前一样,不同的则是势头更猛,跟从者更多罢了。笔者不反对学习外国的理论,这些大师也是从学习国外语言学开始的。他们已经把外国的东西"咀嚼"过,也是在引进使用中跌过跟头、走过弯路后,才寻找到适合汉语的立足点。

想到这里,我不由得佩服徐通锵先生,他义无反顾地推出"字本位"理论,极大地冲击了建立于西方理论基础上的传统,显示了他的理论自信。尽管我主张"字—词"双元,尽管我不完全同意"字本位"甚至"本位"用语,但我还是要赞颂这种独立思考的精神。最近,四川外国语大学的王寅先生,也在"咀嚼"过西方认知理论之后提出了独创的"体认语言学"。王寅一直从哲学的高度,冷静平视着西方流行的从索绪尔到乔姆斯基的各种理论,站在人本主义的立场上批判地检视他们。"体认语言学",就是他对认知语言学的一次本土化的创新。如果加上沈家煊先生最近的"名包动""对举""话头"等一些新颖的想法,中国的语言学者们似乎应该更多地关心国人的创造,应该多一些争鸣来深化对汉语的认识,而不要重走过去的旧路。

我们必须批判地继承前人的成果,也必须在此基础上去"咀嚼式"地面对所有新出现的东西。对待外来理论,当然同样要平视它们,批判地吸收,而绝不要尚未分辨就全盘接受。我们需要了解语言学的发展史,也需要清楚本国语言学的发展史。如果缺乏本国以及世界学术史的眼光,将可能导致前辈学者孜孜以求汉语真实的努力付之东流。我们绝对不能搞历史虚无主义,我们必须重新树立学术自信。否则,基础不牢,外来潮流一来,便立马垮塌，只能随波逐流，永远成为附庸。

思考之二：从衔接到相关性。国外语篇研究一般区分出两个方面：cohesion 和 coherence。前者 cohesion 翻译为衔接或接应，其实还有黏着、黏着性、内黏性、连贯、词语联结等意思；后者 coherence 一般翻译为连贯，其实还有黏着、相关性等意思。前者规定为客观意义上的东西，后者规定为主观意义上的感觉。其实 cohesion 和 coherence 的构词基础是一个，都是由 cohe-（凝聚，内聚）而来。这两个术语在形式上过于接近。使用这两个类似的形式来区分很不相同的两个层次，对于中国人来说有些晕乎。外国的解释则更让人觉得有些玄乎。西方人喜欢从哲学层面去考虑问题，容易将简单的事物复杂化、抽象化；而中国人容易将复杂的问题简单化，比较讲究实在。二者各有利弊。西方对这两个术语的解释也许还是从个性与共性两方面去考虑的，很容易将我们的思想引向 cohesion 决定 coherence，还是 coherence 决定 cohesion 这样的形而上层面。或者他们不满足于个别语言的语篇研究，希望开创另一门共性语篇学之类的东西。从现实角度看，这些似乎并不太适合当下的汉语。我们能否从汉语自身来考虑一下，语篇里最基础的东西是什么。

暂时抛开这两个西方术语，从汉语本身来区分，语言本体无非就是形式和意义两个方面。语言研究说到底，就是研究相关性及其程度或手段，研究必需相关和可能相关。这包括形式和意义之间的相关性，也包括各层面或各部分内部的相关性，还包括语言本体和语境以及与使用者之间的相关性。进入交际的语言，从单句到复句，再到句群、段落等，它们中的基础问题无非就是形式与意义两方面的相关性。主语与谓语是如此，从句与主句也是如此，连接成篇后依然还是形式与意义的相关性问题。

单句中主—述—宾之间的形式相关，汉语用的是语序、格式和助词，西语就是形态上的主—述间一致性相关和动宾间及物性相关。单句内的意义相关，就是能否合乎事理。就此而言，汉语与西语基本相同，只是汉语的事理更宽大，更有包容性，西语的事理更狭窄，更像是逻辑命题的翻版。这二者很难简单评价高低。因为汉语同样有逻辑命题式的句式。相反，西语却缺少汉语这样的宽容与灵活。

到了句群语篇，衔接或接应就是语篇在形式上的必需相关；连贯当然就是语篇在意义上的必需相关。意义决定着形式可以采取什么衔接类型，而形式也固化或突显了意义的连贯。形式相关采用关联词语与格式以及其他手段。意义相关就是能否成为一个合乎复合事理的复合述说。汉语的复句更像是句群语篇的缩小版。反过来说，句群语篇更像是复句的放大和延长。句群语篇以及复句的"通顺"就是合乎习惯与语言逻辑的形式衔接与意义连贯。在语篇这个层面上，汉语和西语的相关性也许反而有更多共同语言，否则语篇翻译将不可能被目的语受众所接受。

形式相关建立于意义相关之上，而意义相关也需要形式相关的显示与固化。缺乏意义相关，这样的语篇一定让人莫名其妙，觉得精神错乱；而缺乏形式相关的加持，那语篇意义的理解也就可能出现分歧或混乱。于是，整个话语，从单句到复句再到更复杂的句群语篇，就都可以统一于相关性了。

相关性还体现在语段与语境之间，没有语境的关联，很多句子可能就不能成立。什么叫合格的句子？过去我们往往根据一个句子孤零零地来判断，因此常常有不同的结论，有人说可以成立，有人反对。殊不知，在判断的时候已经加上了不同的语境，例如：

(5)？房间里谁也不在。

例(5)这句话虽然每个语法环节都没有问题，但刚一接触，我们的第一反应是"不说"。我们平时说的是"房间里没人"，那是否判定它为"病句"？这又让我们犹豫。慎重些，再想想，就发现该句应该有上文，应该是承接问句的。当有人问："张三在房间里吗？李四也在里面吗？"那时，我们会回答："房间里谁也不在。"可见，句子的成立有两个条件：一个是句子本身在句法上是否合格，另一个是有无适合该句子的上下文或语境。所谓上下文，也就是语篇的角度，可以看成言内语境。场景之类的语境则可以看成言外语境。这样一来，句子的合格问题，就可以看成句子与广义语境的相关性问题，也就是与广义语境的衔接问题。再如：

(6)老公！我有很胖吗？

——不会啦！你这样刚好。(台湾八耐舜子漫画中的对白)

又如例(6)，对于标准普通话来说“有很胖”是不成立的，而用“不会啦”来回答简直是匪夷所思，有失连贯或通顺。标准的普通话答案是“不”或“不胖”。如果引入语境：台湾人的对话。那么这一段对答还是成立的，我们的语码标准必须转移到台湾的变体上。台湾的许多“国语”都是将闽南语的某些片段逐字用“国音”去“转读”，由此形成了台湾特有的通用语变体。在这里，“有”已经助动词化。对这种“有”，目前还存在分歧，有人认为还是动词，有人认为可能已成为助词。本人认为，这是一种表示存在或已然的新型助动词。“不会啦”里的“会”也已经作为习常用语“不会”里的一员而彻底改变了功能，与“啦”配合，共同起着肯定“否定”语气的作用。“不会啦”已经成为一种固定用语。至于是否属于词汇化的一种，可以再研究。

不同语言的形式相关有高低程度之分，甚至在同一语言中不同类型的句子或语篇也会有不同程度的相关。不同语言的意义相关，虽然也存在不同，但可能更多的是相似相近，大同小异，因此即使直译人们也能大致接受。从类型学上讲，形式相关性应该更显著，更有个性，也就更加急需研究。这就是衔接研究会被各国普遍重视的原因。《衔接》以“汉语的衔接”为题，正说明作者抓住了要害。

思考之三：衔接手段的应用取向。从口语到书面语，交际中的一个独词句“火！”一个招贴“禁止吸烟”，都可以作为语篇看待。但这些独词独句的语篇，无须言内的衔接手段，而只需要与言外语境衔接。只要与言外语境配合恰当，就是好的衔接，就可以成立。但我们更重视的还是言内的衔接。言内衔接的手段非常多，即以显性衔接而言，《衔接》提到的有：关联词语、标点符号、同指、共轭、押韵、谐音、节奏与平行句式等衔接手段。有的明显倾向于语言的通用类型,适用于一般的口语或文章,有的则倾向于书面或高层次应用,有的则更多用于文艺性诗文。

比如,《衔接》分析押韵、节奏和平行句式等有着衔接的功能,对此,笔者也曾提出与其相当的"韵律呼应"。笔者认为在对外汉语教学中可以利用语句长短、节奏、平仄等配合的高层次接应手段,一般在书面文章中使用,在基础口语阶段一般不必学习。其中又可分为三种:长短接应;节拍接应;声调接应。其级别和难度按次序逐级上升。律诗则是韵律接应的最高典范。韵律由于牵涉到句子或结构,因此,同时也是结构配合类手段。①

《衔接》所说的平行句式就是通常所说的排比句格式和对仗格式。这当然是一种更为特殊的衔接。这种衔接的取向本就比较模糊,可以是消极修辞,更多的是积极修辞。我们也可以推一推,完全归入积极修辞。但从话段和话段之间的关系看来,又未尝不是衔接的一种。尤其是对仗,其特殊点在于,往往可以将表面意义上毫不相干的两类事物放在一起,用对仗联系起来,从而成为另一种供人欣赏的语篇。这是特殊意义上的衔接,所产生的也是更具文艺气息的语篇。因此,这样的衔接就涉及了文章学甚至文艺学的范畴。语篇衔接是属于消极修辞的,而文章学更多的是积极修辞。后者好歹还可以算是广义的语言学。至于文艺学,则完全属于艺术范畴。我们且举几个例子来看看:

(7)东家门里有酒肉,佃户家中无米面!(贺敬之、丁毅《白毛女》,曹书用例)

(8)天上一弯月,人间万盏灯。(傅桂香《桂香诗词续集》)

(9)绿竹别具三分景,红梅正报万家春。横批:春回大地。(张文清《对联大全》)

(10)南通州,北通州,南北通州通南北;春读书,秋读书,春秋读书

① 参见史有为:《汉语语篇连贯性问题概析》,《修辞学习》2004年第5期。

读春秋。(辛远《最新实用对联大全》)

(11)嫂扫乱柴呼叔束;姨移破桶令姑箍。(贾德江《英汉语对比研究与翻译》)

(12)氷(冰)冷酒,一点,两点,三点;丁香花,百头,千头,万头。(张允杰《对联知识一本通》)

例(7)是在同一场景中两个相对立的相关现象,共同描绘了旧社会,使描绘更加完整。

例(8)是貌似两个无关的景象,放在一起组合成天上地下相呼应的景象。

例(9)分别描绘了两个不同的植物,竹子和红梅,似乎并不相关,尤其是上联的绿竹可以在春、夏、秋三个季节出现,但在横批"春回大地"的导引下合景于一体,显示"春"归的效果。也就是说,对联的衔接是特殊的,常常需要更大或更高的语境才能显示其特殊的"连贯"。

例(10)的上下联则完全没有语义或事理的关系,是一种"语言游戏"。这显示该种衔接不但是特殊的,也可以是纯技术的。

例(11)利用四对同音词来组成上下联,这也是一种语言游戏。同样,押韵、谐音、语音节奏等手段也必须建立在语义相关的基础上,否则就会成为语言游戏,而不可能让该韵文成为具有连贯性的有意义的语篇。

而建立在汉字基础上的形体衔接,则更需要谨慎,搞不好就很容易成为"文字游戏"。例(12)就是这种情况,上下联在语义上毫无联系,也很难共处于一个更大的语境之下。这样的衔接确实构成了汉语的对联,可供欣赏,但也只有语言文字游戏上的赏玩价值。

以上例子告诉我们,语言的应用其实很广,远非传情达意那么单纯。人的语言除了有交际功能,还有娱情养心的功能。我们的研究过去仅关心交际,而忽视怡乐,这是一个缺憾。这些例子也告诉我们,衔接手段有应用的取向问题。哪些倾向于消极修辞时使用,哪些更多地在积极修辞时使用,应该也是语篇研究的一个课题。

语篇研究与文章学[1]常常有交叉,文章学又与文艺学等有着说不清的关系,都很难“一刀切干净”。且不管它们有多少“纠缠”,如果我们能把这些衔接手段都描写清楚、研究透了,自然也就明白应该如何应用了。这总归是功德无量的好事。

思考之四:什么才是汉语的句子? 我们常常困惑于标点与断句。一句话,到底何时结束,何时又可以重新起头。我们现在受到太多西方句子观念的影响,以为句子必须是有主语的。哪里有主语,哪里就可以作为句子的开头,于是句号就点在该句的前面。殊不知,汉语隐匿的主语或话题,恰恰是一种衔接手段,可以使得文章简练且流畅。受西式句子的影响,有些语文教师就以这样的句子观教育学生;有些国人(尤其是中小学生)接受这样的句子观,笔下的文章就渐渐主语频频,变得一板一眼,不再生动,也不再流畅。欧化已经从长修饰语开始逐渐侵蚀到汉语句子的架构,侵蚀汉语的衔接系统,甚至侵蚀中国人的语感以至思想。这不得不让人警觉并格外警惕。

西语是屈折形态语言,汉语缺乏屈折形态,是孤立语。因此,西语的句子基本上带着主语。这是它们的句法要求使然。而汉语是一种很借助语境的语言,这使得汉语很简洁,每个小句也精干。汉语的句子完全有权也有理与西语不同。汉语是以“意”(传统所谓的“气”)来控制语句的开头与结束的。“意”是什么,就是针对一个“话题”陈述一个相对完整的“事”。换一种说法就是:一个相对完整的“意”或“气”,即一个广义的“事”。所谓广义的“事”,就是将一个判断、一个评论、一个描述,也当作“事”,而并非仅仅动词性叙述才可以归属为“事”。“意”尽“事”止,句子方打圈结句。主语并非句子的必备。主语可以承上或依据情境而省略,只要“事”的过程相对完整或

---

① 文章学也称辞章学,是研究文章内部的规律和读写文章规律的科学,可以定位为与诗学、散文学类似的学问。内容包括修辞学和风格学。它更多着眼的是如何立意谋篇,如何适境定位,如何得体美辞,如何鉴赏评识,如何获得效果,更多的是积极修辞。也有人将文章学内容归纳为句读和段落、句子的安排、文章的省略、文章中的会话、文章的静境、文章的动态、文气等,基本上就是研究语言板块的设计、设置、修饰、布局以及鉴赏评价。

独立即可断为一句。相反,即使有主语也可能不成一句。

我们选择陈忠实《白鹿原》里的一段来说明汉语上述的特点(每个句子开头用打圈的①②表示,主语用下划线表示。方括号表示所隐含的信息)。请看:

(13)①[白嘉轩]连着死了四个女人,嘉轩怕了,[他]开始相信村人早就窃窃着的关于他命硬的传闻,[他]怕是注定要打一辈子光棍了。②他的老子秉德老汉为他张罗再订再娶,他劝父亲暂缓一缓再说。③秉德老汉把噘着的嘴唇对准水烟壶的烟筒,[他]噗的一声吹出烟灰,[他]又捻着黄亮绵软的烟丝儿装入烟筒,[他]又噘起嘴唇噗的一声吹着了火纸,[他]鼻孔里喷出两股浓烟,[他]不容置疑地说:"再卖一匹骡驹。"(陈忠实《白鹿原》)

《白鹿原》是一部没有被欧化感染的小说,语言纯粹,描写生动,含义深刻,因此获得了茅盾文学奖;虽然处处有着陕西话的方言影子,却是地地道道的汉语,非常难得。小说显示了汉语母语者是怎样思维,怎样行文,怎样认识句子的。从这段文字里至少可以看出下面三点:

1)主语并不意味着句子开头。该例有5个主语,却只断成3句。可见主语处不一定非得是句子的开头。第①句4个小句,第1小句的开头没有主语,主语信息是补自后面第2小句的。第3、4小句也没有主语,都是承接第2小句的。第②句两个小句都各自有主语,却非要结成一个句子。第③句有6个小句,却只有一个主语,其余小句的主语信息都是承接第1小句而来。可见西语句子的开头通常必有主语这一点对汉语并不合适。

2)话题或主语与述谓成分所呈现的语义图景决定了句子的界限。第①句4个小句的话题是"连着死了四个女人,嘉轩怕了",后面都在说明这个"怕"。它们共同描绘出一幅"怕"的图景。第②句仅两个小句,但共同描绘了父子二人的不同打算。第③句的话题是隐含的,是“秉德老汉怎么考虑并决定”,6个小句都是说他如何考虑和决定。6个小句共同描绘出了他抽烟思考并最后说话的图景。在语篇内部彼此互相比较下,事情的语义图景显现出不同的特征与是否相对完整。这就成为不同句子的界限。

3)主语隐含恰恰是一种衔接手段。这一段里,作者的标点显然比较宽,并不按照有主语必是句子开头的西方规矩行事。如果我们将包括分句的所有隐没的“主语”(用方括号“[斜体]”标出),都恢复了出来,那会是什么效果?必然如木轮子被斫了几个大缺口,滚动时一咯噔一咯噔的,语流会很不顺畅。这反证了隐而不见的主语的作用。正是因为这些隐含的主语,全文才如行云流水,这说明主语信息的隐含确实是汉语的一种特别的衔接手段。这大概也就是隐性衔接的一种。再举一例:

(14)①那一年是一九三六年。②A何满子六岁,[*他*]剃个光葫芦头,天灵盖上留着个木梳背儿;B[*他*]一交立夏就光屁股,[*他*]晒得两道眉毛只剩下淡淡的痕影,鼻梁子裂了皮,全身上下就像刚从烟囱里爬出来,[*他*]连眼珠都比立夏之前乌黑。(刘绍棠《蒲柳人家》)

刘绍棠算是北京作家,其语言和标点的用法是可信的。这一段只有2句。第①句是单句,说明时间。第②句A段有3个小句,说何满子六岁后的一贯形象。B段有5个小句,说何满子夏天时被晒后的形象。A、B两段共8个小句,合成一个复句。B段前的分号其实也可以改成逗号。作者也许觉得太长了,就点了分号。其实用逗号可能更好,句子更顺溜。因为B处“一交立夏就光屁股”前面没有主语,打逗号更容易接茬儿。而况从语义勾画出的图景来看,并没有超出“何满子六岁”的画像。

这个例子也证实前面的三点结论是可信的。

当然,如果有人从西语角度去看,那两位作者所用的标点里无疑有一些会被判为错误。幸亏,我们没有让这样的人来审稿来断句。现在,我们也可以理解,小学生为什么会一逗到底。这其实并非学生的过错,也非汉语之过,而是我们以“科学”的名义自动抛弃了传统“句读”的理念,又没有发现或归纳出适合现代汉语的句子规则,更没有教会学生什么是汉语式的句子。现在我们的确要好好反省,我们到底给学生灌输了什么样的句子观。我们应该教会学生区别语体和文体,选择不同风格的句子,让语言和文章都适得其所,各有风味。例如:论说文有更多的主谓句式,而记叙文则有更多的非主谓句式。这些都是自然而然的安排和表现,并非某些怪论所言“汉语没有主谓句”。如果我们把下一代都教育成句句主语齐全,句句如同西语,把汉语特点全扔掉,那么这种语言教育就是彻底失败的。

由此,我们可以更加坚定地走汉语自己的路,只有为汉语母语者认可的标点和断句才是符合汉语的。汉语是一种高度发展的语言,具有自己的语言事理规则①。汉语与其他语言不同,具有合理性。我们千万不要什么都跟着西语走。我们应该为汉语的标点教学提供一个更为科学合理的学说,并以此建立新的句子观。

以上分析告诉我们,汉语的复句其实就是语篇的最小组合单位。两个组合的归属本来就游离于屈折形态之外,有多种可能性。西语如此,汉语更是如此。至于单句或小句,则是语篇的最小成分。句群则是这两类句子的再组合。

我一向认为,二语教学不必讲理论,尤其忌讳大讲语法规则。我一直认为“感性高于理性,优于理性”,最好的语法就是隐藏于课文中的语句篇章。我们从小是怎么学会汉语的?不是通过听懂大人的言语,模仿大人的言语

① 某语言学微信群里曾有人大发“高”论,说汉语缺乏主谓句,“没有句子标点”,因此“汉语是原始语言”,“是低级语言”;只有学会了句子标点,才能算是现代语言;还说“字母文字是产生逻辑学的必要条件”,甚至说“字母表可能也是产生主谓句语言的必要条件”。看来这位朋友读书大有问题,对自己的母语完全不了解,而崇拜欧美语言却已入膏肓之境。其论述充满无知与反逻辑的笑话,值得教育界深深反思。

而学会的吗？学过理性的语法规则没有？没有。但真实的感性的语法已经在模仿中完全学会了。这种语法是活的、生动的，是全息的。因为这是与语境衔接在一起的语法。它们深深刻印在脑中，变成大脑皮层的一部分，可以自然地流出，而无须想对与错。

但理性又是必需的。因为成人由于年龄超过语言养成黄金期，感性和记忆的敏感度、接受能力已经逐渐降低，所以比较依赖理性与文字。又由于科学的基础是人对科学的追求，对所有事物穷尽"发现"，发现更多"为什么"，发现更深、更隐秘的机制。即使暂时没有什么用，或用不上，我们也必须做。语法，不仅仅有句法，还应该有篇章之法，甚至有文章之法。更进一步，语言与语境的关系也应是其中一部分。这些加起来就形成"大语法"。语言是一个巨系统。只有各个组合部相互参照，研究透彻彼与此、整体与部分的相关机制，才能弄清语言的表面以及深层的机制，才有把握回答为什么，也才能真正实现深度学习的"人工智能"。因此，当语篇研究仍处于弱势时，《汉语的衔接》的出现无疑十分有意义，它对理性地了解大语法、了解语篇规则是一次推动。愿更多的学者能阅读此书，能参与这样的研究。

点滴如上，抛砖引玉。是为序。

2021年处暑后再定稿

八十又四于亦蜗居

自　序

本书是在笔者主持的国家社科基金项目《汉语语篇衔接连贯规律的描写与解释》(11BYY094)的基础上,根据著作的体例规范,通过格式调整、文字修订以及内容增删而成。本书主要做了如下工作:

○溯源性地探讨了汉语衔接科学研究的历史起点问题;

○深入考察了广义语篇观与狭义语篇观的分歧由来以及正误评价问题;

○概要性地总结了汉语的句序排列规律;

○在借鉴日本学者有关经验的基础上,就应当如何看待汉语中主语与话题的关系阐述了自己的观点;

○多角度地论析了衔接与连贯的概念界定以及关系说明问题;

○系统性地描写了显性衔接的基本类型及其表现形式;

○专题性地论述了显性衔接中同指衔接与共轭衔接的区分;

○深入探讨了隐性衔接的类型划分以及有关理论问题;

○就押韵衔接、谐音衔接、节奏衔接、句式衔接、字形衔接等开展了分门别类的研究;

○结合反思目前流行的两种语篇推进研究范式,就如何建立能够克短治弱的新范式作了探讨。

其中两种语篇观争议的考辨,汉语句序排列规律的概述,主语与话题关系的论析,以及对语篇推进研究范式的反思,看似与本书主题无关,其实不然。衔接以语篇建构为目的,以语篇实体为依托,对于衔接研究来说语篇界定是绕不开的问题。衔接主要表现为句与句相续,成功的相续从来都是以合理安排句序为前提,不了解有关规律如何合理安排句序?汉语中大量衔接是在话题链中实现,倘若连什么是话题都搞不清楚,基于话题链的衔接研究如何进行?衔接与语篇推进为偕行关系,关于二者的研究密不可分,顾此失彼则唇亡而齿寒。综上以观,前述工作均与本书主题有关,只不过有的直接服务于本书主题,有的间接服务于本书主题,如此而已。

曾经读过一位颇有影响的学者所撰写的一篇颇有影响的文章,其中以下断言——“现在你到书店去看,书太多了,你翻杂志,论文也太多了,可是,这里面90%都是‘学术垃圾’,根本没有用的。”①——可谓触目惊心。这里姑且不论前述断言是否存在“一竹竿打倒一船人”之嫌,我敢自信地说,拙著绝不在其所谓“学术垃圾”之列。在质量标准如此严苛的情况下,我为何敢这样说?原因在于,“学术垃圾”总是患有“重复劳动”和“没话找话”两大痼疾,而拙著与此压根沾不上边。

且不说其中有些工作,如关于汉语衔接科学研究历史起点的探溯,关于汉语句序排列规律的概述,关于语音节奏衔接及其运用研究,关于汉字字形衔接的描写和论析,在汉语学术史上都是“前无古人”;而除此以外的其他研究,即便“前辈时贤论之夥矣”,本书总是力避炒冷饭,且都是从“问题”出发,通过新视角的开辟、新方法的运用、新证据的发掘,以促进有关研究的拓宽与加深。

本书由十四章组成,这些章节无论涉及的是新课题还是老课题,总是力求讲出学术性,亦即总是力求让所述所论具有可资参考的学术价值。

第一章专门论述汉语衔接科学研究的历史起点问题,指出:汉语衔接的科学研究不是始于《英语的衔接》②问世之后,而是始于该著问世之前;黎锦熙、刘世儒合著的《汉语语法教材》第三编③,乃汉语衔接科学研究开山之

---

① 葛兆光:《从学术书评到研究综述——与博士生的一次讨论》,《杭州师范大学学报》(社会科学版)2012年第5期。

② Halliday, M.A.K., &Hasan, R.(1976). *Cohesion in English*. London: Longman.

③ 参见黎锦熙、刘世儒:《汉语语法教材》第三编,商务印书馆1962年版。

作。该著就全面性和系统性而言超越了《英语的衔接》,其有关“意合”研究的见解至今不乏指导价值。

第二章专门论述应当如何看待两种语篇观的分歧,指出:广义语篇观所谓具有表达自足性的单句亦应作为语篇看待的观点难以证伪,这不仅因为衔接亦不时见于单句内部,更因为前述观点是特定语言观的产物,亦即你只要认同系统功能语言学的语言观,你也就必然成为广义语篇观的支持者。另指出:广义语篇观与狭义语篇观并非对错关系,后者的存在不仅有其合理性同时有其必要性。

第三章专门论述汉语句序排列规律,指出:汉语句序分别或综合地受到“时间”“逻辑”“习惯”“韵律”“语境”以及“超常表达”六方面因素制约,“韵律”制约主要表现在不受语音之外因素影响的并列结构,倾向按照“前短后长”次序排列。之所以如此,就事论事地看是这样处理“显得稳重”“读起来效果较好”,追根溯源地看则是地心引力所使然。

第四章专门论述汉语中主语与话题的关系,提出从事有关研究不妨借鉴日本学者的做法,将现象句和判断句作为切入点和支撑点。指出:认为主语与话题为同一关系的看法存在忽视陈述对象已知性与未知性差异的不足,认为主语与话题为平行关系的看法存在类推不当以及将语用特征当成句法特征的缺憾,认为主语与话题为交叉关系的看法则较为符合实际。

第五章专门论述衔接与连贯的概念界定和关系说明,指出:所谓衔接与连贯没有必然联系的说法经不起学理推敲。连贯乃衔接效果之体现,衔接效果乃衔接功能的具体化,衔接功能以衔接形式为依托。尽管其他语境因素亦会在一定程度上影响到衔接效果,但基于前述表里值对应关系,有衔接必有连贯,这里只存在连贯好坏的问题而不存在连贯有无的问题。

第六章专门论述显性衔接的类型及其表现,指出:严格地讲,显性衔接不仅包括借助衔接纽带构成的衔接,同时包括借助衔接桥梁构成的衔接。所谓衔接桥梁亦即黎锦熙、刘世儒所谓“连词语”“连词句”,亦即近年来学界所谓“话语标记”。除此以外,英文字母、阿文数字、法定标点、特殊符号,等等,在显性衔接的构成上亦起到重要作用。

第七章专门论述同指衔接与共轭衔接的区别,指出:有必要基于语义关系的不同将显性衔接大别为二。植根于同指关系的归之同指衔接,植根于共轭关系的——亦即植根于“属与种”“种与种”“整体与部分”“部分与部分”“集合与元素”“元素与元素”等关系的——归之共轭衔接。以上区分不仅具有多方面的语言学意义,也具有相应的心理学根据。

第八章专门论述隐性衔接的类型划分以及与其有关的理论问题,指出:隐性衔接在范围上包括“广义因果”型、“背景—事件”型、“概述—详述”型、“思维断片”型、“含义支撑”型;隐性衔接与显性衔接的区别表现在语义层面且只是表现在语篇之内;隐性衔接的用例鉴别当以形式为根据;隐性衔接的类型划分无法仿效复句的类型划分;在“含义支撑”型隐性衔接的学理解释上,需要防止将索引引出语承载的语义当成索引语承载的语义。

第九章专门论述押韵衔接,指出:汉语中的押韵与押声、押音节以及押调乃为不同押音类型。所谓其中有的类型如今业已消亡的说法经不起事实检验。汉语押韵存在“单韵”与“复韵”之别。单韵内部又可分出“脚韵”“腰韵”“头韵”“脚头韵”等多种类型。不同类型的单韵粘合力不尽相同,对于语篇连贯性的影响力有强有弱。

第十章在完成谐音界定以及谐音类型描写的基础上对谐音衔接作了全面论析,指出:汉语谐音可以分为37种类型,它同32种辞格有着结合为用的关系。谐音的衔接作用尽管有时是依靠自身实现,但多数场合则是得益于结合为用的其他辞格的辅助。在世界语言中,汉语谐音以及谐音衔接之所以表现得尤为抢眼,主要因为汉语有极高的语文差异率。

第十一章专门论述语音节奏衔接,指出:语音节奏是指通过音步或音步组合在略加停顿之后的一次或多次重复所产生的语音复合形式以及主观感应效果。事实表明语音节奏具有衔接功能。前述衔接总是以并列句法结构为依托。与其有关的并列结构组织原则主要表现为“尽量取齐”“等长归并”“前短后长”。

第十二章专门论述平行句式衔接，指出：平行句式乃为通过将两个或两个以上语法结构相同或相近的句式加以并置而形成的复合型句式。平行句式具有衔接作用的观点经得起实证检验。虽然其衔接作用缺乏自足性，但具有多方面优长，故而有很高的出场率。“服从需要”“表里和谐”“兼顾韵律”“合体适量”，乃其必须遵守的语用原则。

第十三章专门论述汉字字形衔接，指出：字形衔接即通过将有着字形信息联系的字符巧妙地安排在前言后语中，从而使得有关语篇形成以字形信息为基础的内部照应。字形衔接主要反映在字谜中，以及主要反映在带有游戏性质的对联和具有幽默色彩的话语中。随着网络交流的普及化和频繁化，近年来汉语的字形衔接方式又有了新发展。

第十四章专门论述语篇推进研究范式问题，指出：目前流行的两种研究范式，即“主位+述位”与“已知+未知”对勘，以及“话题+述题”与“已知+未知”对勘的研究范式，均存在缺乏共识、基础不稳的缺憾。与其相比，以“表基+表核”与“后景+前景”对勘为特征的新范式则更具可取性。这不仅因为它可以避开学术争议，也因为它具有更强的解释力。

史有为先生曾经评论：“现在国内流行的语篇理论和架构大抵都源自西方，多是介绍或将西语用例换上汉语，就算了结。其中虽也有学者从汉语角度深入研究语篇的连贯、接应，但整个框架依然是西方的。”①通过以上十四章论题不难看出，我试图摆脱前述定势，走自己的路。

前面说本著总是“力求讲出学术性”，尽管有此目标，但在整合书稿时我遗憾地发现，其中有的论述，如第三章关于因果复句、目的复句句序排列规律的论述，学术性不强。有关文章发表于 2005 年日本《中国语研究》总 47 期，根据近年的研究看，当时的观点失之简单化。可以肯定，其中还存在其他不足乃至错误，只是我暂时没有发现罢了。以上十四章虽然都是围绕衔接展开，但不同章节各有侧重，读者可以根据兴趣选择性翻阅。熟悉我的同

① 史有为：《语篇和语篇法则引论——兼及语篇教学》，见《寻路汉语——语言习得与对外汉语教学研究》，商务印书馆 2013 年版。

仁都知道,对于难以苟同的观点,我从来都是"不为尊者讳"地展开讨论;我诚恳希望,如果哪位翻检拙著时看到难以接受之处,不妨"以其人之道还治其人之身",直言不讳地给予批评指正。

有必要提醒的是,拙著个别术语的使用存在范围以及色彩上的前后差异,如"衔接纽带",在有的章节中是作为内含"衔接桥梁"的概念使用,在有的章节中是作为与"衔接桥梁"相区别的概念使用;又如"主位",在有的章节中是作为正面概念出现,在有的章节中则给予了质疑。对于为何有时前后矛盾,吕叔湘先生在《汉语语法分析问题》中有专门论述,这里就不予解释了。

笔者主持的国家社科基金项目得到了夫人王卫兵以及我多年前的博士生傅满义、黎洪、刘颖以及潘明霞的协助,其中有些研究项目是与他们合作完成的。因基本观点来自于我,征得其同意,本著由我独立署名。在此谨对他们的无私支持表示衷心感谢。当然,需要给予感谢的绝非仅限于此。在从事有关研究过程中,我经常向陆丙甫先生求教,他总是不厌其烦地一一作答。他给我的帮助实在太大太大。另外,我还需要感谢高万云教授和胡习之教授,遇到难以抉择之处,我习惯征求他俩意见,拙著不少地方的处理都是与他俩切磋后酌定。不言而喻,我还需要感谢我国语言学重要领军者史有为先生,感谢这位不论为人还是治学都一直被我视为楷模的学界前辈,感谢他不惜牺牲自己宝贵的科研时间,精心为拙著撰写的既有导读作用又有深化思考作用的长篇序言。毫无疑问,最后我还要感谢黄山书社教育文化编辑室张向奎主任,以及该社具体负责本书的胡月编辑。拙著最终能够以令人满意的质量出版,乃得益于黄山书社自上而下的全力支持和辛勤付出。

目 录

第一章 汉语衔接科学研究重要历史钩沉 …… 001

第一节 引言 …… 001
第二节 《教材》第三编:汉语衔接科学研究开山之作 …… 001
第三节 《教材》第三编:汉语衔接科学研究系统之作 …… 002
第四节 《教材》第三编:汉语衔接科学研究前卫之作 …… 004
第五节 《教材》第三编前卫性提要发微 …… 007
第六节 结束语 …… 011

第二章 广义语篇观立论基础考察 …… 013

第一节 引言 …… 013
第二节 狭义论者何以拒斥广义语篇观 …… 014
第三节 狭义论者的批评是否足以证伪 …… 016
第四节 广义论者为何始终坚守其看法 …… 020
第五节 结束语 …… 023

第三章 汉语句序排列规律 …… 025

第一节 引言 …… 025
第二节 时间制约下的规律 …… 026
第三节 逻辑制约下的规律 …… 027
第四节 习惯制约下的规律 …… 034
第五节 韵律制约下的规律 …… 036

第六节　语境制约下的规律 …………………………………… 039
第七节　超常表达制约下的规律 ……………………………… 041
第八节　结束语 ………………………………………………… 043

第四章　汉语主语与汉语话题的关系 ……………………………… 044

第一节　引言 …………………………………………………… 044
第二节　通过借鉴看汉语中同主语与话题有关的现象句和判断句…… 044
第三节　从现象句和判断句看主语与话题认知基础的异同 ………… 046
第四节　从现象句和判断句看主语和话题语用功能的异同 ………… 048
第五节　从现象句和判断句看主语与话题语法特征的异同 ………… 049
第六节　关于主语与话题关系三种观点的检讨 …………………… 051
第七节　检讨之后的再讨论 …………………………………… 062
第八节　结束语 ………………………………………………… 064

第五章　语篇学核心概念:“衔接”与“连贯” …………………… 065

第一节　引言 …………………………………………………… 065
第二节　从常识认知看问题 …………………………………… 066
第三节　从学术思辨看问题 …………………………………… 069
第四节　从实践需要看问题 …………………………………… 072
第五节　结束语 ………………………………………………… 076

第六章　显性衔接的类型及其表现 ……………………………… 080

第一节　引言 …………………………………………………… 080
第二节　显性衔接中的纽带衔接 ……………………………… 080
第三节　显性衔接中的桥梁衔接 ……………………………… 103
第四节　结束语 ………………………………………………… 116

第七章　同指衔接与共轭衔接 …………………………………… 117

第一节　引言 …………………………………………………… 117

第二节 同指衔接及其特征 …… 118
第三节 共轭衔接及其特征 …… 123
第四节 两类衔接区分与学术研究系统化 …… 128
第五节 两类衔接区分与规律说明精晰化 …… 130
第六节 两类衔接区分与对比考察深入化 …… 131
第七节 结束语 …… 134

第八章 隐性衔接类型描写兼理论探讨 …… 136

第一节 引言 …… 136
第二节 隐性衔接类型描写 …… 136
第三节 隐性衔接理论探讨 …… 141
第四节 结束语 …… 150

第九章 押韵衔接面面观 …… 152

第一节 引言 …… 152
第二节 押韵衔接的形式描写 …… 153
第三节 押韵衔接的功能验证 …… 159
第四节 押韵衔接的理据探讨 …… 164
第五节 结束语 …… 171

第十章 汉语中的谐音类型以及谐音衔接 …… 180

第一节 引言 …… 180
第二节 汉语中的谐音类型 …… 181
第三节 汉语中的谐音衔接 …… 199
第四节 结束语 …… 215

第十一章 语音节奏衔接以及并列结构组织原则 …… 218

第一节 引言 …… 218
第二节 语音节奏具有衔接功能的事实证明 …… 218

第三节 语音节奏衔接功能成因的学理解释 …… 221
第四节 与语音节奏有关的并列结构组织原则 …… 225
第五节 结束语 …… 230

第十二章 平行句式衔接及其运用研究 …… 233

第一节 引言 …… 233
第二节 平行句式衔接功能之事实论证 …… 234
第三节 平行句式衔接功能之学理解释 …… 237
第四节 平行句式语用原则之探析 …… 240
第五节 结束语 …… 244

第十三章 汉字字形衔接 …… 245

第一节 引言 …… 245
第二节 语言隐显结合层面上的字形衔接 …… 245
第三节 语言显性层面上的字形衔接 …… 251
第四节 结束语 …… 260

第十四章 语篇推进研究范式回顾与新探 …… 261

第一节 引言 …… 261
第二节 语篇推进研究的两种范式 …… 261
第三节 两种范式的异同考辨 …… 263
第四节 取舍之前的权衡与反思 …… 264
第五节 必然选择:博采基础上探索新范式 …… 267
第六节 新范式能够解释以往无法解释的现象 …… 270
第七节 新范式能够在广度和深度上将研究向前推进 …… 273
第八节 结束语 …… 275

参考文献 …… 276

第一章　汉语衔接科学研究重要历史钩沉

第一节　引　言

汉语衔接的科学研究起始于何时？是起始于韩礼德(Halliday,M.A.K.)和哈桑(Hasan,R.)《英语的衔接》(*Cohesion in English*)①出版之后还是之前？对于这一关系到如何正确认识汉语衔接科学研究发展史的重大问题，作为学界中人无疑应当有所了解。本文将以事实说明,汉语衔接的科学研究起始于《英语的衔接》问世之前,黎锦熙和刘世儒合著的《汉语语法教材》第三编②(以下简称"《教材》第三编")是汉语衔接科学研究发展史上第一座里程碑。

第二节　《教材》第三编:汉语衔接科学研究开山之作

语言衔接研究乃为现代语篇学(modern text linguistics)核心课题,科学化的衔接研究应当具备该学科的基本特点:1)它以超句体(units larger than sentences)——亦即以复句、句群、段落、篇章——为主要资源对象(resource

① Halliday,M.A.K., & Hasan,R.(1976).*Cohesion in English*.London:Longman.

② 参见黎锦熙、刘世儒:《汉语语法教材》第三编,商务印书馆1962年版。

object);2)它旨在揭示超句体生成规律,而句际衔接为其研究重心;3)它注意动态研究与静态研究的结合,是为了更好地说明超句体的动态生成;4)它立足语言分析,重视语境条件,始终坚守实证原则。职是之故,黎锦熙、刘世儒合著的《教材》第三编,完全有资格被视为汉语衔接科学研究开山之作。或许有人会质疑,语法主要研究句内组合,衔接主要研究句际接应,一部语法教材怎可当此殊荣?道理在于,《教材》第三编论述的语法,不是以揭示句法规律为指归的微观语法,而是将篇章组织规律探求涵括在内的宏观语法,亦即它论述的是"退而'分析',便是词类底细目,进而'综合',便成段落篇章底大观"①的宏观语法。该著由三章组成,第一章谈复句,第二章谈段落和篇章,第三章谈标点符号,所论皆以超句体为基础。该著有关超句体建构规律的说明,是从"复式句的构成""句群的构成""段落是怎样组成的"等问题的探讨开始,继而就复句、句群、段落的基本类型及其具体表现加以静态分析,不难看出,这样安排意在通过动态过程与静态结果的比勘对照,使学习者更为直观地了解如何利用衔接规律生成适合表达需要的超句体。该著所有表述皆以现代语言学概念术语为依托,而非沿袭诸如"原始要终,体必鳞次""外文绮交,内义脉注"之类传统文论的惯用言说方式,有关结论不仅易于理解和把握,而且大多都经得起实践的严格检验。

第三节 《教材》第三编:汉语衔接科学研究系统之作

语言衔接遍及语篇各个层面,科学化的衔接研究应当具有全面周到的特点,亦即应具有系统性。《教材》第三编可以说基本达致其"治丝不纷,盛水不漏"②的追求。该著首先对超句体进行"形合"和"意合"区分。用到连

① 黎锦熙:《新著国语文法》,商务印书馆1992年版,第3页。该书1924年初版即已提出此观点。

② 黎锦熙、刘世儒:《汉语语法教材》第三编,商务印书馆1962年版,第345页。

词的归于前者，没有用到连词的归于后者。连词“没有实在的词汇意义，只表示一定的语法意义”①，可见，该著的衔接研究首先是从语法层面和语义层面的分界入手。该著还注意到语音的衔接作用，包括语调和停延的衔接作用；②以及注意到平行句式的衔接作用，包括整齐的平行句式和不甚整齐的平行句式的衔接作用。③ 此外，该著还注意到“连词语”“连词句”（黎、刘赋予的称谓）的衔接作用，亦即注意到总是出现在前后文交会之处，诸如“由此可见”“那就是说”之类过渡语和过渡句的衔接作用。④ 在此基础上，它为汉语建构了一个相当全面的衔接手段系统：

- 汉语衔接手段系统
  - 语法衔接
    - 连词以及虚化关联词语衔接
    - 平行句式衔接
      - 整齐的平行句式衔接
      - 不甚整齐的平行句式衔接
  - 语意衔接
    - 词意衔接
      - 同词衔接
        - 顶针式同词衔接
        - 非顶针式同词衔接
      - 代词衔接
    - 句意衔接
      - 等立关系句意衔接
      - 主从关系句意衔接
  - 语音衔接
    - 语调衔接
      - 叙述语调衔接
      - 疑问语调衔接
    - 停延衔接

① 刘月华、潘文娱、故韡：《实用现代汉语语法》（增订本），商务印书馆 2001 年版，第315 页。

② 参见黎锦熙、刘世儒：《汉语语法教材》第三编，商务印书馆 1962 年版，第 8—9 页。

③ 参见黎锦熙、刘世儒：《汉语语法教材》第三编，商务印书馆 1962 年版，第 164—166 页。

④ 参见黎锦熙、刘世儒：《汉语语法教材》第三编，商务印书馆 1962 年版，第 8 页。

第四节 《教材》第三编:汉语衔接科学研究前卫之作

科学化的衔接研究应当有新意有创见,亦即应当具有前卫性,否则,即便观点无误亦只能视为科学复述,而不能视为科学研究。《教材》第三编的衔接研究无疑是具有前卫性的,其前卫性主要体现在:

其一,正确指出语言衔接遍及语篇各个层面。该著论及复句构成时指出:“一般说,可以通过以下几种手段:(A)靠‘连词’或‘关联词语’来组合……(B)靠语音来组合……(C)靠意合法。”①其后又补充说:在复句构成上,平行句式亦能起到“一定的关联作用”②。该著还注意到标点符号对于复句构成的影响,如指出:“她一手提着竹篮,内中一个破碗,空的;一手拄着一支比她更长的竹竿,下端开了裂:她分明已经纯乎是一个乞丐了。”(鲁迅《祝福》)其中的“冒号”用在“分起”与“总括”之间,起到联系上下文的作用。③ “我用不着鼓动任何人——他们都在等候我。”([苏联]别则民斯基著,王君强译《从这家到那家》)其中的破折号相当于连词“因为”,亦起着承上启下的作用。④

其二,不仅注意到语调衔接同时注意到停延衔接。该著认为语音衔接主要体现在语调和停延两个方面。论及前者时该著指出:“‘我们欢乐。他们愁眉苦脸。’这是两个单式句,各保有自己的独立的语调波浪,大都是‘下降调’(3~~~~1)……但如说成:‘我们欢乐,他们愁眉苦脸。’这就是复式句了。何以呢?语调波浪变了,第二分句因为要接着说,起首就受第一分句的结尾语调的影响而不能再高扬上去了(3~~~~1,2~~~~1)。又如说‘他难道就不知道吗?’这个单式句,也有它的独立的语调波浪,就是‘上升

① 黎锦熙、刘世儒:《汉语语法教材》第三编,商务印书馆 1962 年版,第 8—9 页。

② 黎锦熙、刘世儒:《汉语语法教材》第三编,商务印书馆 1962 年版,第 164 页。

③ 参见黎锦熙、刘世儒:《汉语语法教材》第三编,商务印书馆 1962 年版,第 84 页。

④ 参见黎锦熙、刘世儒:《汉语语法教材》第三编,商务印书馆 1962 年版,第 382 页。

调'(1~~~~3);但如说成:'他难道不知道吗？他当然知道的!'这两句要是作为复式句(这疑问号就不表示隔离性的停了)……第一分句因为紧接下一分句,语调要是升得太高,就接不上气了,所以就半升而接下句了(1~~~~2？2~~~~1)。"说明后者时该著指出:"句子和句子之间,一般说都是有休止的。这种休止可分成两种:一是'隔离休止'(书面语就标句号);二是'联接休止'(逗号、分号或冒号)。如果其间的休止是联接性的(停顿短,就在停顿的同时,已经预示了下边还有东西要联接上来的;一般只加逗号),那就是复式句了……如果其间的休止是隔离性的(铿然而止,停顿长,不再向下预示;加句号),那就是各个不相干的复式句了。(或者成了意义上互有关联的'句群',但也不是复式句了)。"①

其三,认为汉语衔接研究应当高度重视平行句式的地位。该著注意到"汉语的复合词以双音节为多,易于配合整齐,而方块汉字又适宜于对偶;加以造句时采用了反复、排比等修辞法",从而使得汉语很容易形成具有"一定的关联作用"的平行句式。在汉语中不仅整齐的平行句式具有关联作用,如"前人种树,后人歇凉""东家门里有酒肉,佃户家中无米面";同时不甚整齐的平行句式亦具有关联作用,如"两个同志端着蜡烛,其余的同志挤在周围,一个同志弯下腰就地图讲解着沙家店战斗引起的新情况"。② 该著指出,将平行句式作为衔接手段"是汉语的特征",从事有关研究者对此应予高度重视。③

其四,很早就从衔接角度对"话语标记"开展研究。该著探讨超句体建构规律时,不仅注意到连词以及关联词语的衔接作用,还注意到总是"插在两句之间"的、被今人称之为"话语标记"(discourse markers)的衔接作用。该著论及的这类语言单位,范围上包括"不料""谁知""可见""看来""不待

① 黎锦熙、刘世儒:《汉语语法教材》第三编,商务印书馆1962年版,第9页。

② 朱德熙在《语法讲义》(商务印书馆1982年版,第216—217页)中谈到复句构成时,亦指出平行句式具有衔接作用,所举用例亦包括整齐的平行句式和不甚整齐的平行句式。该著前述观点有可能受启于《教材》第三编。

③ 参见黎锦熙、刘世儒:《汉语语法教材》第三编,商务印书馆1962年版,第164—165页。

说”“别说”“再说”“不错”“无怪”“怪不得”“原来”“总之”“一句话”“那就是”“这就是说”“换句话说”，等等，不是一两个而是一大批。因为是从“关联作用”角度加以审视，其中非主谓结构型的，该著称之为“连词语”；主谓结构型的，该著称之为“连词句”。①

其五，很早就意识到超句体并不是仅靠“意合法”就可以构成。该著依循前例，根据是否用到连词将超句体分为“形合”和“意合”两大类型，但同时提醒，“不用连词的‘意合法’，它之所以能够联系各分句来构成像有机体的复式句，实在还有其他结构形式来表示，并不是单凭意思就复合起来的”②。例如，某些复句虽然没有用到连词，但或是用到关联性“‘副词’和在‘副位’的名词”，或是用到具有关联作用的平行句式，或是用到具有照应作用的复现词语。③ 该著很早就敏锐地觉察到，使用连词只是“形合”表现之一，形合的方式多种多样，其中有的比较明显，有的比较隐蔽。

其六，明确表示在超句体研究上应当坚持表里对勘原则。该著注意到，“有的人把复式句的构成纯看作‘逻辑（意念）的关系’”，并提醒说：“表达语言中的‘逻辑（意念）关系’就正是构成复式句的目标。但这不是构成复式句的手段，如果没有上述的几种手段（注：即前文提及的连词以外的其他形合手段），光靠‘意合法’是不行的。”④该著指出，在考察复句构成以及划分复句类型时，都应看到形与义之间的相互依存。该著明确表示：“汉语复式句内部分类的标准，应该是‘逻辑·语法范畴’。所谓‘逻辑范畴’，就是说，要看复式句内部各‘部分的句子’之间所存在的是什么意义上的关系，即它们是按照什么意义关系复合起来的。所谓‘语法范畴’，就是说，要看复式句内部各‘部分句子’在连接上具有哪些相同的或不相同的语法上的特征。”

---

① 参见黎锦熙、刘世儒：《汉语语法教材》第三编，商务印书馆 1962 年版，第 8 页。

② 有文章声称，黎锦熙说过这样的话，即“国语底用词组句，偏重心理，略于形式”。结果以讹传讹，越传越广。其实黎锦熙的本来说法是“国语底用词组句，偏重结构，略于形态”（黎锦熙：《新著国语文法》，商务印书馆 1992 年版，第 4 页）。其所谓“偏重结构”，乃指偏重分布和组合；所谓“略于形态”，乃指略于印欧语那样的词形变化。

③ 参见黎锦熙、刘世儒：《汉语语法教材》第三编，商务印书馆 1962 年版，第 162—168 页。

④ 黎锦熙、刘世儒：《汉语语法教材》第三编，商务印书馆 1962 年版，第 9 页。

“形式和内容、语法结构和逻辑关系不是对立的，是紧密结合而不可分的。偏废任何一方面都是不能解决汉语中复式句分类的问题的。”①

第五节　《教材》第三编前卫性提要发微

以上六点集中体现了《教材》第三编的前卫性。之所以这样说，不仅因为其中有的观点当年是发前人所未发，同时因为其中有的观点即便放在今天仍不失启迪意义。

一直以来，语篇衔接研究基本上是将注意力集中在语义层面；被公认为现代语篇学奠基之作的《英语的衔接》，以及被公认为我国现代语篇学经典之作的《语篇的衔接与连贯》②，虽然注意到语调的衔接作用，但那是在《教材》第三编出版多年以后。另外，前述两部著作虽然注意到了平行句式的衔接作用，但都忽略了停延衔接的存在。可见，无论从起始时间看还是从体系周严看，《教材》第三编在语言衔接研究上都表现出明显的前卫性。有学者认为“话语标记”成为语言学研究热点是 20 世纪 70 年代以后的事，率先从衔接角度对其开展研究的是《英语的衔接》。③ 其实在前述著作中，有关话语标记的论析只是一带而过，而根据笔者上文的介绍，早在 20 世纪 60 年代，《教材》第三编就已从衔接角度对话语标记开展大范围研究。这实际上属后续研究，因为根据黎刘此前合著的《中国语法教材》（第六册）④，早在 20 世纪 50 年代，他们有关话语标记的衔接研究就已拉开序幕。而两位作者有关语音衔接的研究也并非起始于《教材》第三编，他们此前推出的《联合词组和

---

① 根据《教材》第三编所列参考文献，该著关于复句类型划分需要兼顾语形与语义的观点同苏联学者的影响不无关系。尽管其中含有借鉴成分，但论及前述观点时该著是以汉语事实为根据，其“舶来”色彩业已大大淡化。

② 参见胡壮麟编著：《语篇的衔接与连贯》，上海外语教育出版社 1994 年版。

③ 冉永平：《话语标记语的语用学研究综述》，《外语研究》2000 年第 4 期。

④ 参见黎锦熙、刘世儒：《中国语法教材》第六册，五十年代出版社 1955 年版。

联合复句》[①]一书，对语调衔接和停延衔接就已经有所论述。

前面指出《教材》第三编的“形合”和“意合”区分是依循前例。这里所说的前例乃由王力所开创。1936 年，王力在《中国文法学初探》中说：“子句与子句的关系（le rapport entre propositions），在中国语里，往往让对话人意会，而不用连词。”[②]1945 年，他在《中国语法理论》中说：“首先应该注意的：中国的复合句往往是一种意合法，在西文称为 parataxis。”[③]“Parataxis 在西洋语言里是一种变态，在中国语里却是一种常态。”[④]“中国语里多用意合法，联结成分并非必需；西文多用形合法，联结成分在大多数情形下是不可缺少的。”[⑤]不难看出，《教材》第三编是萧规曹随，即同王力一样，将是否使用连词作为区分“形合”和“意合”的根据。但《教材》第三编指出，连词只是句与句衔接的形式之一，不用连词不等于不用其他形合手段，事实上连词以外的关联成分，平行句式、复现词语，乃至特定语调以及特定停延，在意合语篇的内部衔接上都起着重要作用。近年来随着“隐性语法关系”（covert grammatical relations）的提出，[⑥]以及“三个平面理论”的问世[⑦]，有关“意合”的研究不断升温。目前我国学界在形合与意合的划分上存在两种做法：一是范围上只涉及句与句之间关系，标准上只是根据是否使用连词；二是范围上涉及语言各级单位之间关系，标准上则是根据是否以显性语法形式为手段。而与后者有关的意合最受关注。尽管有些学者明显存在片面夸大语义

---

① 参见黎锦熙、刘世儒：《联合词组和联合复句》，新知识出版社 1958 年版。

② 王力：《中国文法学初探》，见《王力语言学论文集》，商务印书馆 2000 年版，第 332 页。王力 1936 年即已提出此观点。

③ 王力：《中国语法理论》，见《王力全集》第八卷，中华书局 2015 年版，第 68 页。该书 1945 年初版即已提出此观点。

④ 王力：《中国语法理论》，见《王力全集》第八卷，中华书局 2015 年版，第 69 页。该书 1945 年初版即已提出此观点。

⑤ 王力：《中国语法理论》，见《王力全集》第八卷，中华书局 2015 年版，第 369 页。该书 1945 年初版即已提出此观点。

⑥ 参见朱德熙：《汉语句法中的歧义现象》，《中国语文》1980 年第 2 期。

⑦ 参见朱德熙：《语法答问》，商务印书馆 1985 年版。胡裕树、范晓：《试论语法研究的三个平面》，《新疆师范大学学报》（哲学社会科学版）第 2 期。

作用的倾向,但总体看,努力发掘意合背后的形式手段乃为主导趋势。其间人们注意到,汉语的意合从来离不开形式手段的辅助,“平行结构”①,“情态—语气呼应手段”“韵律呼应手段”②,“回文”“重言”“联语”“韵语”③,“词汇衔接手段”④,“广义形态”或者说“分布框架”⑤,以及“认知机制”⑥,等等,亦即所谓“大语法”⑦,对于意合话语的构成,事实上起到重要作用。如今有关意合形式手段的研究,就广度和深度看,已大大超越《教材》第三编,但首先突破“形态”以及“虚词”的藩篱,将有关意合形式手段的研究拓宽加深,是从黎锦熙、刘世儒两位先生开始的。⑧

---

① 参见徐静蕾:《汉语的“意合”特点与汉人的思维习惯》,《语文导报》1987年第6期。

② 参见史有为:《汉语语篇连贯性问题概析》,《修辞学习》2004年第5期。

③ 参见沈家煊:《谈谈功能语言学各流派的融合》,《外语教学与研究》2019年第4期。

④ 参见郭富强:《意合形合的汉英对比研究》,中国海洋大学出版社2007年版,第145—195页。

⑤ 参见曹德和、潘明霞:《隐性衔接类型考察以及有关理论探讨》,《东方语言学》2020年第21辑。

⑥ 参见袁毓林:《汉语意合语法的认知机制和描写体系》,《汉语言学新视界》2017年第2期。

⑦ “大语法”概念由史有为率先提出。在1991年发表的《多元·柔性·主体——80~90年代语法研究大势之我见》一文中,他将其解释为涵括“语音、句法、语义、语用四个平面”的语言组织法;在1993年发表的《走向柔性的现代汉语语法研究——四十年间语法研究方法论之变迁》(见刘坚、侯精一主编《中国语文研究四十年纪念文集》,北京语言学院出版社1993年版)一文中,他补充指出,作为“大语法”研究,还应包括“‘认知’这一解释性层面参与描写分析”(第46页)。如今,“大语法”概念已为学界普遍接受。

⑧ 其实,如果将“意合”理解为“不借助语言形式手段而借助词语或句子所含意义的逻辑联系来实现它们之间的连接”(潘文国:《汉英语对比纲要》,北京语言文化大学出版社1997年版,第336—337页),仅仅根据逻辑推理便可知晓这样的“意合”是否存在。有关研究业已表明,思想与认知不可分,认知与语义不可分(赵艳芳:《认知语言学概论》,上海外语教育出版社2001年版,第53页);既然世界上并不存在“赤裸裸的思想”,自然也就不存在“赤裸裸的认知”,同时就不存在“赤裸裸的语义”,以及也就不存在“赤裸裸的意合”。任何语义组合都必须借助语言形式手段,即便基于拟想语境(idealized situation)的不同而可以任意变换次序的语义组合,如“枯藤老树昏鸦”;以及基于拟想语境的不同而可以按照多种逻辑关系理解的语义组合,如“用大宝,皮肤好”,亦复如此。因为它们无论多灵活,依然处于语法管控之下:前者事实上受到语法上并列组合规律的制约,须知正是语序自由这一语法上的并列组合规律,决定了它可以任意变换次序;后者事实上受到语法上偏正组合规律的制约,须知正是语序不自由这一语法上的偏正组合规律,决定它虽然具有多解性但绝不可以变换次序。从认知角度讲,语言形式手段实际上起到康德所说的“图式”(schema)的作用,离开它的帮助一切意义组合无从理解。

前面谈到学界在“意合”研究上的看法并不完全一致，这其实是形义关系问题长期分歧的再次呈现。不过，对于邵敬敏等学者近年来发表的以下观点：“世界上不存在着没有形式的意义，也不存在着没有意义的形式。”①以及对于朱德熙多年前提出的以下观点：“语言包括形式和意义两方面。语法研究的最终目的就是弄清楚语法形式和语法意义之间的对应关系。所以从原则上说，进行语法研究应当把形式和意义结合起来。……讲形式的时候能够得到语义方面的验证，讲意义的时候能够得到形式方面的验证。……凡是得不到形式上验证的语义分析对语法研究来说都是没有价值的。”②表示认同者还是占绝大多数。根据前面对《教材》第三编的介绍，可知前述观点同黎锦熙和刘世儒的有关表述高度吻合。新中国成立后，汉语学界有关形义关系的认识相继经历三个阶段：一是 20 世纪 50—60 年代，强调语法研究应当重视语形与语义的结合；二是 20 世纪 70 年代，强调语法研究应当以语形为侧重；三是 20 世纪 80 年代至今，强调语法研究应当注意句法、语音、语义、语用兼顾。黎锦熙、刘世儒的有关表述，是第一阶段基本认识的反映；而朱德熙、邵敬敏的前述观点，是第三阶段主要认识的体现。从第一阶段经过第二阶段走到第三阶段，有关认识“从 A 到-A 再到 A”，经历了一个否定之否定的过程。看似回到原点，其实不然。道理在于，经过两次否定步入的第三阶段已是今非昔比。学术研究总是后出转精，黎锦熙、刘世儒的有关表述，与朱德熙、邵敬敏的前述观点相比，深刻性和周严性无疑稍逊一筹；不过黎锦熙、刘世儒的有关表述，无论对于今天句与句之间的意合研究，还是对于今天词与词之间的意合研究，不仅仍具重温价值，而且仍具指导意义。

① 邵敬敏、赵春利：《关于语义范畴的理论思考》，《世界汉语教学》2005 年第 1 期。

② 朱德熙：《语法答问》，商务印书馆 1985 年版，第 80 页。

第六节　结束语

毋庸讳言，在汉语衔接研究上《教材》第三编并非尽善尽美，将其与《英语的衔接》进行比较，可知该著存在不少缺憾。例如，该著虽然注意到相同词语以及替代词语的照应作用，①但没有将其上升到“同指衔接”②高度并进而加以统一研究；另外，该著似乎完全没有注意到“共轭衔接”③的存在，亦即没有注意到建立在“共轭意义”基础上的衔接手段的存在，以致将其排除在支撑“意合”的形式手段之外。但唯物主义历史观告诉我们，评价历史人物的合理做法是，应以肯定的态度，赞赏被评论者在推动社会进步上比起前人多做了什么；而不应以否定的态度，责备被评论者在促进社会发展上比起后人少做了什么。《教材》第三编的前述缺憾乃为当时历史条件所造成。研究过语篇衔接的同仁都知道，在各种衔接手段中共轭衔接最为复杂，对于它的研究来说，语义场理论（semantic field theory）具有重要指导作用。前述理论虽然早在20世纪20—30年代即由德国和瑞士学者初步提出，但直到20

---

① 参见黎锦熙、刘世儒：《汉语语法教材》第三编，商务印书馆1962年版，第167—168页、第238页。

② 所谓“同指衔接”是指以“同指”（co-reference）为基础构成的语篇衔接，“同指”乃指不同语言单位在所指上具有认知同一性。以是观之，不仅同词复现、代词替换属于“同指衔接”范畴，通过省略构成的零形回指，借助同义单位构成的异形回指亦属“同指衔接”范畴。目前学界倾向将植根于“同指”基础上的多种衔接类型加以统一进行研究。

③ 所谓“共轭衔接”亦即建立在共轭意义基础上的衔接。“共轭”（conjugation）作为学术用语，起初只是在自然科学中使用。20世纪80年代徐盛桓（《再论主位和述位》，《外语教学与研究》1985年第4期）将其引入语言学，用于统摄见于先行照应词语与后续照应词语之间的“属与种关系”“种与种关系”“整体与部分关系”“部分与部分关系”“集合与元素关系”“元素与元素关系”“实体与属性关系”“矛盾关系”“对立关系”“相交关系”“蕴涵关系”“同现关系”等。“轭”本指牛车上用于制约牲口的器具，“共轭”本指在该器具作用下两头牛的结伴而行。因为处于前述关系中的结构单位具有相伴性，故以“共轭”喻指。

世纪 70—80 年代才为我国语言学界所了解,①因为无所依傍,仅靠自己探索,出版于 1962 年的《教材》第三编,其中的语义衔接研究最显薄弱。但即便这样,从其他角度看,该著在我国语篇衔接科学研究发展史上起着导夫先路的重要作用,则是毫无疑义的。

① 参见贾洪伟:《国外语义学在中国的传播与影响》,上海交通大学出版社 2014 年版。

第二章　广义语篇观立论基础考察

第一节　引　言

随着越来越多的学人参与语篇研究，如今语篇学业已成为语言学中的热门学科。但诚如曹阳所言，“迄今为止，究竟何为语篇，如何界定语篇概念，各家众说纷纭，莫衷一是”[①]。也就是说，尽管目前语篇研究如火如荼，但其理论前提问题尚未解决。分歧主要集中在有些学者认为，单句乃至独词句亦可成为语篇；而另有一些学者认为，只有句组才有资格进入语篇范畴。为方便讨论，根据胡壮麟有关论述[②]，下面以“广义语篇观”和“狭义语篇观”称谓前述不同观点，并以“广义论者”和“狭义论者”称谓不同观点支持者。因为狭义论者所理解的狭义语篇，包含在广义论者所理解的广义语篇之内，狭义语篇存在的资格不是问题；同时因为广义论者所理解的广义语篇，在范围上超出狭义论者所理解的狭义语篇，目前存在争议的只是广义语篇。故此，目前需要加以关注的只是广义语篇观是否经得起推敲。本文将对此加

---

① 曹阳：《语篇翻译谈》，见四川大学外国语学院编《外国语言文学与文化论丛》第九辑，四川大学出版社2009年版，第322页。

② 胡壮麟在《语篇的衔接与连贯》中说，这里“所谈的语篇是广义的”（上海外语教育出版社1994年版，第1页），即此可知，他认为所谓语篇其实有两种，一是广义的，一是狭义的。

以考辨。具体操作分三步走：首先，考辨狭义论者何以拒斥广义语篇观；然后，考辨其批评是否足以证伪；最后，考辨广义论者为何始终坚守己见。

第二节　狭义论者何以拒斥广义语篇观

根据调查，狭义论者之所以强烈拒斥广义语篇观，主要出于以下三方面原因。

其一，他们认为作为语篇必须达到一定规模，单句不符合前述要求，故而不能成为语篇。例如，狭义论者吴启主说："语篇学，又称为篇章学。'篇'和'章'分开说是指大小不同的两种语言单位；合起来说，是指同一种语言单位，即语篇。《文心雕龙》说：'夫人之立言，因字而生句，积句而成章，积章而成篇。''章'是比'句'大的语言单位，它的组成成分是'句'；'篇'是比'章'大的语言单位，它的组成成分是'章'。它们共同的特点是：都不是单独的语句，而是连贯的话语。"①又如狭义论者杨献军、陈叔力说，语篇"由一组句子构成，惟其如此才能成篇"②。

其二，他们认为作为语篇必须具有衔接连贯特征，单句找不到前述特征，故而不能成为语篇。对于语篇构成规律，不少中外学者做过深入研究，下表反映了部分学者的有关认识。

① 吴启主：《汉语构件语法语篇学》，岳麓书社 2002 年版，第 331 页。
② 杨献军、陈叔力：《高级英语教学研究》，哈尔滨地图出版社 2008 年版，第 114 页。

语篇建构规律					出处
统一律	衔接律	变化律	侧重律		《修辞学》(曹冕)①
衔接律	侧重律	变化律			《文章学初探》(林柷敔)②
衔接性 (cohesion)	连贯性 (coherence)	意向性 (intentionality)	可接受性 (acceptability)		*Introduction to Text Linguistics* (Beaugrande, R.D., & Dressler, W.U.)③
信息性 (informativity)	情景性 (situationality)	互文性 (intertextuality)			
层次律	衔接律	统一律	合体律		《论文章的内部和外部规律》(曾祥芹)④
称物律	达意律	适读律	致用律		
统一律	层次律	连贯律	轻重律	变化律	《汉语构件语法语篇学》(吴启主)⑤

虽然学界对于语篇构成规律的认识不尽相同,但有一点并无分歧,这就是大家都认为语篇必须具有衔接连贯性。刘勰曾就语篇问题发表过不少高论,有的看法涉及衔接连贯,如"启行之辞,逆萌中篇之意,绝笔之言,追媵前句之旨;故能外文绮交,内义脉注,跗萼相衔,首尾一体"(《文心雕龙·章句第三十四》)等。由此可知,我国古代文论家亦高度关注衔接连贯在语篇中的地位。20世纪70年代,澳大利亚学者韩礼德(Halliday, M.A.K.)和哈桑(Hasan, R.)推出语篇研究专著《英语的衔接》(*Cohesion in English*),从其将"衔接"作为标题关键词,可知他们何等重视衔接连贯与语篇建构的关系。狭义论者之所以反对将单句纳入语篇范畴,主要原因之一在于他们认为单句缺乏衔接连贯特征。例如,狭义论者杨自俭曾尖锐质问:"如果一个词或句子可构成一个语篇,那么这个语篇的 cohesion 和 coherence 在哪儿?"他以毫不含糊的语气表示,"我们的看法是,用一个词或句子完成的一项简单的

① 参见曹冕:《修辞学》,商务印书馆1934年版,第100—132页。

② 参见林柷敔:《文章学初探》,《文汇报》1962年4月19日第3版。

③ Beaugrande, R. D., & Dressler, W. U.(1981). *Introduction to text linguistics*. London: Longman.

④ 参见曾祥芹:《论文章的内部和外部规律》,《上饶师专学报》1994年第4期。

⑤ 参见吴启主:《汉语构件语法语篇学》,岳麓书社2002年版,第472—496页。

交际任务叫做一个交际单位,但还不是一个语篇”。①

其三,他们认为单句不在语篇语言学资源对象范围之内,故此,它无以成为语篇。所谓“资源对象”系指能够从中抽象出学科预期成果的那部分素材。② 众所周知,语篇语言学的诞生意味着延续多年的结构语言学开始范式转变,意味着其研究开始“从句子语法往篇章语法发展”③。结构语言学主要研究小句组织规律,语篇语言学则不然。黄国文指出:语篇语言学主要“研究语篇中句子排列与衔接(cohesion)和连贯(coherence)”④。胡壮麟亦指出,“语篇的衔接和连贯是语篇研究的核心,也是语篇研究能否站得住脚的关键”⑤。衔接连贯主要存在于“超句统一体”(super-sentential unity)内部,这就决定了语篇语言学的主要资源对象是“超句统一体”。也正因为如此,狭义论者王全智明确表示,“语篇研究首先是跨句段的研究。独词以及独句话语不能成为语篇研究的对象”;赋予其语篇资格是“舍本逐末的不可取之举”。⑥

第三节 狭义论者的批评是否足以证伪

综上所述,狭义论者之所以拒斥广义语篇观,主要因为他们认为单句缺乏跻身语篇范畴的必要条件。学术研究的过程是求真匡谬的过程,如果广义语篇观立论基础确实有问题,那么理当抛弃。狭义论者的批评具有足够的证伪力量吗?为了弄清这问题,我们对其批评作了全面检视。

---

① 杨自俭:《语篇和语境——〈衔接与连贯理论的发展及应用〉序》,《解放军外国语学院学报》2003 年第 2 期。

② 参见曹德和:《关于修辞理论的深度思考——从修辞学基本概念的界定谈起》,《学术界》2008 年第 5 期。

③ 姜望琪:《从句子语法到篇章语法》,《中国外语》2007 年第 5 期。

④ 黄国文编著:《语篇分析概要》,湖南教育出版社 1988 年版,第 4 页。

⑤ 胡壮麟编著:《语篇的衔接与连贯》,上海外语教育出版社 1994 年版,第 3 页。

⑥ 王全智:《论语篇的使成条件》,《外语与外语教学》2001 年第 9 期。

在检视过程中我们首先注意到，规模并不是语篇构成的必要条件。

例如，近年来随着手机的普遍使用，一种新型文体即短信新闻应运而生。

(1)朝中社3月31日报道，美韩飞机3月份对朝鲜进行的空中侦察活动有190多次，其中美国飞机110多次，韩国飞机80多次。(《安徽手机报—晚报》2009年4月1日)

(2)据台湾媒体近日透露，马英九本月下旬将在“总统府”内与美国智库举行越洋视频会议，届时将正式回应去年底胡锦涛就推动两岸关系和平发展提出的六点意见。(《安徽手机报—晚报》2009年4月1日)

尽管这类新闻作品通常以单句形式出现，但依照言语表达的独立性，完全有资格跻身语篇行列。

又如改革开放后我国广告业空前活跃，许多深得好评的广告意丰而言简。

(3)聪明不必绝顶。(美加净颐发美广告)

(4)知识分子的精神家园。(《光明日报》广告)

尽管以上广告作品是以单句形式呈现，但依凭信息传递的自足性，完全有资格成为语篇队伍中的成员。

再如二十世纪八九十年代，我国诗坛流行一种新型诗体，即超短诗。

(5)《石榴》(秋原)

之所以爆裂/是因为没有实行计划生育。

(6)《雾》(麦芒)

你能永远遮住一切吗?

(7)《生活》(北岛)

网

尽管这类诗作往往只是一句话乃至一个词,但依靠传情达意的完整性,完全有资格获得语篇家园的“入场券”。

在检视过程中我们同时注意到,衔接连贯特征并非仅仅存在于超句统一体内部,它在某些单句身上亦有所体现。试看以下用例:

(8)只有偶尔在夏季晴朗的日子里,才能看到几回落日。([捷克]伏契克著,蒋承俊译《绞刑架下的报告》)

(9)不但我们党的政治路线,而且我们党的组织路线,都应该是正确地从群众中来的路线,又正确地到群众中去的路线。(刘少奇《论党》)

(10)即使她写字的时候,我们也默默地看着她。(魏巍《我的老师》)

(11)无论姥姥、母亲、父亲和我,都没人反对女孩子这个正当的要求。(孙犁《白洋淀纪事》)

“只有……才……”“不但……而且……”“即使……也……”“无论……都……”等成套的关联词语,通常出现在复句内部,但有时也出现在单句之中。诚如宋玉柱所言①,无论出现于何种场合,它事实上都是起衔接连贯

① 参见宋玉柱:《再谈关联词语在单句成分间的连接作用——从“却”字连接主、谓谈起》,《汉语学习》1990年第3期。

的作用。[①] 例(7)至例(11)属于单句,因为使用了成套的关联词语,其内部表现出与超句统一体并无二致的衔接连贯特征。再看如下用例:

(12)敌进我退,敌驻我扰,敌疲我打,敌退我追是游击战争的基本原则。(冯金武、李明金《毛泽东思想与中国共产党的实践》)

(13)他这一回才看见窗子上边横着条长匾,黑地金字,外面罩着层玻璃。(老舍《二马》)

(14)本办法所称中国名牌产品是指实物质量达到国际同类产品的先进水平、在国内同类产品中处于领先地位、市场占有率和知名度居行业前列、用户满意程度高、具有较强市场竞争力的产品。(《中国名牌产品管理办法》)

例(12)至例(14)均属单句,共同点在于其中有的成分由“复句”充当。在这类被称作“超句”[②]的单句内部,显然也可看到衔接连贯特征的客观存在。

在检视过程中我们还注意到,基于某些言语实体不是衔接连贯研究的主要资源对象而将其排除于语篇之外,这做法在语言学学科史上难以找到佐证。语言研究传统显示,是否属于资源对象组成部分与能否成为学科立论基础组成部分,二者并无必然联系。众所周知,句法学旨在揭示句法结构规律,基于句法结构规律通常存在于句子内部,它一直是将句子作为自己的资源对象。独词句内部不存在句法结构,不能为句法结构规律的研究提供支持,但论及句子外延,句法学并未将独词句排除在外。由此可知,因为单句不能为衔接连贯研究提供充分支持而将它排除语篇范畴之外,缺乏历史

① 对于关联词语在单句中是否起到衔接作用,我国学者存在不同看法。我们赞同周刚的观点,即“从关联连词本身来看,连接功能是它的语法功能之一,在单句中使用时也不会消失,不过这种连接功能并不是句子中的那种表示句法结构意义的连接,而是超句子层面上的连接,即如同用于复句中各分句之间那样,表示逻辑事理意义的连接”(《连词与相关问题》,安徽教育出版社2002年版)。

② 高更生:《试论超句》,《山东师范大学学报》(哲学社会科学版)1984年第1期。

根据。

综上所述,狭义论者对广义语篇观所提出的批评,亦即从规模大小、是否具有衔接连贯特征以及能否成为衔接连贯研究主要资源对象等角度提出的批评,没有一点能站得住,没有一点具有证伪的力量。

第四节　广义论者为何始终坚守其看法

语篇语言学诞生以来,两种语篇观的争议一刻不曾停止。尽管批评不断,但广义论者始终坚守己见,不为所动。究其原因,主要有三:

一是他们认为能否成为语篇的决定性根据是有无语用自足性,亦即有无语意表达的完整性。例如,广义论者王佐良、丁往道说:“语篇是一个语义单位,是一个完整的意义单位。”①广义论者胡壮麟说:“语篇指任何不完全受句子语法约束的在一定语境下表示完整语义的自然语言。……既包括‘话语’(discourse),也包括‘篇章”(text)。它可以是一个词,如发生火情时有人呼叫‘火!火!’;它可以是一个短语或词组,如上海街头小贩们的吆喝:‘五——香——茶叶蛋!’;它可以是一个小句,如在公众场所挂着‘禁止吸烟’‘此路不通’那样的告示;它可以是一副对联、一首小诗、一篇散文、一则日记、一部小说(三部曲或其中的章节)……它也可以是一句口号、一支歌曲、一次对话、一场口角、一次长达两三小时的演讲……”②现代语言学注意区分备用单位与使用单位。所谓备用单位是指作为语用资源而存在的语言结构成分和结构方式,所谓使用单位是指在前述结构成分和结构方式基础上构成的语用成品。语用成品包括小句、复句、句群、语篇等,从有无语用自足性角度讲,前述单位并无实质区别,因为它们都可以表达相对完整的意思。小句、复句、句群之所以可以一视同仁地被作为语篇看待,道理也就在

① 王佐良、丁往道主编:《英语文体学引论》,外语教学与研究出版社 1987 年版,第 141 页。
② 胡壮麟编著:《语篇的衔接与连贯》,上海外语教育出版社 1994 年版,第 1—2 页。

这里。概言之,是否具有语篇属性,与单位规模大小之间并无必然联系。吕叔湘曾指出,语言研究有"向下看"和"向上看"两种角度,前者是看被考察对象的内部构造,后者是看被考察对象在语境中的作用。① 前者旨在鉴别结构类型,后者旨在鉴别功能类型。广义论者将语意表现作为判别语篇与非语篇的根据,也就是把语用功能作为鉴别基础。因为功能类型的鉴别是"向上看",即看它在交际语境中的作用;而非"向下看",即看规模、看层次、看构造,所以他们不赞成将规模、层次、构造等形式因素作为语篇与非语篇的鉴定标准,如广义论者胡壮麟明确表示:"把语篇看成是大于句子的单位……这样的理解不很精确。"②

二是他们发现尽管多数语篇内部具有衔接连贯性,但特定语篇是否符合连贯要求,并非仅仅取决于结构形式,因而结构形式不宜作为鉴别语篇与非语篇的主要根据。例如广义论者胡壮麟说:"语篇在交际功能上的连贯有赖于语篇产生的语境知识和语篇使用者的语用知识。"③又如广义论者董洪学、王景琳、杨桂玲说:"在研究交际中的话语连贯问题时,我们不应仅限于言内因素,还必须考虑到语言之外的因素。而语境恰恰是言内因素(言内语境)和言外因素(文化语境和情景语境)的结合。语境对连贯的影响体现在:一方面,某些表面不连贯的语篇可借助语境信息还原或衍生为连贯语篇;另一方面,如果语篇接受者缺乏必要的语境信息,某个连贯语篇对他仍然可能是不连贯的。"④此前韩礼德和哈桑亦曾表达过类似看法。⑤ 既然连贯性并非仅仅由结构形式所决定,那么将其作为鉴别语篇的决定因素也就难以保证结论的可靠性,也正因为如此,广义论者在语篇的界定上更重视功能标准。

---

① 参见吕叔湘:《汉语语法分析问题》,商务印书馆 1979 年版,第 32—33 页。

② 胡壮麟编著:《语篇的衔接与连贯》,上海外语教育出版社 1994 年版,第 2 页。

③ 胡壮麟编著:《语篇的衔接与连贯》,上海外语教育出版社 1994 年版,第 181 页。

④ 董洪学、王景琳、杨桂玲:《话语连贯的语境阐释力》,《东北师范大学学报》(哲学社会科学版)2009 年第 2 期。

⑤ Halliday, M.A.K., & Hasan, R. (1976). *Cohesion in English*. London: Longman.

三是他们认为现实语言总是以语篇形式呈现,既然独立使用的单句亦在现实语言之列,那么界定语篇时自然不应将其遗漏。大家都知道,广义论者的理论基础不是来自结构语言学而是来自系统功能语言学(system-functional linguistics)。结构语言学坚持语言(langue)与言语(parole)的区分,并视二者为一般与个别的关系;基于科学研究旨在找规律,亦即从个别中发掘一般,他们认为语言研究的过程就是从个别走向一般的过程,从具体言语走向抽象语言的过程。① 系统功能语言学因为注意到个别与一般并非截然二分的关系,彼此之间事实上存在过渡带,故而不作语言和言语的区分,但区分潜在语言(potential linguistic behavior)和现实语言(actual linguistic behavior)。系统功能语言学的开创者及其追随者一致认为,潜在语言具有三大元功能,即概念功能(ideational function)、人际功能(interpersonal function)和语篇功能(textual function)。在特定语境作用下,前述功能借助具体语言手段,体现为现实语言(realization)。任何形式的现实语言,口头的也好书面的也罢,长达万言的也好短至一词的也罢,无不具有语篇性(textuality)。系统功能语言学没有沿袭由言语到语言的套路,而是将语篇作为研究起点。② 尽管系统功能语言学的研究范式不同于结构语言学,但在坚持"观察充分"(full observation)原则上双方并无区别,将具有表意自足性的单句乃至独词句纳入语篇范畴,是系统功能语言学前述态度的具体体现。广义语篇观是在系统功能语言学影响下形成的,基于上述渊源关系,在语篇的界定上自然是萧规曹随。

① 参见方光焘:《漫谈语言和言语问题》,见《方光焘语言学论文集》,商务印书馆 1997 年版,第 400—401 页。方光焘 1962 年即已提出此观点。

② 参见刘润清编著:《西方语言学流派》,外语教学与研究出版社 1995 年版,第 299—303 页。

第五节　结束语

根据以上讨论,狭义论者对于广义语篇的批评难以颠覆广义语篇观;广义论者之所以始终不为所动,主要因为其观点是以系统功能语言学为支撑。笔者认同广义语篇观,但这不等于认为狭义论者的质疑毫无道理。广义论者在论证广义语篇观的过程中,事实上存在着逻辑上的问题,而正是因为前述缺憾的存在,使得不少学者对广义语篇观心生怀疑。例如,在《英语的衔接》一书中,两位作者说:"语篇是话语的一个段落,它在这两方面是连贯的:它在语境方面是连贯的,因此在语域上是一致的;它在自身方面是连贯的,因此是前后衔接的。如果没有另一个条件,这两个条件都是不够的,这一个条件也必然包含另一个条件。"(原话为:"A text is a passage of discourse which is coherent in these two regards: it is coherent with respect to the context of situation, and therefore consistent in register; and it is coherent with respect to itself, and therefore cohesive. Neither of these two conditions is sufficient without the other, nor does the one by necessity entail the other.")①然而在同一著作中,他们又说:"语篇可以是任何长度的。因为它不是语法级阶上的单位,也不是由句子组成的,所以它不以句子为下限。事实上,许多熟悉的语篇在语法结构上不到一句话。例如,警告、标题、公告、题词和广告口号通常只由动词、名词、状语或介词组成。"(原话为:"Text may be of any length. Since it is not a unit of the grammatical rank scale, and does not consist of sentences, it is not tied to the sentence as its lower limit. Many familiar texts in fact come out as less than one sentence in the grammatical structure. Warnings, titles, announcements, inscriptions and advertising slogans often consist of a verbal,

---

① Halliday, M.A.K., & Hasan, R. (1976). *Cohesion in English* (p.23). London: Longman.

nominal, adverbial or prepositional group only.")①前段论述建立在狭义语篇观基础上,后段论述建立在广义语篇观基础上,两位作者在何谓语篇的问题上前后论述相互矛盾,彼此抵牾,这怎么能让人信服他们的观点呢?不过,以上问题的存在只是反映广义语篇观的首倡者表达欠严谨,而并不能反映广义语篇观在理论基础上存在致命伤。需要声明的是,笔者从多方面论证广义语篇观有其合理性,并不等于从心底否弃狭义语篇观。我们注意到,广义语篇观将各类语篇尽收眼底,覆盖力强;狭义语篇观只关注典型语篇(typical text),覆盖力稍逊一筹。但狭义语篇观自有其存在的理由。例如对于写作教学(包括母语的和二语的)来说,狭义语篇观比起广义语篇观,事实上有着更强的针对性和适用性。因为写作教学是以典型语篇为范本,此时以狭义语篇观为指导,可谓适得其所;而倘若是以广义语篇观为根据,则难免有画蛇添足之嫌。基于两种语篇观各有所长,我们希望在今后的语篇学研究中,广义论者也好狭义论者也罢,最好以"各美其美,美人之美,美美与共"的态度处理彼此的认识分歧。

① Halliday, M.A.K., & Hasan, R. (1976). *Cohesion in English* (p.294). London: Longman.

第三章　汉语句序排列规律

第一节　引　言

我国古代学者很早就注意到句序问题。如陈澧说："意不止一意，而言之何者当先，何者当后，则必有伦次。即止有一意，而一言不能尽意，则其浅深本末，又必有伦次，而后此一意可明也。"①唐彪说："文章不贯串之弊有二：如一篇中有数句先后倒置，或数句辞意少碍，理即不贯矣。"②包世臣说："文类既殊，体裁各别……记事之文，必先表明缘起，而深究得失之故，然后述其本末，则是非明白，不惑将来……而古今能者，必宗此法，机势万变，枢括无改。"③我国现代学者也有类似论述。如陈望道说："寻常修辞，都不可不依顺序，不可不相衔接，并且不可没有照应。能够依顺序，相衔接，有照应的，就称为通顺。"④叶圣陶说："思路，是个比喻的说法，把一番话、一篇文章比作思想走的一条路。思想从什么地方出发，怎样一步一步往前走，最后达到这条路的终点，都要踏踏实实摸清楚……踏踏实实摸下来，发现思想走这

---

① （清）陈澧：《东塾集》卷二，见沈云龙主编《近代中国史料丛刊》第四十七辑，台北文海出版社 1970 年版。

② （清）唐彪辑撰，白莉民等点校：《读书作文谱》，岳麓书社 1989 年版，第 4 页。

③ （清）包世臣：《艺舟双楫》，广智书局 1909 年版，第 14 页。

④ 陈望道：《修辞学发凡》，上海教育出版社 1979 年版，第 60 页。该书 1932 年初版即已提出此观点。

条路步步落实,没有跳过一两段路,没有在中途走到歪路上去,最后达到的终点正好是这条路的终点,这就是顺畅的话或是顺畅的文章。”①张志公说:“哪句话或哪个句群先说,哪个后说……都要根据它们内在的逻辑顺序,有条理地加以安排。如果颠三倒四,语无伦次,就无法准确地反映事物之间的内在联系,也就必然失去了内容的连贯性,从而使自己所要表达的意思无法准确而严密地表达出来。”②以上论述表达了两层意思:一是句序重要;二是句序排列有其自身规律。本文侧重讨论后者。

根据研究,汉语句序排列分别或综合地受到“时间”“逻辑”“习惯”“韵律”“语境”以及“超常表达”等六方面因素的制约,从而构成多种形态的句序排列规律。

第二节　时间制约下的规律

如果叙述的是动态事件,并打算按照事件发展过程加以描写,那么句序排列需要服从时间次第:先发生的先说,后发生的后说。

(1)它们滑下溪水,转入大河,流入赣江,挤上火车,走上迢迢的征途。(袁鹰《井冈翠竹》)

(2)炮声。硝烟。捷报。一九四九年春季,他们进了省城。(孟伟哉《夫妇》)

(3)一阵高跟皮鞋的响声使他抬起头来,他已经走了十多步了,她就立在他面前,还是先前那一身装束。(巴金《寒夜》,上海晨光出版社1953年版)

① 叶圣陶:《评〈读和写〉,兼论读和写的关系》,见中央教育科学研究所编《叶圣陶语文教育论集》,教育科学出版社1980年版,第545页。叶圣陶1964年即已提出此观点。

② 张志公:《篇章论(下)》,见张志公著、王本华编《汉语辞章学论集》,人民教育出版社1996年版,第131页。张志公1993年即已提出此观点。

(4)学程正捧着一本小而且厚的金边书快步进来，便指着一处，呈给四铭，说……(鲁迅《肥皂》，《晨报副镌》1924年3月27日)

(5)他惬惬意意的鞭打着道旁白杨树的嫩枝，由着他那建昌种的小马自在的前进。(沙汀《闯关》，新群出版社1946年版)

以上五个例子都是以动态事件为描述对象。前两个例子根据事件展开过程安排句序，构成的语篇自然而和谐。后三个例子违反了上述规律，组成的语篇让人觉得很别扭，很不舒服。这三个有毛病的例子，再版时被修改为：

(6)他已经走了十多步了，一阵高跟皮鞋的响声使他抬起头来，她就立在他面前，还是先前那一身装束。(巴金《寒夜》，上海文艺出版社1980年版)

(7)学程正捧着一本小而且厚的金边书快步进来，便呈给四铭，指着一处说……(鲁迅《肥皂》，见《鲁迅全集》第二卷，人民文学出版社1981年版)

(8)余明就由着他那建昌种的小马随意前进，不时鞭打一下道旁白杨树的嫩枝。(沙汀《闯关》，见《沙汀选集》一卷，四川人民出版社1982年版)

修改主要是把颠倒的句子理顺，让句子按照事件发生的本来顺序排列。通过正反比较可以看出，句序有时受到时间因素的制约。以动态事件为叙述对象，一般来说句序要根据事件展开的实际过程来排列。

第三节　逻辑制约下的规律

如果叙述的是具有逻辑联系的几个方面，且无意因为其他需要而打破常规，那么句序排列应当服从“先原因后结果”“先条件后结论”“先措施后目的”“先轻后重”“先顺后逆”“先设定后否定”“先陈述后阐发”的顺序。

一、先原因后结果[①]

这里的“原因”和“结果”相当于分析狭义因果复句时所说的“原因”和“结果”。

(9)因为他想跟苦三儿说说话的心情越来越急切，所以送饭的间隔也越来越缩短了。（常庚西《深山新喜》）

(10)由于他的脖子弯得太低了，以致使别人无法看见他脸上的表情。（从维熙《北国草》）

(11)既然把我当工程师用，就要给我工程师的条件。（肖力《钢锉将军》）

二、先条件后结论

这里的“条件”相当于分析条件复句时所说的“充足条件”“必要条件”“假设条件”“周遍条件”等，这里的“结论”相当于分析前述复句时所说的“结果”。不取“结果”而取“结论”的提法，主要因为条件复句中的后继句大多表示“结论”而非“结果”。

(12)只要他自己肯咬牙，事儿就没有个不成。（老舍《骆驼祥子》）

(13)只有徐副书记来了，他们才在一起说说笑笑。（张锲《改革者》）

---

① 这里的“先原因后结果”主要是指书面语中的排列规律，而非指口语中的排列规律。根据黎洪的调查（《汉语偏正复句句序变异研究》，安徽大学博士学位论文2012年），书面语中的因果复句，按前因后果排列的占71%，按前果后因排列的占29%。根据肖任飞的考察（《现代汉语因果复句优先序列研究》，华中师范大学博士学位论文2009年），口语中按前果后因排列的复句，其比率明显高于书面语。

(14)如果不嫌弃我们村办小厂,我就把你作个物色对象。(翁新华《哀兵阿满》)

(15)无论哪时看见你,都如同一片光明的云彩。(冰心《我的文学生活》)

三、先措施后目的[①]

这里的“措施”和“目的”分别相当于分析目的复句时所说的“行为”和“目标”。

(16)我要认真读书,将来考个名牌大学。(网络语料)

(17)今后冬季农业要逐年增加种植面积,争取在两三年内消灭冬闲田。(北大中文语料库)

(18)它出去觅食时,总是小心谨慎地先把虎仔藏好,防止被人发现。(米艾《大自然的奥秘》)

(19)我们现时只能先从我们内部查起,以便脱掉我们的干系。(鄢国培《巴山月》)

(20)必须坚持写仿宋字,以免被敌人发现笔迹。(罗广斌等《红岩》)

四、先轻后重

这里的“先轻后重”引自吕叔湘以下论述,“两件事情的加合,可以是平

① 根据笔者的硕士研究生调查,“措施”在前“目的”在后的复句,其比率远远高于“目的”在前“措施”在后的复句,两者的比率大体为2∶1。(刘海莉:《句序视角下现代汉语形合目的复句研究》,安徽大学硕士学位论文2011年。)

列的，也可以有轻重之别。要是分轻重，大率是先轻后重”①。所谓“后重”是指“在数量、程度、范围、时间、功能或者其他方面更推进一层”②。

(21)声音开始是一个人的，以后变成几个人的，再以后变成几十个、几百个人的了。(杨沫《青春之歌》)

(22)现在黄花闺女还嫁不出去，何况她这离婚的四十岁的女人，更何况她还有一个儿子。(张洁《方舟》)

(23)这不但是中国共产党的利益所在，中华民族的利益所在，而且是国际共产主义运动的利益所在。(邓小平《坚持党的路线，改进工作方法》)

(24)这种多路径传输不仅能够解决网络的冲突问题，而且也可以实现整个网络的流量工程控制。(纪越峰等《光突发交换网络》)

五、先顺后逆

这里的“先顺”相当于分析转折复句时所说的“先承认某种客观存在的事实”③；这里的“后逆”相当于分析前述复句时所说的“不是根据先行分句的语义按照常态趋势发展，而是转到跟先行分句常态语义趋势相反或相对的方面去了”④。

(25)虽然是在小小的游泳池里学的艺，却可以用在无边无涯的惊涛骇浪上。(王蒙《海的梦》)

(26)尽管你在来信时对我没有丝毫的抱怨，但是我从心里觉得，我

① 吕叔湘：《中国文法要略》，商务印书馆1982年版，第329页。该书1947年初版即已提出此观点。

② 邵敬敏主编：《现代汉语通论》，上海教育出版社2001年版，第251页。

③ 邵敬敏主编：《现代汉语通论》，上海教育出版社2001年版，第255页。

④ 邵敬敏主编：《现代汉语通论》，上海教育出版社2001年版，第255页。

实在对不起你！（李存葆《高山下的花环》）

六、先设定后否定

这里的“先设定”相当于分析让步复句时所说的“先退一步说，把无论是真实的还是虚假的……姑且都当成一种事实”①；这里的“后否定”相当于分析前述复句时所说的“不是沿着这个假设情况的常态语义趋势说下去，而是转到跟它相反相对的方面去”②。

(27) 即使在软席包厢里，他还在不断地看资料：国务院文件、简报、总结、汇编和外文资料。（王蒙《惶惑》）

(28) 就算由他出来作证，也许反而坏了事情。（张洁《漫长的路》）

七、先陈述后阐发

这里的“先陈述”相当于分析解说关系语句时所说的首先“提出某种看法、道理、事实、现实”③，这里的“后阐发”相当于分析前述语句时所说的然后“对所提出的种种加以解释、说明、举例、补充、引申”④。

(29) 叶子出水很高，像亭亭的舞女的裙。（朱自清《荷塘月色》）

(30) 荔枝也有淡红色的，如广东的“三月红”和“挂绿”等。（贾祖璋《南州六月荔枝丹》）

(31) 俗话说：“眉头一皱，计上心来。”就是说多想出智慧。（毛泽东《学习和时局》）

---

① 张斌主编，陈昌来著：《现代汉语句子》，华东师范大学出版社 2000 年版，第 291 页。

② 邵敬敏主编：《现代汉语通论》，上海教育出版社 2001 年版，第 255 页。

③ 钱乃荣主编：《现代汉语》，江苏教育出版社 2001 年版，第 320 页。

④ 钱乃荣主编：《现代汉语》，江苏教育出版社 2001 年版，第 320 页。

(32)惯于把梦当作人生的一部分来描写的,有两位大作家,一位叫冰心,一位叫巴金。(舒乙《梦和泪》)

以上例子多数带有配套使用的关联词语。因为透过关联词语的正常分布可以看出句序排列的一般规律,所以特意选择了这样的例子。

根据上面的讨论,可以建立如下对应关系表:

复句(或句群)类型	句序排列
因果关系	先原因后结果
条件关系	先条件后结论
目的关系	先措施后目的
递进关系	先轻后重
转折关系	先顺后逆
让步关系	先设定后否定
解说关系	先陈述后阐发

这张表可以帮助人们了解,什么样的语句关系通常要求什么样的句序排列,以及什么样的句序排列将产生什么样的语句关系。概言之,它有助于人们了解语句类型与排列规律之间的对应关系。

了解前述对应关系很重要,试看下面的例子:

(33)事出有因,查无实据。——查无实据,事出有因。

(34)警察迅速掏出手枪,那女人一声尖叫。——那女人一声尖叫,警察迅速掏出手枪。

以上两例破折号左右的复句,组织成分和内部关系相同,但意思迥然有别。因为例(33)无论如何排列都得作为转折关系理解。这类复句的先行句是"先承认某种客观存在的事实",后续句"不是根据先行分句的语义按照常态趋势发展,而是转到跟先行分句常态语义趋势相反或相对的方面去了",故而句序不同意思大不一样。例(33)看来是针对某犯罪嫌疑人而言,按"事出有因，查无实据”的顺序排列，等于说那所谓的“因”来自捕风捉影，办案要以事实为依据，无稽之谈不足为信。按“查无实据，事出有因”的次第排序，等于说虽然还没有查出问题，但无风不起浪，只不过尚未暴露而已。例(34)无论如何排列都得作为因果关系理解。按破折号左边的句序排列，警察的行为要作为原因去理解，而那女人的反应要作为结果去理解，意思是警察因发现敌情突然掏出手枪，一旁的某女子见此惊恐失声；按破折号右边的句序排列，那女人的行为要作为原因去理解，而警察的反应要作为结果去理解，意思是猛然听到某女子的尖叫声，一旁执勤的警察基于职业敏感，迅即掏出身上的手枪。

了解语句类型与句序排列规律的对应关系，不仅有助于提高语言的分析理解能力，还有助于发现问题、纠正错误。试看下面的例子：

(35)他的半白的头发还保持昔日的丰采，很润泽地分梳到后面。(曹禺《雷雨》，文化生活出版社1936年版)

(36)雨劈面打来，她倒觉得很爽快；雨到了她热烘烘的脸上似乎就会干，她心里的怒火高冲万丈！(茅盾《子夜》，开明书店1933年版)

(37)经济适用，吸水性强，质地柔软，欢迎选购。(某卫生纸广告)

(38)皮肤好，用大宝。(北京大宝化妆品有限公司广告)

例(35)至例(38)都是有毛病的例子。例(35)在1979年出版的《曹禺选集》中被修改为：“他的半白的头发很润泽地分梳到后面，还保持昔日的丰采。”因为这是解说关系复句，通常语序是“陈述”放在前面“阐发”放在后面，而作者起初忽略了这一点。例(36)在1978年的《子夜》修订本中被改写为：“雨劈面打来，她倒觉得很爽快；她心里的怒火高冲万丈，雨到了她热烘烘的脸上似乎就会干。”改写也就是变换最后两个小句的次序，原因在于这两个小句之间存在因果联系，而初版违反了因果复句的次序排列规律。例(37)是吕叔湘评论过的例子。他说：“有一种卫生纸的包装纸上印着四行十六个字:‘经济适用,吸水力强,质地柔软,欢迎选购。’这就不如‘质地柔软,吸水力强,经济适用,欢迎选购。’先说质地,次说功能,然后说经济适用,这样的次序较为合理。”①所以说后者较为合理,原因在于:有着柔软的质地才能生成吸水性强的功能,具备前述功能才能称得上经济适用。概言之,在“质地柔软”与“吸水性强”之间,以及在“吸水性强”与“经济适用”之间,存在因果联系。因果复句的内部排列规律是“先原因后结果”,改变原来的顺序,把体现原因的小句放在前面,体现结果的小句放在后面,如此安排自然是“较为合理”的。例(38)是印在手提袋上的大宝化妆品广告。商家此前打出过“要想皮肤好,早晚用大宝”的广告。“皮肤好,用大宝”乃前述广告的节略。大概原广告字数较多,无法排成一行印在手提袋上,于是作了节略处理。节略处理后内部关系没变,仍为条件关系。但原来的说法以“要想皮肤好”为条件,后来的说法变成“皮肤好”为条件。以“皮肤好”为条件,等于说大宝只适合皮肤好的人。天生好皮肤哪里还需要用什么大宝!不言而喻,通过原句节略而产生的广告闹了笑话。不过改起来很容易,调换一下句序就行了。就是把“皮肤好,用大宝”颠倒为“用大宝,皮肤好”。颠倒后仍为条件关系,但条件和结论变了,变为以“用大宝”为条件,以“皮肤好”为结论。意思是如果用大宝就有好皮肤,只要用大宝就有好皮肤,只有用大宝才有好皮肤!通过颠倒句序产生的广告,无论就表达艺术看,还是就表达效果看,可以说都令人非常满意。

第四节　习惯制约下的规律

如果是对事物作静态描述或者是将事件置于时空背景下加以说明,且无意违拗汉语表达习惯,那么句序排列必须服从如下规律:或者按照先整后零、先上后下、先外后内、先左后右的次序来描述,或者按照先背景后事件的

① 吕叔湘:《语句次序》,《中国语文》1980年第3期。

次序来说明。

(39)环滁皆山也。其西南诸峰,林壑尤美。望之蔚然而深秀者,琅琊也。(欧阳修《醉翁亭记》)

(40)这年轻人不过二十五六岁,头戴一顶大草帽,上身穿一件洁白的小褂,黑单裤卷过了膝盖,光着脚。(孙犁《荷花淀》)

(41)壳如红缯,膜如紫绡,肉莹白如雪,浆液甘酸如醴酪。(白居易《荔枝图序》)

(42)他左手拎一只皮箱,右手拎布兜。(梁晓声《关于大小》)

(43)阴阴的天,还洒几点细雨。夏芸拄着单拐,艰难地从小街尽头的诊所转回。(钟海城《失去的小阁楼》)

(44)你想一对爱人在花园里,这样好的天气,这样好的环境,不谈别的话,却谈生死自杀的问题,哪里会有这样荒谬的事?(巴金《春天里的秋天》,开明书店1946年版)

例(39)至例(42)是对事物作静态描述,依次按照“先整后零”“先上后下”“先外后内”“先左后右”的句序排列。例(43)是将事件置于时空背景下加以说明,按照先背景后事件的句序排列。例(44)有毛病。后来作者将它改为:“这样好的天气,这样好的环境,一对年青的爱人不谈别的话,却谈生死自杀的问题,你说哪里会有这样荒谬的事?”通过对比可以看出,修改也就是调整一下内部顺序,把“这样好的天气,这样好的环境”由句中移到句首。之所以这样做,原因在于那两个句子是用于叙述时空背景的,按照汉语表达习惯,在联系时空背景说明情况的场合,需要按照“先背景后事件”的次第来组织语句。所谓“先左后右”的句序排列规律,乃为从左到右的叙述习惯所决定。例如:

(45)假如他娶了洋太太,那更不得了,爱太太,人情以外还是义务。

左也是人情，右也是人情……（俞平伯《广亡征》）

(46)说实在的，文人难当。作家书屋就是中介人，左手拉着作家，右手拉着读者，配与不配，就看左右是否心有灵犀。（龚吉《下海纪实：记者笔下的“商海”》）

(47)支气管是气管的分支。气管下端分成左右两支，分别通向左、右肺。左支气管略细长，右支气管较短粗。（王德胜《中国少年儿童百科全书：自然·环境》）

笔者有位硕士生曾经利用北大语料库对涉及左右方位的并列复句进行过较为全面的考察，结果为：在1162条有效语料中，先左后右的约占85.6%，先右后左的约占14.4%。①

第五节　韵律制约下的规律

如果叙述的若干方面为并列关系，且调整语序不致造成整体意思的改变，那么一般地说，有关句序应该根据韵律方面的要求，以前短后长的形式呈现。

1980年，吕叔湘在《语句次序》一文中指出：“‘这不是诗，但是比诗更激动人心；这不是画，但比画更美。’前半句跟后半句倒转过来比较好。在其他条件相同的情况下，短的在前，长的在后，读起来效果较好。‘更激动人心’比‘更美’长。”②易言之，他认为并列关系的语句，如果无论怎样安排句序都不致造成总体意思的改变，那么，这时应当满足韵律上的要求，尽量往前短后长的方向靠拢。

① 参见张丽丽：《试论以“左”“右”引导的现代汉语并列复句：兼与〈圣经〉中同类复句比较》，安徽大学硕士学位论文2011年。

② 吕叔湘：《语句次序》，《中国语文》1980年第3期。

不过后来将《语句次序》收入文集时，吕先生删去了这段话，或许认为其可靠性还有待证实。其实，以上所言是经得起检验的。笔者曾就语音片段长短是否影响并列结构组合方式，运用最小对比对（minimal pair method）方法，通过课堂面询作过调研。结果发现，形异义同的“彩电”与“彩色电视机”，以及“冰箱”与“电冰箱”，在并置的情况下，人们倾向采取的组合方式是“彩电、电冰箱”或“电冰箱、彩色电视机”，而非“彩色电视机、冰箱”或“电冰箱、彩电”。① 我们注意到，袁毓林曾指出，英语中指称男士和指称女士的词语，在并置的情况下，有时是男士优先，如 man and woman，有时是女士优先，如 ladies and gentlemen，究其原因，亦与结构要素的语音长短有关。② 即此可知，吕先生多年前揭橥的前述规律，经得起事实验证。或许有人会提出质疑，吕先生说的是并列复句，你们谈的是并列短语，怎可相提并论？其实，就像某些重要的语法组织规律——主谓组织规律、动宾组织规律，可以纵贯小句、短语、合成词等不同层面一样，某些重要的语音组合规律，如这里论及的表现在并列结构上的前短后长规律，亦具普适性。我国楹联艺术家常江曾指出：十言对联，四六组合多于六四组合；十一言对联，四七组合多于七四组合；十二言对联，五七组合多于七五组合。③ 这无疑可以视为前述规律具有普适性的又一例证。

为什么并列结构倾向以前短后长方式排列？对此，吕叔湘的解释是“读起来效果较好”④，常江的解释是“显得稳重”⑤，袁毓林的解释是“人们倾向于把容易加工的成分放在不易加工的成分之前”⑥。前述所谓“效果较好”其实指的正是“显得稳重”，吕先生和常先生的解释似异实同。我们赞同前述观点，而对袁先生的看法持保留态度。原因很简单，在笔者借助最小对比

① “彩电、冰箱”以及“冰箱、彩电”组合亦在倾向选择的范围之内，但因为与前短后长排列规律无关，暂且不论。

② 参见袁毓林：《汉语配价语法研究》，商务印书馆 2010 年版，第 537—538 页。

③ 参见常江：《对联知识手册》，中国青年出版社 1990 年版，第 193 页。

④ 吕叔湘：《语句次序》，《中国语文》1980 年第 3 期。

⑤ 常江：《对联知识手册》，中国青年出版社 1990 年版，第 193 页。

⑥ 袁毓林：《汉语配价语法研究》，商务印书馆 2010 年版，第 538 页。

对方法进行的对比实验中，“彩电”的倾向前置，“彩色电视机”的倾向后置，同是否易于加工毫无关系；如果真的存在易于加工的单位趋于前置的规律，那么“彩色电视机”则不会倾向后置，因为它具有望文知义的特点，比起以缩略语形式出现的“彩电”，在加工上具有更高的便易性。

笔者赞同吕先生和常先生的观点，同时认为有关解释还可以向前推进一步。大家都知道，地球上的自然物和人造物普遍具有上小下大的特征，前者如拔地而起的山峰以及高耸入云的树冠等，后者如闹市中的高层建筑、马路边的电线杆以及各种类型的字符等。像前面提到的各类字符，尽管其中有些上下几何形式本无区别，如阿拉伯数字中的 3 和 8，英文字母中的 B 和 X，①中文汉字中的吕和炎，但书写时总是作上小下大取势。之所以存在这种情况，乃因为地球深处存在地心引力，为顺应其强大影响，保持物理上的和心理上的平衡，无论自然物还是人造物，都会有意无意地朝着上小下大的形态靠拢。尽管上小下大是通过垂直观察形成的印象，前短后长是通过水平观察形成的印象，然而对于观察者来说，印象中的上小下大与前短后长有着紧密的内在联系。一方面因为地心引力的影响，在垂直方向上人们习惯从上往下看；②另一方面因为“头部的本能动作，从左往右扭转时比其从右向左时快得多”③，在水平方向上人们习惯从左向右看，又因为从上往下看与从左向右看具有施行上的伴随性以及作用上的互补性，结果使得人们不由自主地将在上下观察中形成的心理定式很自然地转移到左右观察上，并将所认为的垂直线上的好形式即重心在下转移为水平线的好形式即重心在右。笔者前面所谓前短后长，对于现代汉语书面形式来说，也可以说就是左窄右宽，为什么汉语中那些构件本无区别的左右结构的合体字，如“从”“双”“比”“竹”“林”“兢”“赫”“棘”等，总是以左窄右宽的形式去书写，根本原因

---

① ［美］鲁道夫·阿恩海姆著，滕守尧译：《艺术与视知觉》，四川人民出版社 2019 年版，第 26 页。该书 1954 年初版即已提出此观点。

② 参见章利国：《设计艺术美学》，山东教育出版社 2002 年版，第 150 页。

③ ［美］鲁道夫·阿恩海姆著，滕守尧译：《艺术与视知觉》，四川人民出版社 2019 年版，第 31 页。该书 1954 年初版即已提出此观点。

也就在这里。

第六节　语境制约下的规律

如果某个语句组合出现在其他语句的前面或后面或中间，尽管无论怎样安排其顺序都不至于造成语意的改变，但是其中的一种顺序能够更好地照顾到与前言或后语或前言后语的衔接，那么一般情况下，句序的排列应当从语境出发，亦即应将保持整体协调置于优先考虑的位置。

(48)你如果看过科教片《保护青蛙》，一定会为青蛙动作的敏捷、捕食的准确而赞叹不已。青蛙之所以能够具有这样一套特殊本领，主要是因为它有一双机能优异的大眼睛。蛙眼对运动的物体简直是“明察秋毫”，而对静止不动的物体却“视而不见”。（王谷岩《眼睛与仿生学》）

(49)葛利高里是怀着既难过，又高兴的复杂感情上路的。难过的是在建立顿河苏维埃政权斗争的高潮中离开了自己的队伍，高兴的是可以见到亲人，看到故乡了……（[苏联]肖洛霍夫著，金人译《静静的顿河》）

(50)在教育过程中，教师是主导，学生是主体，教与学互为关联，互为依存，即所谓“教学相长”……（徐匡迪《今天我们怎样做老师》）

(51)……小区停车场的收费标准并不统一，有的贵，有的便宜，便宜的每月只要90元，贵的要200元，如此悬殊的收费是否有依据？（王亿《停车服务投诉增多，收费标准为何不同?》）

(52)常见的机械失效形式有三种：腐蚀、磨损和断裂。机械的断裂是突然发生的，可谓“暴发病”；机械的腐蚀和磨损则是缓慢发展的，属于“慢性病”。（李裕德《科技汉语修辞》）

在例(48)中,属于因果复句的“青蛙所以能够具有这样一套特殊本领,主要是因为它有一双机能优异的大眼睛”采用了倒装形式。该例上文谈青蛙本领高强,下文谈它的眼睛功能卓越。把论及本领的结果分句前置与上文相呼应,把论及本领的原因分句后置与下文相呼应,可以使位处中间的因果复句更好地发挥承上启下的作用。可见,例(48)采用倒装形式是由上下文所决定。例(49)后半段由并列关系的两个分句“难过的是……”和“高兴的是……”组成。仅就后半段看,前两个分句可以有两种排列:一是将“难过的是……”放在前面,一是将“高兴的是……”放在前面。但联系前文看,则只宜采取目前看到的排列方式。因为这两个分句跟前文的“既难过,又高兴”相对应,前文先说“难过”后说“高兴”,因而与其对应的这两个分句,也应当先说“难过”后说“高兴”。概言之,例(49)采用倒装形式是由上文所决定的。例(50)中,“教师是主导,学生是主体”为并列组合,孤立地看,变换一下次序,将“学生是主体”调到前面,将“教师是主导”放到后面,没有什么不可以。但联系下文看,则理当维持原来的次序。因为前述组合与下文的“教与学”和“教学相长”之间存在平行对应关系。而“教学相长”引自《礼记·学记》,作为古人名言,不可随意改变其内部成分的排列次序,在此情况下,前文语句乃至成分的次序排列须跟着“教学相长”的内部排列次序走。综上所述,例(50)前段乃至中段的语句和成分的排序主要由下文所决定。最后两个例子属于反面的例子。例(51)中的先行语“有的贵,有的便宜”与后继语“便宜的每月只要 90 元,贵的要 200 元”相对应,但句序安排不当破坏了其间的榫合关系。该例有两种改法,或是把“有的贵,有的便宜”的次序调换一下,或是把“便宜的每月只要 90 元,贵的要 200 元”的次序变动一下。当然前种改法比较好。例(52)中的先行语“腐蚀、磨损和断裂”与后继语“机械的断裂是……机械的腐蚀和磨损则是……”之间为对应关系,但这种对应关系因为句序排列失当被破坏了。怎么修改呢?只有一种方案,就是将前述后继句改为:机械的腐蚀和磨损是缓慢发展的,属于“慢性病”;机械的断裂则是突然发生的,可谓“爆发病”。通过以上修改,对于最后两例,人们不再感到别扭,反而觉得它们既流畅又自然。

第七节　超常表达制约下的规律

如果依照前述常规安排句序不能满足表达需要,譬如不能满足文体语体的要求,不能再现日常交际的语态,不能产生出奇制胜的效果,不能达到着力强调的目的,等等,在此情况下则可以打破常规,根据表达需要来排列语句顺序,即组成局部性的易位句或者说倒装句。

(53)我亦愿意赞美这神奇的宇宙,/我亦愿意忘却了人间有忧愁,/像一只没挂累的梅花雀,/清朝上歌唱,/黄昏时跳跃——/假如她清风似的常在我的左右!……(徐志摩《呻吟语》)

(54)散文之所以比较容易写,是因为它更接近我们口中的语言。(老舍《散文重要》)

(55)每个人都能表现出他的价值,只要诚实、只要一心向着光明。(路长琴《永存的慰藉》)

(56)"不好啦,快跑啊,洪水进村啦!"(杨江《粤桂搏击特大洪水》)

(57)"你来一趟,要是有空的话。"(陈建民《汉语口语》)

(58)干尽小园花上露,日痕恰恰到窗前。(黄大受《早作》)

(59)[小说开头]养儿防老,屁话!我现在是彻底觉悟了!(汤礼春《我非要得奖不可》)

对于因超常表达需要形成的易位句,可以根据作用的不同适当加以分类。譬如可以根据有助于满足语音还是语意要求,在高位层次上将它分为两大类。如果这样分的话,那么像例(53)应当归入前一类。因为该例把原来的第三句往后挪,挪到第六句位置上,主要是为了满足押韵的要求。例(54)至例(57)应当归入后一类。因为其倒装跟语音无关,是基于语意要求而采用易位形式。不过对于后一类有必要在低位层次上作进一步区分。其中例(54)和(55)可以作为一类。该类的特点为:1)就信息分布看,它与一般复句相同,即信息焦点出现在后面而不是前面。2)造成易位的原因是,表达者需要强调条件、原因,鉴于焦点信息通常出现在后面,为了让需要强调的内容出现在焦点信息分布位置上,表达者把表现条件、原因的分句从前面挪到了后面。接下来的例(56)和例(57)可以作为一类。该类的特点为:1)它与一般复句有所不同,其信息焦点出现在前面而不是后面;2)造成易位的原因是,表达者急于传递焦点信息,后来发觉有的意思没有说到,于是在后面把先前省略了的表示条件、原因的小句给及时补上。最后的例(58)和例(59)可以作为一类。该类特点表现在:1)其信息焦点出现在前面而不是后面;2)造成易位的原因是,表达者意欲先声夺人、出奇制胜,而墨守成规、采用常式句序难以产生前述效果,于是把本应放在后面的分句移到前面。有关第三小类易位句的评论很多。学者钱锺书、周振甫的有关论述学界耳熟能详,无须赘述。这里引述几段其他学者的精彩论析,如台湾学人傅隶朴说:“倒装是言语伦次上下颠倒的安置法。言辞本该依事物的程序排列,但有时嫌其平板烂熟,反容易使阅读者眼滑口滑,而囫囵其深情旷旨。故善为文者,往往在关要处,故乱其序,一方面梗涩读者的眼口,唤起其注意,一方面增加文章的波澜。正如瞿塘江水,必藉滟滪堆的阻遏,才成其壮观。”①黄永武认为:“倒装诗中文句的次第,或倒装诗句中文字的次第,往往能增强语势,构成豪迈的笔力。像高岩上逆生的奇松,像急滩中回折的波澜,足以成其壮观,强化声势。”②梅祖麟、高友工指出:“倒装句法的运用有如逆流,或破坏或阻遏这种前进的动力。一推一阻所造成的张力,适足以加强诗歌投射出来的那股脉动与劲力。”③第二、第三小类都是信息焦点在前,不同在于前者

① 傅隶朴:《修辞学》,台北正中书局1969年版,第34页。

② 黄永武:《中国诗学·设计篇》,新世界出版社2012年版,第96页。该书1976年初版即已提出此观点。

③ 梅祖麟、高友工:《论唐诗的语法、用字与意象》,《哈佛亚洲研究月刊》1971年9月号。

是无意中形成的，而后者是刻意营造的。

第八节　结束语

本文将制约汉语句序的因素分为六种，考察和论析了在其制约下构成的多种形态的句序排列规律。需要指出的是，这样分类是为了便于讨论，实际上，句序制约因素与句序排列方式之间常常不是一对一的关系而是多对一的关系。

第四章　汉语主语与汉语话题的关系

第一节　引　言

主语与话题的关系问题无论对于语法学还是语篇学来说都是无法绕开的问题,近年来尽管有关讨论十分热烈,但始终处于各说各话的状态。症结在于意欲厘清二者关系首先必须知晓其间异同,而汉语属于非形态语言,从语形切入找不到得力抓手,从语义切入又难以找到适当的支撑点。日语中的主语与话题有着明确的形式标记,日语语法学界在二者关系的研究上不仅一直走在前面,而且早已形成卓有成效的研究范式。重视并借鉴其经验,有助于汉语主语与话题的关系研究及早走出困境。

第二节　通过借鉴看汉语中同主语与话题有关的现象句和判断句

前面说日本在前述课题研究上已经形成卓有成效的研究范式,具体表现是什么呢? 是语形研究与语义研究双轨并进,互勘互证,亦即首先根据句子在语形上是由主语标记"が"及其附加成分所领起,还是由话题标记"は"及其附加成分所领起,将其划分为无题句(無題文)和有题句(有題文)①,以及根

① 三尾砂.(1948).『國語法文章論』.東京:三省堂.pp.30-52.

据句子在语义上是表示客观报道还是主观判断，将其划分为现象句（现象文）和判断句（判断文）①；然后通过无题句与现象句以及有题句与判断句的对勘，探悉主语与话题异同所在。语言类型学调查表明，不仅主语与话题的对立互补乃为普遍现象②，同时现象句与判断句的对立互补亦为普遍现象，③故汉语学界从事主语与话题的关系研究，可以借鉴日本的经验，将现象句与判断句作为抓手和支撑点。根据日本学者有关论述，所谓“现象句”是指对于无意中感知到的情景或事件加以客观报道的语句，所谓“判断句”是指对于有意择定的对象加以主观说明的语句，这两类语句在汉语中无疑也是存在的。先看以下用例：

（1）你看，天好蓝，云好白呀！（萧袤《二丫儿漫游奇书》）

（2）一个戴眼镜的小伙子挺面善……（北岛《午夜之门》）

（3）扑通！一只青蛙跳进水里。（［德］苏珊妮等著，顾白译《动物小百科》）

（4）突然，一位小女生哭泣起来。（闫建军《上课》）

（5）一会儿，一幅漂亮的山水画画好了……（范继淹《无定 NP 主语句》）

（6）不好了，你儿子出事了！（卢兆璋《只缘身在水乡中》）

这些皆属现象句范畴。再看以下用例：

---

① 松下大三郎.（1978）.『改撰標準日本文法』.東京：勉誠社.p.337.该书 1928 年初版即已提出此观点。

② 李讷和汤普森（《主语与主题：一种新的语言类型学》）认为所有语言都有题述结构，但并非所有语言都有主谓结构，如傈僳语；而最新调查表明事实并非如此（参见李教昌：《怒江傈僳语参考语法》，上海师范大学博士学位论文 2018 年）。其实如果认同以下观点，即主语和话题作为陈述对象，主要区别在于未知与已知，那么根据常识和逻辑便可推定，主语与话题的对立互补乃为普遍现象。

③ 参见沈园：《逻辑判断基本类型及其在语言中的反映》，《当代语言学》2000 年第 3 期。

(7)象鼻子长。([美]李讷、汤普森著,李谷城摘译《主语与主题:一种新的语言类型学》)

(8)那回大火,幸亏消防队到的早。(赵元任著,吕叔湘译《汉语口语语法》)

(9)这事儿我现在脑子里一点印象也没有了。(吕叔湘《汉语语法分析问题》)

(10)这本书,读过的人不多。([日]望月圭子著,石关译《汉语主题的分级类型》)

(11)酒这东西啊,有愁解愁,有气解气。(胡月伟等《万历十五年》)

(12)至于你的借据,高宏托我代为保管!(琼瑶《潮声》)

这些皆属判断句范畴。

美国语言学家布龙菲尔德(Bloomfield,L.)有句名言:"一种形式,一种意义。"(原话为:Our fundamental assumption implies that each linguistic form has a constant and specific meaning.)①这话也可反过来说,即"一种意义,一种形式"。在已经知晓对应于主语与话题的两种表达类型的情况下,自然可以根据"不存在着没有形式的意义"②的道理,将其作为观照主语与话题异同的重要窗口。

第三节　从现象句和判断句看主语与话题认知基础的异同

根据例(1)至例(12)可以看出,在认知基础上主语与话题既有共同点又有不同点。共同点在于无论前者还是后者都是承载后景信息(background

① Bloomfield, L.(1933).*Language*(p.150).London:George Allen & Unwin Ltd.

② 邵敬敏、赵春利:《关于语义范畴的理论思考》,《世界汉语教学》2006年第1期。

information),都是作为认知参照点出现的。不同点在于:1)跟主语相联系的后景信息具有未知性,跟话题相联系的后景信息具有已知性。2)依托主语的认知参照点通常出现在后,居于有关结构体内层;依托话题的认知参照点通常出现在前,居于有关结构体外层。3)依托主语的认知参照点,听读者需要借助上下文及言外语境方能知晓;依托话题的认知参照点,听读者与其接触之初即已明了。

关于后景信息与前景信息(foreground information),学界有着广义和狭义两种理解,这里取广义的。根据《朗文语言教学与应用语言学词典》(*Longman Dictionary of Language Teaching and Applied Linguistics*),前景信息系指未知信息、重要信息,后景信息系指有助于未知信息、重要信息理解的信息。① 后景信息之所以可以起到认知参照点作用,原因也就在这里。

主语与话题信息属性有所不同的观点是日本学者首先提出来的。他们很早就注意到主语与话题有个重要区别,即前者总是跟"未知信息"或者说"新信息"相联系,后者总是跟"已知信息"或者说"旧信息"相联系。②

分别依托主语与话题的认知参照点之所以存在次序上的以及层次上的区别,表面看是语法规律作用的结果,而寻根究底,实由可别度领先原则(the identifiability precedence principle)所决定。根据该原则,多个句法成分同现时,可别度高的居前,可别度低的居后。③ 因为依托主语的认知参照点同未知性后景信息相联系,依托话题的认知参照点同已知性后景信息相联系,以及因为未知性后景信息可别度低于已知性后景信息,故同现时依托主语的认知参照点出现在后,依托话题的认知参照点出现在前;又因为无论主语还是话题都跟后面的谓语有着句法联系,主语跟谓语的联系较紧,话题跟谓语

① Richards, J.C., Platt, J., & Platt, H.(1992).*Longman dictionary of language teaching and applied linguistics*(p.223).Harlow:Longman.

② 松下大三郎.(1961).『標準日本口語法』.東京:勉誠社.pp.339-343.该书 1930 年初版即已提出此观点。久野暲.(1973).『日本文法研究』.東京:大修館書店.pp.209-210.野田尚史.(1996).『「は」と「が」』.東京:くろしお出版.p.109.

③ 参见陆丙甫:《语序优势的认知解释:论可别度对语序的普遍影响》,《当代语言学》2005 年第 1—2 期。

的联系较松，故同现时分别依托主语与话题的认知参照点分布层次有所不同。①

分别依托主语与话题的认知参照点之所以存在识解上的难易之别，全因为依托话题的认知参照点，它所承载的或者是已为前文激活了的信息，或者是可以凭借常识得以体悟的信息，而依托主语的认知参照点，所承载的信息则不具备前述特点。因此，对于听者和读者来说，依托话题的认知参照点是心有灵犀一点通；而依托主语的认知参照点，必须借助上下文以及言外语境并经过琢磨、推敲才能领会。

第四节　从现象句和判断句看主语和话题语用功能的异同

通过例(1)至例(12)不难看出，在表达功能上主语与话题也是有同有异。相同之处首先表现在二者均具“指称性”，总是表示指称或者可当作指称看待；其次表现在二者均具“被陈述性”，起着“给说话布置场地”②的作用。《汉语口语语法》(*A Grammar of Spoken Chinese*)之所以认为“在汉语里，把主语、谓语当作话题和说明来看待，较为合适”③，全因为汉语学界倾向从话题角度理解主语。

为了弄清主语与话题语用功能上的相异之处，日本学者很早就开始进行无题句与有题句的区分，他们注意到就语用功能看其间存在下列区别：一是无题句通常对应于现象句，有题句通常对应于判断句。前者如例(1)至例(6)，后者如例(7)至例(12)。二是无题句每每与焦点前置句相对应。如“だれが来たのですか。/谁来了?”“山田さんが来ました。/山田先生来

① 参见陆丙甫：《核心推导语法》第二版，上海教育出版社2015年版，第148—154页。

② 赵元任著，吕叔湘译：《汉语口语语法》，商务印书馆1979年版，第60页。该书1968年初版即已提出此观点。

③ 赵元任著，吕叔湘译：《汉语口语语法》，商务印书馆1979年版，第45页。该书1968年初版即已提出此观点。

了。”而有题句通常与焦点后置句相对应，如“林さんはどなたですか。/林先生是哪一位?”“林さんはこの方です。/林先生是这一位。”①无题句与有题句的前述不同所体现的正是主语与话题语用功能上的区别所在。概言之，主语与话题表达功能上的相异之处在于：1）主语适用于客观报道，话题适用于主观说明；2）主语可以用于焦点前置句，话题则不可以。

我国学者注意到，无题句与有题句语用功能上的相异之处同时反映在前者每每被用于儿歌和谜语创作中，后者则罕见于前述场合。② 无题句用于儿歌创作的如“一只白兔长得美，两只耳朵三瓣嘴……”（《小白兔》），“一片枫叶红彤彤，不在树上在海中……”（《海星》），“两只老虎，两只老虎，跑得快，跑得快。……”（《两只老虎》），“你拍一，我拍一，一个小孩穿花衣。你拍二，我拍二，两个小孩梳小辫。……”（《拍手歌》），等等。③ 用于谜语创作的如“一个烟囱两个洞……（鼻孔）”，“一个坛子两个口……”（灯笼），“一个小屋窄又窄……（蜂巢）”，“一条细绳软又软……”（蚯蚓），“一个洞，掉了底……”（井），“一个笨大汉，腰插两把扇……（乌鸦）”，等等。④ 因为无题句与有题句的上述不同也就是主语与话题表达功能的区别所在，由此可见，在需要营造新鲜感增强吸引力的场合，主语乃为适宜选择，话题则不然。

第五节　从现象句和判断句看主语与话题语法特征的异同

通过例（1）至例（12）亦可发现主语与话题语法特征上的异同。有学者

---

① 参见［日］庵功雄等著，巴玺维等译：《初级日语语法精解》，外语教学与研究出版社 2006 年版，第 385—386 页。

② 参见朱晓农：《语法研究中的假设—演绎法——从主语有定无定谈起》，《华东师范大学学报》（哲学社会科学版）1988 年第 4 期。

③ 参见詹黎编著：《儿歌大全》，上海科学普及出版社 2015 年版。

④ 参见王仿编：《中国谜语大全》，上海文艺出版社 2008 年版。

认为,例(7)"象鼻子长"中的"象"属于话题成分。[①] 其实这里的"象"既可能是话题也可能是主语。日本学者北原保雄指出,"象鼻子长"这说法,如果作为"象在长相上具有什么特点"的回答,"象"为话题;如果作为"什么动物鼻子长"的回答,"象"为主语。[②] 从相同句法结构中的"象"既可作为话题出现又可作为主语出现,可知主语与话题在依存基础、组合条件、作用范围等方面不无共同点。不过其间亦有诸多不同点,主要表现在:

①主语与谓语通常有着规律性的语义联系,[③]话题则不然,它与谓语的结合每每依靠言外语境支持。

②主语总是以光杆形式出现,而话题往往缀有起介引作用的虚词,如例(12)。

③主语出场通常有"你看""扑通""突然""一会儿""不好了"之类的提示成分伴随,[④]如例(1)至例(6),话题出场则不然。

④主语与后续成分结合紧密,其间没有明显停顿,不可插入语气词;话题与后续成分关系松散,其间多有明显停顿,可以插入"啊""呀""呢""嘛""吧"等,如例(7)至例(12)。

⑤主语一般不可省略,除非先行出现的话题与主语具有蕴涵关系[⑤];话题每每可以借助语境而省略。

⑥主语不可以改变与后续成分的次序,即所谓"不能主谓易位",话题则

---

① Li, C.N., & Thompson, S.A.(1976). Subject and topic: A new typology of language. In C.N. Li (Ed.), *Subject and topic*. New York: Academic Press. 徐烈炯:《语义学》,语文出版社1990年版,第201页。

② 北原保雄.(1984).『日本文法の焦点』.東京:教育出版.pp.76-89.

③ Li, C.N., & Thompson, S.A.(1976). Subject and topic: A new typology of language. In C.N. Li(Ed.), *Subject and topic*. New York: Academic Press.

④ 参见黄师哲:《无定名词主语同事件论元的关系》,见黄正德主编《中国语言学论丛》第三辑,北京语言大学出版社2004年版,第93—110页。陆烁、潘海华:《汉语无定主语的语义允准分析》,《中国语文》2009年第6期。

⑤ 如"这房子价格真便宜"可以省略为"这房子真便宜"。根据日文翻译,即"この家は値段が安いです"与"この家は安いです"可知,这里省略的不是话题而是主语。主语一般不可省略,但并非绝对不可省略。

往往可以改变与后续成分的次序。[①]

⑦主语与话题都是既可跟“属性谓语”（individual-level predicate）也可跟“事件谓语”（stage-level predicate）组合，[②]不过主语跟前述谓语的组合通常见于现象句，话题跟前述谓语的组合通常见于判断句，前者如例（1）至例（6），后者如例（7）至例（12）。

⑧主语作用范围小于话题。最早注意到这一点的是日本学者山田孝雄。他指出，在以下句子中，亦即在“鳥が飛ぶ時には空気が動く。/鸟飞翔的时候空气会有震动。”和“鳥は飛ぶ時に羽根をこんな風にする。/鸟在飞翔的时候会把翅膀这样摆动。”之中，缀有“が”亦即以主语身份出现的“鳥”，作用范围只是达及紧随其后的“飛ぶ/飞”；缀有“は”亦即以话题身份出现的“鳥”，作用范围则延至句末。[③] 汉语中的主语与话题作用范围与日语相类，[④]鉴于后文有专门讨论，这里从略不赘。[⑤]

第六节　关于主语与话题关系三种观点的检讨

查阅“文革”结束之初国内影响最大的四部现代汉语教材，即所谓“上海

---

① 参见刘丹青：《焦点（强调成分）的调查研究框架》，见上海市高校比较语言学 E-研究院编，潘悟云、陆丙甫主编《东方语言学》第一辑，上海教育出版社 2006 年版，第 54 页。

② Carlson, G.N.(1977).A unified analysis of the English bare plural.*Linguistics and Philosophy*, 3, 413-456.

③ 山田孝雄.(1936).『日本文法学概論』.東京：宝文館.p.490.

④ 参见曹逢甫著，谢天蔚译：《主题在汉语中的功能研究——迈向语段分析的第一步》，语文出版社 1995 年版，第 40 页。

⑤ 语法上主语与话题存在一个重要区别，即主语的语法特征大多是强制性的，如后面没有明显停顿、不可插入语气词、不可颠倒与谓语的次序、一般不可省略、与后续成分之间通常有着规律性的语义联系、作用范围只是延及紧随其后的谓语，等等；而话题的语法特征大多是非强制性的，如后面可以有明显停顿、可以插入语气词、可以颠倒与谓语的次序、可以省略、与后续成分的联系每每依靠语境支持、作用范围并非只是延及紧随其后的谓语，等等。

本”(上海教育出版社 1978 版)、“兰州本”(甘肃人民出版社 1981 版)、“郑州本”(上海教育出版社 1980 版)、“电大本”(人民教育出版社 1982 版),可知当时只有主语概念而无话题概念。通过多年探索,在主谓结构研究上,我国语法学界逐步形成了以表达关系为向导,以形义表现为窗口,以平行转换为量器的“三以”原则。亦即考察是否属于主谓结构,首先看表达上是否为陈述关系,其次看形义上是否倾向“体辞+谓辞”和“指称+陈述”分布,再次看结构上是否存在平行转换的可能性。[①] 大陆学者开始注意主语与话题的关系是 20 世纪 80 年代以后的事情。随着李讷和汤普森《主语与主题:一种新的语言类型学》(*Subject and Topic:A New Typology of Language*)的发表,曹逢甫《主题在汉语中的功能研究》的问世,以及赵元任《汉语口语语法》的重译和再版,大陆有关主语的研究开始步入与话题密切结合的新阶段。其间有共识也有争议,争议主要集中在主语与话题究竟是什么关系。目前主要有三种观点:一是“同一观”,亦即认为过去视为主语的句法成分其实是话题;二是“平行观”,亦即认为主语与话题为不同句法成分;三是“交叉观”,亦即认为主语与话题既有相合相叠的时候,也有相离相错的时候。基于“主语和话题的问题是汉语语法研究中的核心课题之一”[②],下面结合对于前述观点的反思,就主语与话题的关系问题作些不无必要的再检讨。

一、主语与话题为同一关系吗

认为汉语只有话题没有主语者,主要理由是:有语言必要话题,故而汉语具有话题乃为不言自明的事;但有语言未必有主语,汉语有无主语尚未经过认真探究,且最新研究表明汉语中其实并不存在主语。[③] 检讨该观点是否成立,首先需要明确两个前提:一是需要了解主语有句法主语(syntactical subject)、逻辑主语(logical subject)、心理主语(psychological subject)之分,句

① 参见朱德熙:《语法讲义》,商务印书馆 1982 年版,第 95—109 页。
② 石毓智:《汉语的主语与话题之辨》,《语言研究》2001 年第 2 期,第 82 页。
③ 参见宋文辉:《现代汉语中是否存在和话题分立的语法主语》,《语言教学与研究》2020 年第 2 期。

法主语指与谓语动词有着句法约束关系的主语，逻辑主语指具有施事身份的主语，心理主语指作为陈述对象的主语。二是需要了解心理主语在不同时期具有不同内涵，20 世纪 70 年代中叶以前，心理主语与话题乃为可以互换使用的同义词，都是指陈述对象，包括已知的和未知的，以上所言，有叶斯柏森（Jespersen，O.）①、霍凯特（Hockett，C.F.）②、赵元任③等相关论述为证。20 世纪 70 年代中叶以后，心理主语与话题乃为对举性异义词，具体地说，此后的主语只是指处于未知状态的陈述对象，此后的话题只是指处于已知状态的陈述对象，以上所言，有李讷和汤普森（Li，C.N.& Thompson，S.A.）④、望月圭子⑤、曹逢甫⑥、屈承熹⑦等相关论述为证。明乎此，再来审视所谓汉语只有话题没有主语，则不难发现，前述观点提出者，其所谓汉语没有主语，是指汉语没有像英语那样的句法主语，他们并不否认汉语具有心理主语，其所谓汉语只有话题实际是说汉语只有心理主语；同时不难发现，他们有关主语与话题关系的讨论是站在以昔律今的立场上的。其实 20 世纪 70 年代中叶以前并不存在主语与话题关系的问题，因为那时主语与话题并不存在涵义上的差异；主语与话题关系问题被正式列为研究对象，是 20 世纪 70 年代以后的事情。照理说，参与主语与话题关系讨论，就得尊重有关历史背景，亦即就得将所论主语严格限制在未知性陈述对象上，将所论话题严格限制在已知性陈述对象上。主语与话题由同义词转变为异义词，并非仅仅反映了

---

① Otto Jespersen.（1924）.*The philosophy of grammar*（p.145）.London：George Allen & Unwin Ltd.

② Charles Francis Hockett.（1958）.*A course in modern linguistics*（p.201）. New York：The Macmillan Company.

③ 参见赵元任著，吕叔湘译：《汉语口语语法》，商务印书馆 1979 年版，第 45 页。该书 1968 年初版即已提出此观点。

④ Li，C.N.，& Thompson，S.A.（1976）. Subject and topic：A new typology of language. In C.N. Li（Ed.），*Subject and topic*.New York：Academic Press.

⑤ 参见［日］望月圭子著，石关译：《汉语主题的分级类型》，《汉语学习》1987 年第 2 期。

⑥ 参见曹逢甫著，谢天蔚译：《主题在汉语中的功能研究——迈向语段分析的第一步》，语文出版社 1995 年版，第 69 页。

⑦ 参见屈承熹：《汉语认知功能语法》，黑龙江人民出版社 2005 年版，第 188—190 页。

术语使用的严谨化，实际上它更反映了有关观察的深入化。近年来在语言类型学研究的推动下，越来越多的学者注意到，无论日语还是英语①，无论韩语②还是汉语，过去被笼统称为陈述对象的语言单位，内部均存在如下区别，即有的具有已知性，有的具有未知性，而前述区别的存在不仅直接影响到有关成分的语用功能，同时直接影响了相关结构的语法特点。也正因为如此，诸多语法学家不约而同形成以下共识，亦即需要对陈述对象进行主语与话题的区分。通过以上讨论可知，在主语与话题关系问题上持“同一观”的学者无疑有两点需要反思，即是否遵守因时制宜的学术规范，是否尊重客观存在的语言事实。讨论至此不难看出，那种认为主语与话题为同一关系的观点，无论从哪种角度看都经不起推敲。

二、主语与话题为平行关系吗

认为主语与话题乃为不同句法成分者，主要理由是：汉语主语虽然语法化很不充分，但它在语用、句法、韵律等方面具有自己的特征，故“仍可看作一个句法成分”③。日语话题高度语法化，拿汉语与其相比，彼此具有高度一致性，故可认为汉语“话题是一种句法成分”④。总之，汉语里“话题是话题，主语是主语，它们是不同的句法成分”⑤。笔者认同汉语主语属于句法成分的定性⑥，检讨以上说法，只需看汉语话题属于句法成分的观点是否成立。平行观的提出主要基于外部比较，亦即主要基于将汉语跟日语相对照所发

① 参见屈承熹：《汉语认知功能语法》，黑龙江人民出版社2005年版，第188—190页。

② 参见李甲男：《汉韩主语和话题对比研究》，华中师范大学博士学位论文2014年。

③ 徐烈炯、刘丹青：《话题的结构与功能》，上海教育出版社1998年版，第242页。

④ 徐烈炯、刘丹青：《话题的结构与功能》，上海教育出版社1998年版，第78页。

⑤ 徐烈炯、刘丹青：《话题的结构与功能》，上海教育出版社1998年版，第48页。

⑥ 我们之所以认同汉语主语属于句法成分的定性，首先因为汉语中的许多主语业已转化为词汇单位的结构成分，如“地震”“海啸”“客满”“花红柳绿”中的“地”“海”“客”“花”“柳”等，而话题则不然，即此可知，在语法化程度上前者较之后者有过之无不及；而并不像某些学者所言，前者语法化程度不如后者。其次因为在汉语研究中抛弃主语概念，不仅句型系统归纳、短语结构研究、合成词内部关系分析无从进行，同时大量语言事实无以解释。

现的共同性。日语话题确实显示出较高的语法化,不过其语法化并不是表现为已经有了专用标记。日语中的“は”属于提示助词,其作用不仅体现在标记话题上,同时体现在表示对比、加强语气等方面。① 日语中的主语、宾语、补语等句法成分均可以话题身份出现,在此场合,原来用于标示主语和宾语的格助词“が”和“を”为“は”所顶替(参见后文例<23>和例<25>),原来用于标示补语身份的格助词则保留不动,后面加上“は”。

(13)教室にはテレビがあります。/教室里有电视。

(14)日本ではこの学校が一番有名です。/在日本这所学校最有名。

(15)彼女とはまだ一度も話したことがありません。/和她还没讲过一次话。

(16)北海道へは一度も行ったことがありません。/一次都没去过北海道。

(17)姉からは面白い小説をもらいました。/从姐姐那里得到一本有趣的小说。

(18)八月三十一日までは夏休みです。/暑假到 8 月 31 日为止。

从补格助词“に”“で”“と”“へ”“から”“まで”与提示助词“は”的结合使用来看,可知它们所附着的语法单位仍然保留着补语身份,只不过这些补语有了新的兼职而已。董秀芳曾指出,如果一个语言标记,经常与其同现的语法单位除了可作话题看待,同时具有其他成分属性,那么这样的语言标记就不是真正的话题标记。② 这里还需补充的是,在此情况下与其同现的语法单位也就算不上只是具有话题属性的句法成分了。既然高度语法化的日语话题并不是与主语、宾语、补语等平起平坐的句法成分,根据汉语话题与日语话

① 参见罗敬仁编:《日语助词概论》,北京出版社 1982 年版,第 145—151 页。

② 参见董秀芳:《话题标记来源补议》,《古汉语研究》2012 年第 3 期。

题的类型学共性，以论证汉语话题属于句法成分，自然不足以令人信服。认为汉语主语与汉语话题属于不同句法成分者的另一论据是："在汉语尤其是上海话这样的话题优先型语言中，话题是一种句法成分。"①该论据明显偏离了朱德熙曾以专文强调的方法论原则，即从事现代汉语语法研究需要排除方言干扰，防止以彼律此。② 综上所述，这另一论据，亦即建立在移花接木基础上的论据，更难以令人信服。检讨任何观点，主要应当重视的不是论证方式而是观点本身，因为论证失当而观点无误的情况并不罕见。不过只看观点，以"无罪推定"（presumption of innocence）的态度为其寻找根据，仍无法使前述检讨结论有所改变。原因在于该观点存在一处难以疗治的硬伤。大家已经知道，日汉语法研究者经常提及的"象鼻子长"，其中的"象"既可做主语亦可做话题。如果认同话题与主语属于不同句法成分的观点，则要认为"象鼻子长"实际上同两种句法结构相联系。同时，依此类推则可得出结论：一个句子，如"他会骑自行车"③，随着强调重音以及焦点位置的变化，特别是随着焦点与陈述对象和陈述部分对应关系的变化，有关句法分析结论亦得随之变化。认同该观点，不仅意味着公认的句法分析原则必将受到严重冲击，而且意味着句法分析将不再是以分布以及组合为依据。毋庸讳言，要想为它找到能够自圆其说的理由实在很难。

三、主语与话题为交叉关系吗

在主语与话题关系研究上，认同三个平面语法理论的学者可以说都是"交叉观"的支持者，这从其所谓"××成分兼话题"可以看出。不过他们大多没有直接使用"交叉"概念，明确使用"交叉"概念并对"交叉"原因加以深入探讨的当数徐杰，他指出：分析地看，主语乃属实体范畴，话题乃属特征范畴，主语尽管每每被附加话题特征，但并非总是如此，主语与话题之所以有

---

① 徐烈炯、刘丹青：《话题的结构与功能》，上海教育出版社 1998 年版，第 209 页。
② 参见朱德熙：《现代汉语语法研究的对象是什么？》，《中国语文》1987 年第 5 期。
③ 邢福义主编：《现代汉语》，高等教育出版社 1991 年版，第 103 页。

合有分,根本原因也就在这里。在从事主语与话题关系研究的过程中,徐杰不仅注意到话题的语用性,同时也注意到话题的语法性。他认为,“把话题一股脑推到语用层面,硬说它没有语法地位,缺乏足够的说服力”;话题的实质是“依附于某些句法成分的一种语法特征”。基于“语法特征和句法成分不是一回事”,加之话题表现出的语法特征不足以使其拥有独立的句法成分资格,他明确声言:“话题根本不是跟主语、谓语、宾语平行的句法成分,在基本句法结构中没有独立的地位。”①

笔者赞同将主语与话题视为交叉关系,同时赞同不因其间存在某些语法差异就将二者视为不同句法成分。之所以持此态度,首先因为我们注意到,话题本质上是通过所依附的句法成分表现出一组已经某种程度语法化的语用特征。其次因为我们注意到,话题特征如同焦点特征一样,不仅从未淡化过自身的依附性,而且没有丝毫迹象表明,它会最终放弃动态话语调节者的身份而转变为静态句法成分。再次因为我们注意到,主语与话题的语法差异并不是句法因素作用的结果,而是语用因素影响的产物。关于第三点原因,前面已经说了不少,下面再做点强化性补充。

前文指出,主语通常以“有伴”方式出现,话题通常以“无伴”方式登场,为什么有此差异?原因在于:对应于主语的陈述对象乃为首次引入交际,对于接受者来说具有未知性,故而为减轻接受者的理解负担,表达者多半会借助提示成分为其出场提供额外帮助。对应于话题的陈述对象,或者已为上文所提及,或者已为语境所激活,对于接受者来说并不陌生,在此情况下,表达者自然也就没有必要为其出场提供额外辅佐。总之,主语与话题出场方式上表现出的差异,无关句法,而是由语用因素所决定。

前文指出,主语不可以改变与后续成分的次序,而话题往往具有这样的可能性。为什么有此差异?原因在于:由话题领起的语句,信息结构为“已知性后景信息+前景信息”,有关语句未知信息出现在后,在急于传递未知信息的情况下,便会很自然地发生易位现象。由主语领起的语句,在对应现象

① 参见徐杰:《主语成分、话题特征及相应语言类型》,《语言科学》2003年第1期。

句以及儿歌和谜语中某些语句的情况下，信息结构为“未知性后景信息+前景信息”；在对应焦点前置句的情况下，信息结构为“前景信息+已知性后景信息”，因为有关语句开头位置业已为未知信息所占据，故而也就不可能发生为前置未知信息而易位的情况。概言之，主语与话题在能否易位上表现出的差异，无关句法，而是由语用因素所决定。

前文指出，主语跟属性谓语、事件谓语的组合通常对应现象句，话题跟前述谓语的组合通常对应判断句，为什么有此差异？原因在于，前一种组合适用于客观报道，这是现象句功能之所在，故而它与现象句也就有着较为密切的匹配关系。后一种组合适用于主观说明，这是判断句作用之体现，故而它与判断句也就有了较为密切的联系。一言以蔽之，前述差异同样由语用因素所决定。

前文指出，主语与话题同时存在作用范围上的差异，具体表现在：前者的作用范围一般只是延及与其结合的直接成分，而后者的作用范围可以延及句末，甚至延及后续句。为什么有此差异？原因亦在语用。且看以下用例（“∅”表示有里无表，即所谓“零形式”）：

（19）这棵树，∅花小，∅叶子大，∅不好看。（［美］李讷、汤普森著，李谷城摘译《主语与主题：一种新的语言类型学》）

在例（19）中，“这棵树”作用范围达及整个复句，“花”“叶子”作用范围只达及紧跟其后的谓语。之所以有此差异，原因在于，“花”“叶子”只有句法性而无语用性，作为主语的作用范围只能达及紧跟其后的谓语，即“小”和“大”；而“这棵树”除了具有句法性同时具有语用性。这里所说的语用性除了包括作为话题的已知性，同时包括作为话题的统摄性。“这棵树”之所以能够将作用范围从“花小”延伸到“叶子大”继而延伸到“不好看”，原因也就在这里。从句节短停顿多等特点不难看出，该例引自日常对话。日常对话诉诸口耳，稍纵即逝，不便记忆，其中话题的作用范围一般以复句为上限。

(20)老宋是个结实精干的壮年人,∅眉毛漆黑,∅眼睛好像瞌睡无神,∅人却是像当地人说的:机灵得像海马一样。∅半辈子在山风海浪里滚,∅斗船主,∅闹革命,∅现时是一个生产大队的总支书记。(杨朔《海市》)

在例(20)中,“老宋”作用范围达及整个句群,而“眉毛”“眼睛”“人”作用范围仅仅达及紧随其后的谓语。之所以有此差异,原因在于,作为话题的“老宋”除了具有句法性同时具有语用性,而作为主语的“眉毛”“眼睛”“人”仅仅具有句法性。为什么具有语用性的句法成分作用范围总是大于单纯句法成分,通过前面的讨论我们已经心知肚明,这里需要关注的只是何以例(20)中的话题作用范围大于例(19)。根据出处交代可知,例(20)引自文学作品。文学作品一般以文字为媒介,因为可以回读,故而例(20)中的话题比起例(19)中的同类成分有着更大的管界。不过文学作品讲求曲折变化,忌讳死盯同一陈述对象喋喋不休,其中话题的作用范围上一般以句群为上限。

(21)陈望道(1891—1977),原名参一,∅曾用名融、佛突、任重,笔名陈雪帆、晓风等。∅浙江义乌人。∅早年就读于县立绣湖书院、金华府中学堂,∅侧重理科。∅1913年考入杭州私立之江大学。∅1915年留学日本,∅先入东京物理学校,∅后就学于早稻田大学法科、东洋大学文科、中央大学法科,∅获法学士学位。∅1919年回国,∅任浙江省立第一师范学校语文教员。∅1920年翻译出版《共产党宣言》,∅参与创建马克思主义研究会。∅同年任教于复旦大学中文系。∅1923年任上海大学中文系主任,∅后兼教务长、代理校务主任,∅讲授修辞学、文学概论等课程。∅1927年至1931年任复旦大学教授、中文系主任。∅1929年创办中华艺术大学,∅任校长。∅1932年任上海中国著作家抗日会书记。∅1933年任省立安徽大学教授,∅讲授文艺理论等课程。∅次年回上海，∅参加发动“大众语运动”，∅创办《太白》半月刊。∅1935 年至 1937 年，任省立广西桂林师范专科学校、国立广西大学文法学院中文科主任、教授，∅讲授修辞学、中国文法学等课程。∅1940 年回复旦大学任中文系教授，∅后任新闻系主任。其间，∅倡导培养“有胆有识”的新闻记者，∅强调民主自由精神的培养，∅主张学以致用；∅主持开办通讯社、新闻馆以训练新闻实际能力。∅1947 年当选上海市大学教授联合会主任。1949 年后，∅任华东军政委员会文化教育委员会副主任，兼文教部部长，华东行政委员会高教局局长等。∅1952 年任复旦大学文学院院长、校务委员会主任委员。∅1952 年至 1977 年任复旦大学校长。∅认为高等学校的办理有“校务、教务、科研”三阶段，∅强调综合大学应“教学与科研并重”；∅倡导革命性与科学态度相统一的新学风。∅1955 年入选中国科学院哲学社会科学部委员。∅曾兼任国务院科学规划委员会语言组副组长、上海市哲学社会科学联合会主席、上海语文学会会长、修订《辞海》总主编等。∅当选全国人大常委、全国政协常委、上海政协副主席。∅高教论述主要有《拟请议决修改初高中国文课程标准并规定大学入学试题不限文体案》《新闻馆与新闻教育改革》《两个原则——对于中国文学系改革的意见》《上海复旦大学的今昔》《复旦十年》，∅著有《修辞学发凡》《美学概论》《文法简论》《因明学概略》等教科书和著作，∅辑有《陈望道文集》。（周川《中国近现代高等教育人物辞典》）

例（21）不计标点共有 800 多字。其中陈述对象以话题身份出现，虽然只公开露面一次，但统辖全文。例（21）中的话题之所以作用范围如此之大，主要因为该例引自辞书。辞书以词条为单位，词条由词目所统领。词目位于词条之首，其后文字均为对它的陈述。词条有其特定的写作规范，又有以简洁为上的语用特点，在依托于词条的文本中，话题仅见于词条之首乃为常态。有学者曾以百科全书为对象作过调查，结果显示其中话题的跨句作用率高达46.3%。[①] 总之,是语用支持的无与有决定了主语与话题作用范围的窄与宽,是语用影响力的小与大决定了话题作用范围的宽与更宽。

有些学者认为汉语中主语与话题的语法区别还表现在组合上。如有人说,"'无定主语+形容词谓语'的句式在一般场合(包括口语书面语)不成立","无定数量名主语后只有动词谓语而没有形容词谓语"[②];还有人说,汉语中有定未知主语跟属性谓语的组合仅见于整体问答,如:"A:为什么这一带不适合种红薯? B:因为野猪爱刨红薯吃。"[③]然而根据前面的例(2)以及以下诸例——"在山脚下,一条小溪弯弯曲曲……"(梅日新、吴锦华《情怀沙田》),"一弯新月清新秀美,高高悬挂在灿烂的星空中"(陈明星《中华经典轻松读·宋词》),"一缕花香若隐若现,几声鸟鸣既远又近……"(袁晓君《星星的孩子》),"突然,一声响雷震耳欲聋……"([美]阿曼达·海明威著,南溪等译《绿玉圣杯》),可知前一位学者所说现象并不存在。同时根据前面的例(1)以及以下诸例——"小吴,你看,北斗星真亮,离我们真近啊!"(赵效定《往事漫记》),"我们终于到达了目的地。啊,空气真新鲜!"(徐健湖《降龟三十六计》),"'啊,景色太美了!'她伸长脖子向岸上探望……"(梁小芸《植物知识童话》),"她向西边一看,嗬! 太阳真红!"(海西等《小才茨克》),[④]可知后一位学者所说情况也不存在。是否应将主语与话题视为不同句法成分,关键应看二者在句法组合上是否存在显著差异;有的学者之所以将其作为平行关系处理,很大程度上是因为他们以为主语与话题在句法组合上有着明显区别。既然前述看法乃为误会,有关处理自然也就不足为训。

---

① 参见宋柔:《汉语小句复合体和话头结构》,见揭春雨、刘美君主编《实证和语料库语言学前沿》,中国社会科学出版社2018年版,第202页。

② 朱晓农:《语法研究中的假设—演绎法——从主语有定无定谈起》,《华东师范大学学报》(哲学社会科学版)1988年第4期。

③ 刘丹青:《制约话题结构的诸参项——谓语类型、判断类型及指称和角色》,《当代语言学》2018年第1期。

④ 以上例句均属"现象句",证据是将其翻译为日语,缀加在陈述对象后面的助词是"が"而不是"は"。

以上就“同一观”“平行观”“交叉观”分别作了检讨，至此似可顺理成章加以如下总结：汉语中的主语与话题事实上存在诸多无法漠视的区别，尽管某些区别已经在一定程度上稳固化和语法化，但因为其间区别主要不在句法而在语用，以及造成其间区别的主要原因不在句法而在语用，故此论及汉语中主语与话题的关系，只宜视为交叉关系而不宜视为其他关系。

第七节 检讨之后的再讨论

主张对主语与话题分而治之者在具体分法上实际上存在两种意见，一是将主语与话题作为不同句法成分看待，一是将主语与话题分归句法层面和语用层面。前一种意见之不可取已予论析，后一种意见是否可取呢？且看面对“信我已经写完了”这样的句子他们是如何分析的。在其看来该句内部存在两种陈述关系，亦即分别由“话题+述题”和“主语+谓语”构成的陈述关系。故此，该句应作如下分析[1]：

(22)信 我 已经 写完了。

— ———————— 话题—说明

— —————— 主语—谓语

—— ——— 状语—动词

— — 述语—补语

这样分析可取吗？不可取。问题在于，它未能严格保持分析标准的同一性，未能准确反映语用与句法之间的依存关系。因为“把‘话题’一股脑推到语用层面”[2]，结果抽空了“信”的句法基础。（试比较：“信已经写完了。”）我

① 参见石毓智：《汉语的主语与话题之辨》，《语言研究》2001年第2期。

② 徐杰：《主语成分、话题特征及相应语言类型》，《语言科学》2003年第1期。

们已经知道，最早注意到主语与话题的不同，并率先就其关系开展研究的是日本语法学家。下面看看，对于存在主语与话题关系纠缠的语句，他们是如何分析的。为节省文字，这里只展示他们通过析句法反映出的有关认识。

(23) ジョンは このカメラを持っています。

主题

主语　　　宾语

汉译：约翰有这种照相机。（“约翰”轻读，表示约翰有什么）

(24) ジョンが このカメラを持っています。

主语　　　宾语

汉译：约翰有这种照相机。（“约翰”重读，表示谁有这种照相机）

(25) このカメラは ジョンが持っています。

主题

宾语　　　主语

汉译：这种照相机，约翰有。（“这种照相机”轻读，“约翰”重读，表示某物谁有）

以上例(23)至例(25)引自日本学者庵功雄等人的语法教材，①据上可知：1)日语研究者并不认为主语与话题属于不同句法成分；②2)他们并未将“话题+述题”作为语法分析的独立层面；3)他们除了认为话题与主语以及其他句法成分乃为交叉关系，同时在析句过程中注意说明前述关系。毫无疑问，以上做法值得借鉴。

① 参见[日]庵功雄等著，巴玺维等译：《初级日语语法精解》，外语教学与研究出版社2006年版，第381页。

② 多数日本学者之所以没有将话题作为句法成分看待，无疑是因为“是否构成特定的语法范畴则要看该语言是否具有强制性的专属语法表现手段”（参见陈平：《汉语定指范畴和语法化问题》，《当代修辞学》2016年第4期），而话题不具有强制性专属语法表现。

第八节 结束语

研究主语与话题关系首先需要知晓其间异同。由于汉语中的主语和话题缺乏可资区别的形式标记,以至于有时要想弄清某句之中何为主语何为话题都很难。日语中的主语和话题有着醒目的形式标记,一句之中谁是主语谁是话题很容易辨别,另外,主语与话题对于句法结构分别起到怎样的作用,对于语义表达各自有着怎样的影响,也比较容易看出来。因为主语与话题对于语义表达的影响具有普遍性,本文在日本学者有关研究的启发下,将汉语现象句与判断句作为观照主语与话题异同的抓手和支撑点。尽管由此切入探秘主语与话题关系乃为有效途径,但因为主语与现象句、话题与判断句只是大体对应而非完全吻合①,未来的有关研究,除了需要继续发挥现象句与判断句的窗口作用,同时也需要给予焦点前置句以及经常出现在儿歌、谜语中的某些语句充分关注。此外,还需注意"话题""话题性""话题特征""话题化"等概念的区分②,并加强其间联系的理论探讨。如果这些都注意到了,汉语的主语与话题关系的研究,将有望扭转认识分歧不是逐步缩小而是日益扩大的局面。

---

① 例如焦点前置句以及经常出现在儿歌、谜语之中的某些语句便不在其所辖范围之内。

② 对于话题研究来说,"话题""话题性""话题特征"以及"话题化"等皆属不可缺少的概念。"话题""话题性""话题特征"体现了静态观察视角,"话题化"体现了动态研究视角;"话题"体现了综合研究视角;"话题特性"和"话题特征"体现了分析研究视角——前者是从内看,后者是从外看。关于前述概念的关系可参看史有为《话题、协同化及话题性》一文。

第五章　语篇学核心概念:“衔接”与“连贯”

第一节　引　言

学术研究旨在解决问题,语篇学首先需要解决的无疑是作为其研究基础的“衔接”(cohesion)和“连贯”(coherence)的概念界定和关系说明问题。尽管语篇学诞生已近半个世纪,但前述问题依然处于见仁见智状态。分歧首先表现在,一部分学者认为,就内涵而言,衔接乃指借助衔接纽带(cohesive ties)和语境条件在语篇内部建立语义上的照应联系,连贯乃指语篇内部表现出的语义连续性;就外延而言,衔接属于语义范畴内的行为,连贯属于语义范畴内的表现。① 而另一部分学者认为,就内涵而言,衔接乃指借助词汇、句法、语音、字符等语言手段和语境条件在语篇内部建立语言信息上的照应联系,连贯乃指语篇内部在语义、句法、语音、字符等层面上表现出的语言信息连续性;就外延而言,衔接涉及语篇各个层面,连贯亦复如此。② 分歧其次表现在,有一部分学者认为,有衔接必有连贯,有连贯必有衔

① Halliday, M.A.K., & Hasan, R. (1976). *Cohesion in English*. London: Longman.

② 参见黎锦熙、刘世儒:《汉语语法教材》第三编,商务印书馆 1962 年版。胡壮麟编著:《语篇的衔接与连贯》,上海外语教育出版社 1994 年版。吴为章、田小琳:《汉语句群》,商务印书馆 2000 年版。张德禄、刘汝山:《语篇连贯与衔接理论的发展及应用》,上海外语教育出版社 2003 年版。史有为:《汉语语篇连贯性问题概析》,《修辞学习》2004 年第 5 期。

接,衔接与连贯乃"手段—效果"关系。① 还有一部分学者认为,衔接与连贯并无必然联系,事实上存在有此无彼和有彼无此现象,②认为"连贯是语篇的整体性特征"③,"语篇性"④才是其真正基础,衔接并非其必要条件。⑤ 衔接和连贯的概念界定和关系说明直接影响到语篇学的发展态势。面对旷日持久难以统一的异说歧见,语篇研究者无可回避。本文拟通过对此的多角度考察,就"当与谁归"坦陈己见。

第二节 从常识认知看问题

这里的"常识认知"相对"专家观点"而言,是指不包含语篇学专家在内的业外人士对于衔接和连贯的通常理解。它集中反映在业外人士基于日常语言运用立场所表达的意见中。下文例(1)至例(12)是业外人士所发表的一些意见,且看他们是如何理解衔接和连贯的。

---

① Halliday, M.A.K., & Hasan, R. (1985). *Language, context and text: Aspects of language as a social-semiotic perspective* (p.94). Victoria: Deakin University Press. 参见王宗炎:《〈语篇的衔接与连贯〉序》,见胡壮麟编著《语篇的衔接与连贯》,上海外语教育出版社 1994 年版。胡壮麟:《〈语篇连贯与衔接理论的发展及应用〉序》,见张德禄、刘汝山《语篇连贯与衔接理论的发展及应用》,上海外语教育出版社 2003 年版。张德禄、刘汝山:《语篇连贯与衔接理论的发展及应用》,上海外语教育出版社 2003 年版。

② Enkvist, N. E. (1978). Coherence, pseudo-coherence, and non-coherence. In J. O. Östman (Ed.), *Cohesion and semantics* (p.110). Åbo, Finland: Åbo Akademi Foundation. Widdowson, H.G. (1979). *Explorations in applied linguistics* (p.96). Oxford: Oxford University Press.

③ 杜世洪、卡明斯:《连贯是一个语言哲学问题——四十年连贯研究的反思》,《外国语》2011 年第 4 期。

④ Beaugrande, R.D., & Dressler. W. U. (1981). *Introduction to text linguistics* (pp.3-11). London: Longman.

⑤ 参见秦秀白编著:《英语语体和文体要略》,上海外语教育出版社 2002 年版,第 95 页。何自然主编,冉永平、莫爱屏、王寅编著:《认知语用学:言语交际的认知研究》,上海外语教育出版社 2006 年版,第 123 页。李天贤:《认知框架视角下的语篇连贯研究》,国防工业出版社 2013 年版,第 27 页。

(1)句与句相续而为段,段与段相续而为篇……上文言某事下文或承或转或结沿用上文之字面,是之谓明衔接。……上文言某事,下文继续言之,不用上文字面,而意实连贯,是之谓暗衔接。(曹冕《修辞学》)

(2)段的关联,就是要根据“文脉流动的规律,把一个一个分散的段衔接起来”。一般分为“意接”和“语接”两种形式,古人崇尚“意接”,如方东树便说古人文法之妙,一言以蔽之曰,语不接而意接。(刘功成《论文写作通论》)

(3)衔接主要有两种方式,一种为硬的,一种为软的。硬的就是指有明显的过渡词、过渡句、过渡段为语料前后衔接,通过这种“焊接”打通整个“语脉”,这是明的,即有明显的焊接痕迹。软的就是指不用明显的串接词或过渡词、过渡句、过渡段,但整个说话内容有明显内在联系,脉络天成,这个为“意接”。通过“意接”到达“意合”,自然打通整个“语脉”,这是暗的,即没有明显的焊接痕迹。(杨斌《有料:舌尖上的智慧》)

例(1)至例(3)认为,衔接是指使“句与句相续”,“段与段相续”,它可以通过不同途径实现,与采取何种手法并无必然联系。

(4)如句式的衔接要注意其协调连贯;句子中几个分句前后都是一个主语时,要注意主动句与被动句的选择,以确保主语的一致。(刘建琼《中考语文高分策略》<初中版>)

(5)由于众多译家对韵律的衔接功能认识不足,或对翻译轻形重意的误解,或慑于韵律传达上的难度,把韵体诗译作散体的不在少数。(赵彦春《翻译学归结论》)

(6)韵脚的连贯对称满足了读者的音韵美心理期待,保证了译诗的整体美。(曾珠、杨洁《从功能理论看何如法译诗的韵味处理》)

(7)有时作者对意象与意象之间,事物与事物之间的连接采用顶真修辞手法作为字面的衔接模式,以造成文章面貌的紧凑感与完整感。(汤源生《意象密集　洗炼简约——论许达然散文的文体特点》,见《中外散文比较与展望:'94 中外散文国际研讨会论文集》)

例(4)至例(7)认为,衔接和连贯涉及"句式""韵律""韵脚""字面"等各个层面,并非只是语义范畴内的事情。①

(8)有些故事即便连贯性不强,但也总能围绕作品主题,或能前后联系,总体符合线性叙事的规律。(张欣媛《图与文的互动——论儿童图画书中叙事节奏的表现》)

(9)上述段落语义表述虽然连贯,但是逻辑关系不明显,添上过渡衔接词逻辑关系就会更加鲜明突出。(武敏《大学英语6级考试优化训练》)

(10)忽略了戏曲艺术要求集中的原则,平铺直叙,发展剧情,结果是情节虽然连贯,观众看到的却是一些不必要的过程,以后纵有好戏,只怕也难于抵补。(范钧宏《戏曲编剧技巧浅论》)

(11)该书对中国史的简述虽然连贯,但内容过于简略,许多重要史实,居然一字不提。(符懋濂《伪西方社会透视<杂文二集>》)

(12)译者不够专业,由于从事影视翻译的工作者有限,所以很多纪录片译制作品都是由情景剧译者完成的。被译入的语言虽然连贯,但是往往会文不对体。(梁海飞《从中外史上功能对等理论看纪录片字幕翻译》)

① 韩礼德和哈桑之所以始终只是在语义范畴内讨论衔接和连贯,主要因为其研究是以系统功能语言学为指导的。系统功能语言学认为:"语言的关键特征在于它是制造意义的源泉——一种'意义发生'系统。"它的最终目标在于构建一套完整的功能语义学理论。(Lai, K.<2006>.*World renowned linguist professor Halliday launches Halliday Center at city U*.Hong Kong: City University of Hong Kong Press.)令人费解的是,不少学者的语篇研究并非囿闭于系统功能语言学框架,却跟着说"衔接是语义概念","衔接是语义的互相指涉","连贯是语义上的相关性","连贯是语义方面的问题",等等,结果不仅自乱体系,亦局限了视野、束缚了手脚。

例(8)至例(12)认为,连贯只是表示具有连续性,它同作品主题突不突出,逻辑关系清不清晰,详略安排得不得当,信息含量充不充分,语体选择适不适宜,并非一码事。①

科学研究需要尊重常识性认知。因为“整个科学不过是日常思维的一种提炼”②,“从常识性倾向中提炼出共性原理,这是科学的普遍方法”③。通过以上考察不难看出,认为衔接乃为衔接纽带伴随现象的观点,认为衔接和连贯乃为语义行为和语义表现的观点,认为只有语篇性才是连贯生成基础和必要条件的观点,皆有悖于常识认知。既然前述观点经不起常识检验,当与谁归不言自明。

第三节　从学术思辨看问题

这里的“学术思辨”是指:以学理为依凭,以逻辑为工具,就所论及的问题开展的理论思考和逻辑辨析。

通过前文已知,有些学者认为,从衔接与连贯并无同现性可知,其间并不存在必然联系。首先提出该观点的似乎是恩克维斯特(Enkvist,N.E.)和威多森(Widdowson, H.G.)。下面看看其有关论述是否足以支撑前述观点。

1978 年,芬兰学者恩克维斯特发表了题为《连贯、假连贯、不连贯》(*Coherence*, *Pseudo-coherence*, *and Non-coherence*)的文章,其中通过以下例

---

① 值得注意的是,业内人士亦发表过类似意见,例如在《什么是心理语言学》一书中,可以看到桂诗春如下说法:“这个语篇的句子都是衔接的,局部性的连贯没有问题,但是它究竟谈什么,读者却不大清楚。这是因为它缺乏一个主题。”(桂诗春《什么是心理语言学》,上海外语教育出版社 2011 年版,第 97 页。)

② [美]爱因斯坦著,许良英等译:《物理学和实在》,见许良英、范岱年编译《爱因斯坦文集》第一卷,商务印书馆 1976 年版,第 477 页。爱因斯坦 1936 年即已提出此观点。

③ 陆丙甫:《作为语法分析起点之一的数量性限制》,《汉语学习》2012 年第 2 期。
史有为一直强调“回到起点”对于学术研究的重要性,从方法论角度讲“尊重常识”与“回到起点”其实说的是一码事,它所体现的都是胡塞尔所倡导的现象学还原精神,亦即“悬置陈见,返璞归真;直面对象,实事求是”之精神。

子,论证了事实上存在有衔接无连贯的现象。

(13) I bought a Ford. The car in which President Wilson rode down the Chaps Elysees was black. Black English has been widely discussed. The discussions between the presidents ended last week. A week has seven days. Every day I feed my cat. Cats have four legs. The cat is on the mat. Mat has three letters./我买了一辆福特车。行驶在香榭丽舍大街上的黑色的车,里面坐着威尔逊总统。黑人英语已被广泛讨论过。总统们的讨论已于上周结束。一周有七天。每天我都喂猫。猫有四条腿。猫在垫子上,垫子这英文单词是三个字母。

恩克维斯特的前述论证明显存在两大硬伤。硬伤之一为所举例子不可靠。朱德熙曾告诫学界同仁,语言研究必须以“靠得住的语料(corpus)”为基础,①因为只有如此才有可能从中寻绎出有价值的语言规律。他指出,靠得住的语料主要来源于语言事实的平时观察和搜集;如需自拟,则自拟的说法必须符合规范,经得起检验。恩克维斯特所举例子无疑源于自拟,而这自拟既不符合规范亦经不起检验。有学者说,恩克维斯特的自拟“在现实生活中有真实的例子”②,其所谓“真实的例子”系指建立在语音衔接、字符衔接基础上的语篇。其实,无论语音衔接还是字符衔接皆有其自身规律,恩克维斯特的自拟并不符合有关规律。硬伤之二为其由此导出的结论缺乏学理根据。众所周知,衔接纽带总是成双成组地呈现,在具体语境中,先行纽带与后续纽带之间或为“同形—同指”关系,或为“近形③—同指”关系,或为“异形④—同指”关系,或为“零形—同指”关系,或为“异形—共轭⑤”关系,而在

① 参见朱德熙:《现代汉语语法研究的对象是什么?》,《中国语文》1987年第5期。
② 杜世洪:《脉辨——论话语互动的连贯基础》,华东师范大学博士学位论文2008年。
③ 即语形部分相同。
④ 即语形完全不同。
⑤ 关于何谓“共轭”(conjugation),参见第11页脚注③。

恩克维斯特所举用例中,被视为衔接纽带的语用单位,即第二句中的“car”(轿车)与第一句中的“Ford”(福特车),第五句中的“presidents”(总统们)与第二句中的“president”(总统),第三句中的“black”(黑人)与第二句中的“black”(黑色的),等等,其间并不存在认知上的同指关系或共轭关系。

1979 年,英国学者威多森在《应用语言学阐释》(*Explorations in Applied Linguistics*)一书中,通过以下用例,质疑衔接与连贯相互依存的观点。

(14) A:Can you go to Edinburgh tomorrow? /你明天能去爱丁堡吗?

B:B.E.A.pilots are on strike./ B.E.A.的飞行员罢工了。

他指出,在例(14)中,B 实际上已经对 A 的提问间接性地作出否定回答,故应认为该对话具有语义上的连贯性。但其中看不到韩礼德(Halliday,M.A.K.)和哈桑(Hasan,R.)所说的衔接纽带的运用,可见生活中存在有连贯无衔接的现象。通过前面的讨论我们已经知道,是否衔接取决于句与句或段与段是否相续,而非取决于采用何种衔接方式,既然在例(14)中问与答并未脱节,可见这里并不存在衔接上的问题。同时可见,威多森所谓现实生活中存在有连贯无衔接的观点不能成立。本节讨论以学术思辨为基础,在此说它不能成立并非只是因为它有违前面提及的常识认知,而主要因为它有违学理和逻辑。从学理和逻辑角度看问题,衔接是为了建立照应关系,有关系就有结构①,有结构就有功能,有功能就有效果。连贯乃照应结构具体效果之体现,既然照应结构的形成有赖衔接,可知连贯与衔接犹如一张纸的两面,有此则有彼,有彼则有此。尽管有时运用了某种衔接手段并未产生预期的

① 韩礼德和哈桑认为通过衔接纽带建立的照应关系是非结构性的。(Halliday,M.A.K.,& Hasan,R.<1976>.*Cohesion in English*<pp.6-9>.London:Longman.)不难理解,他们这样说是为了划清照应结构与句法结构的界线。但关系与结构唇齿相依,没有结构何谈关系?现实生活中存在的以下标题,即《首尾照应,结构完整》《前后照应,结构严谨》《意义关系决定结构关系》及《论庄子〈齐物论〉前后照应的结构体系》,等等,可知前述观点有失偏颇。

连贯效果，但那主要因为连贯效果的生成受制于多种因素，这里只存在连贯效果好坏的问题，而不存在连贯效果有无的问题。从学理和逻辑上讲，只要运用了某种衔接手段，则定会产生某种程度的连贯效果。

以上从学术思辨角度，对恩克维斯特和威多森所谓衔接与连贯没有必然联系的观点加以考证，结果表明前述观点不足为训。

第四节　从实践需要看问题

这里的“实践需要”，一是指科研实践的需要，二是指教学实践的需要。接下来从两种需要的角度，看看面对衔接和连贯概念界定以及关系说明上的异说歧见当何去何从。

一、从科研需要看

科学不仅是分科之学，也是分辨之学。分而辨之，语篇性是综合性存在，而连贯性只是语篇性内涵之一。严格地讲，连贯只是连贯，不是切题，不是适境。连贯与失联即前言不搭后语相对，切题与跑题即东扯西拉相对，适境与悖境即偏离语境相对。根据反向定义法，它们各有各的对立面，彼此界限分明。不过宽泛地讲，因为连贯效果的评价不能脱离语境，而语境乃为制约传释的各种因素的集合，论及连贯人们每每会联系到与衔接有关的其他语境因素。且看以下两段引文：

(15)语言连贯是语言运用中最起码、最基本，但往往又是被忽视的一个方面。我在教学实践中体会到：适当引入讲述语旨、语脉、语势、语链这些概念，并强化与之相应的训练，是培养学生语言连贯能力的重要途径。（吴静鸣《语旨·语脉·语势·语链——浅谈语言连贯及其训练》）

(16) 大体说来,造成语言不连贯的情况主要有以下几种:一、话题不一致……二、推理不合逻辑……三、前后缺乏照应……四、陈述对象不一致……五、句式不一致……六、语序不当……七、关联词使用不当……八、叙述交待不周……时间交待不清……(闵长春《语言不连贯,原因知多少》,见黄玉卿主编《教艺录:2000—2003 年教师公开发表论文集》)

缘上可知,将语篇性亦即语篇的合格性条件视为连贯制约条件不无社会基础,而之所以如此,主要因为语篇建构并非只是为了前后照应,其操作实际上受到多种因素制约。根据协同论(synergetic),在诸多因素并存的情况下,不同因素会相互制约相互影响。就语篇建构而言,不仅衔接表现的优劣会影响到其他因素的效果能否实现,其他因素表现的优劣也会影响到衔接的效果能否实现。也正因为如此,在评价是否连贯时人们往往会联系到衔接以外的其他因素,并将这些因素一并视为连贯的制约条件。不过根据学术研究常规,在已知某种效果具有综合性的情况下,正确做法并非只是避免以偏概全,而是注意综合考察与分析考察相结合。因为没有分析就没有综合,只有通过对某综合效果产生的原因进行细致分析,才能真正认识其综合性。一切综合效果都是通过“1+1>2”的途径实现的,这就决定了任何分析的过程不仅是管中窥豹的过程,也是断章取义的过程。但诚如顾准所言:“不专不能有所发现发明……以一个人而论,是以偏概全;多少人的‘偏’凑合起来,也就接近于全了。……人类就是在这种不断的偏(偏来偏去、颠颠拐拐)中蹒跚行进的。”①如果将综合思维基础上的连贯观,亦即认为语篇性才是连贯基础的观点称之为广义连贯观,将分析思维基础上的连贯观,亦即认为衔接与连贯乃为“手段—效果”关系的观点称之为狭义连贯观,那么,应在承认前者的同时,承认后者存在的必要性和合理性。因为剥夺后者的生存空间,有关连贯的分析性研究则无以进行。通过前面的讨论大家已知,与狭义连

① 顾准:《顾准文集》,贵州人民出版社 1994 年版,第 417—419 页。

贯观相对应的衔接，实际上是一个涵括语义衔接、句法衔接、语音衔接以及字符衔接的集合体。近年来，继史有为首倡之后，①沈家煊亦大声疾呼，我们需要从汉语实际出发，建立一个包含回文、重言、联语、互文、韵语等组合手段在内的“大语法”。② 不言而喻，倘若剥夺狭义连贯观的生存空间，则无以建立前述“大语法”。顾准曾在中西比较的基础上深刻指出，中国古代科学研究习惯整体把握，全面出击；西方古代科学研究习惯分而析之，各个击破；正是因为前述差异的存在，导致在相当长的时期里，中国科学发展水平远远落后于西方。③ 前述教训说明，剥夺狭义连贯观的生存空间，有关语篇的连贯研究势必将重蹈覆辙。

二、从教学需要看

著名语文教育家张志公曾经这样说道：“近年来，许多人，特别是语文教师，越来越感到学生运用语言（无论是说或是写）的时候，许多常见的毛病往往不是出在一个句子之内，而是出在前后联系很紧密的一组句子之间。像所谓‘语无伦次’‘前言不搭后语’，意思跳跃‘不接气’，重复累赘，等等，可能是一个句子里的毛病，更多的时候是一组句子里边的毛病。”④即此可知，张志公以及诸多语文教师一致认为，不知如何保持语篇的狭义连贯性是学生不善说写的主要原因。值得注意的是，著名作家叶圣陶、老舍以及著名修辞学家倪宝元亦持同样看法。故而在金针度人时，他们不约而同地将与狭义连贯相对应的衔接规律作为传经送宝的重点。例如叶圣陶说：“文章要有‘气’，‘气’就是条理。第二句和第一句接起来，一定有必然的道理。第二句是从第一句来的，第三句是从第二句来的，这就是思路。”⑤老舍说：“一句

① 参见史有为：《多元·柔性·主体——80～90年代语法研究大势之我见》，《世界汉语教学》1991年第4期。

② 参见沈家煊：《谈谈功能语言学各流派的融合》，《外语教学与研究》2019年第4期。

③ 参见顾准：《顾准文集》，贵州人民出版社1994年版。

④ 张志公著，庄文中编：《张志公汉语语法教学论著选》，山西教育出版社1997年版，第645页。

⑤ 叶圣陶：《谈谈语法修辞》，《新闻与出版》1957年3月31日第4版。

与一句之间的联系应该是逻辑的、有机的联系,就跟咱们周身的血脉一样,是一贯相通的。我们有些人写东西,不大注意这一点。一句一句不清楚,不知道说到哪里去了,句与句之间没有逻辑的联系,上下不相照应。”[①]他还说:“我要求自己用字造句都要眼观八方,不单纯地、孤立地去用一字、造一句,而是力求前呼后应,血脉流通,字与字,句与句全挂上钩,如下棋之布子。”[②]倪宝元则在细致考察作家改笔的基础上,将对应狭义连贯的衔接规律概括为九个方面,[③]即“语义的连接”“视点的保持”“语序的调整”“同词的呼应”“词语的配合”“连词的增添”“分句的增添”“歧岔的删除”“同主的省略”。[④]

以上几位名家讲述的都是语义上的衔接规律。其实,与狭义连贯相对应的衔接规律还包括语音、句法以及字符上的,作为语篇研究者对此应有全面认识。否则面对以下问题,如为什么汉语谚语最终选择“嘴上无毛,做事不牢”的说法,而不选择更易理解的“嘴无胡子,做事不牢”的表述?为什么公交车售票员普遍选择“上车请买票,月票请出示”的说法,而不选择更符合词语组合习惯的“上车请买票,请出示月票”的表述?为什么《围城》破例选择“下午两点多钟,两人回来,头垂气丧,精疲力竭”的说法,而不选择更符合习语规范的“下午两点多钟,两人回来,垂头丧气,精疲力竭”的表述?为什么《儒林外史》中的对话——“张俊民道:‘胡子老官,这事在你作法便了。做成了,少不得言身寸。’王胡子道:‘我哪个要你谢……’”——在上下文并无直接语义联系的情况下却能够挂起钩来?这势必因为不明原委而张口结舌。如果这样的话,即便知道连贯具有综合性,有关认识也只不过停留于隔靴搔痒的层面。

---

① 老舍:《关于文学的语言问题》,见《福星集》,北京出版社1958年版,第96页。

② 老舍:《戏剧语言》,见《小花朵集》,百花文艺出版社1963年版,第66页。

③ 倪宝元:《如何使言语更加连贯》,《语文建设》2000年第5—6期。

④ 张志公、叶圣陶、老舍、倪宝元论及如何使话语具有连贯性时,提到的制约条件除了包括衔接还包括排序,这是否意味着其所谓连贯系指多种因素作用下的广义连贯?非也。为什么呢?原因在于,衔接并非仅仅体现在先行纽带与后续纽带的联系上,更体现在前句与后句、前段与后段的联系上,而无论前一类联系还是后一类联系,都以合理排序为前提。即此可知,排序并不是外在于衔接的存在,而是衔接的题中之义。

钱学森根据治学经验一再强调,科学研究需要以辩证唯物主义认识论为指导。[①] 辩证唯物主义认识论的一个重要特点是,一方面高度重视理论对于实践的依赖性,另一方面高度重视理论对于实践的服务性。辩证唯物主义认识论始终认为,比起认识世界和解释世界,运用所掌握的规律去能动地改造世界,是更为重要的任务。因为科学理论的价值首先在于它能够指导实践。根据前面的讨论,掌握与狭义连贯相对应的衔接规律,对于提高写作水平具有重要的实践指导意义,既然如此,在承认广义连贯观的同时,面对狭义语篇观应持怎样的态度,也就成为无须继续费辞的事情。

第五节　结束语

黑格尔认为:"真正的思想和科学的洞见,只有通过概念所作的劳动才能获得。"[②]以上我们从概念劳动入手,就衔接和连贯的内涵与外延的界定以及彼此关系的说明,在多角度考察基础上表达了一己之见。首先指出:就内涵而言,衔接是指"句与句相续","段与段相续",它同借助何种照应方式并无必然联系。就外延而言,所谓"The concept of cohesion is a semantic one, it refers to relations of meaning that exist within the text./衔接是一个语义概念,指形成语篇的意义关系"[③],乃为系统功能语言学影响的产物,事实上衔接和连贯遍及语言各个层面。继而指出:所谓存在有衔接无连贯现象以及存在有连贯无衔接现象的观点经不起推敲,因为衔接乃为建立话语照应,基于关系、结构、功能、效果的对应联系,可知连贯与衔接相互依存不可分离;并指出:语篇在多种因素作用下产生,这些因素往往相互影响,有的学者之所以认为连贯具有综合性,原因也就在这里。但因此而否定衔接与连贯为"手

---

① 参见钱学森:《科学学、科学技术体系学、马克思主义哲学》,《哲学研究》1979 年第 1 期。

② [德]黑格尔著,贺麟、王玖兴译:《精神现象学》(上卷),上海人民出版社 2013 年版,第 100 页。

③ Halliday, M.A.K., & Hasan, R.(1976). *Cohesion in English* (p.4). London: Longman.

段—效果"关系殊不可取。这不仅因为离开衔接与连贯关系的分析性研究,则无以认识连贯的综合性,更是因为在影响连贯的诸多因素中,衔接同连贯关系最为直接最为密切。总之无论怎么说,都不应以扬此抑彼的态度看待广义连贯观与狭义连贯观,正确做法只能是,在承认前者的同时给予后者以立身之地。有学者不久前提出,衔接与连贯特征迥异,前者属于科学范畴,后者属于哲学范畴,需要分头研究。① 其实,一个对象究竟属于科学范畴还是属于哲学范畴,并非由自身特点所决定,而是由研究目的和研究方法所决定。任何对象都是既可以对其进行科学研究,也可以对其进行哲学研究。衔接与连贯的研究非但不宜分头展开,反而只宜结合进行。道理很简单,衔接研究需以连贯话语为素材,离开连贯评价则衔接无以选择适当素材;而连贯研究需以衔接话语为根据,离开衔接实例则连贯研究无所依凭。

未来,有关狭义连贯的研究除了需要加大力度以外,还需要努力提升其科学含量。目前的连贯研究主要依靠语感判断,这就意味着,提升狭义连贯研究的科学含量,关键在于提升语感判断的科学性。对于该问题的解决,以下三点无疑可以起到重要作用。其一,增强狭义连贯语感判断的客观性。狭义连贯植根于狭义衔接,研究前者唯有通过后者。狭义衔接遍及语言各个层面,然而过去由于系统功能语言学的强势影响,学界只重视语义衔接研究,至于句法衔接、语音衔接、字符衔接等则不甚关注。在深化语义衔接研究的同时,我们应坚决纠正前述偏向,将其他衔接的研究提上议事日程。因为其他衔接中的语音衔接和字符衔接皆以物质实体为依托,有关研究除可借助格式塔理论(gestalt theory)指导下的推理,还可借助视听实验提供的证据,这样不仅有助于全面认识狭义连贯的生成,也有助于增强狭义连贯语感判断的客观性。其二,增强狭义连贯语感判断的实证性。语感虽然看不见摸不着,但有关研究并非无法走向实证化。② 数年前笔者研究押韵衔接时,

① 参见杜世洪、卡明斯:《连贯是一个语言哲学问题——四十年连贯研究的反思》,《外国语》2011 年第 4 期。

② 参见张普:《关于语感与流通度的思考》,《语言教学与研究》1999 年第 2 期。

曾就不同韵式连贯度进行过比较研究。当时主要借助问卷调查,运用量化方法。① 兰盖克(Langacker,R.W.)指出:“量化方法的重要性不仅仅在于处理内省方法不能处理的重要事实,还在于其可作为质化研究中的独立证据来源。”②量化方法乃实证主义影响下产生的现代研究手段。③ 在研究狭义连贯的过程中,引入该法有助于增强狭义连贯语感判断的实证性。其三,增强狭义连贯语感判断的理据性。我们注意到,德国学者兰布雷希特(Lambrecht, K.)的“可别度”(identifiability)④概念及以色列学者阿里尔(Ariel, M.)的“可及性”(accessibility)⑤概念,⑥不仅对于句法组合规律和语义衔接规律的研究大有帮助,而且对于语音衔接规律的研究亦不无裨益。因为一方面,语音衔接形式的可别度、可及性、粘合力(cohesive force)⑦呈正比,即可别度的高低直接影响到可及性的高低,而可及性的高低又直接影响到粘合力的高低。例如,节奏(即音步或音步组合有规律地复沓)的可别度高于音节,音节的可别度高于韵部,韵部的可别度高于声部,声部的可别度高于声调,与此相应,则节奏的可及性乃至粘合力高于音节,音节的可及性乃至粘合力高于韵部,韵部的可及性乃至粘合力高于声部,声部的可及性乃

① 参见曹德和、王卫兵:《汉语押韵衔接的形式描写、功能验证以及理据探讨》,《语言与翻译》2018 年第 1 期。

② Langacker,R.W. (2016).Working toward a synthesis.*Cognitive Linguistics*, 27(4).

③ 参见刘新学:《心理学量化研究范式的思考》,《安阳师范学院学报》2006 年第 1 期。

④ Lambrecht, K.(1994).*Information structure and sentence form:Topic, focus, and the mental representations of discourse referents*.Cambridge:Cambridge University Press.

⑤ Ariel, M.(1990).*Accessing noun phrase antecedents*.London: Routledge.

⑥ 在我国 identifiability 和 accessibility 存在不同译法,甚至存在以此释彼的情况。本文认同陆丙甫(《语序优势的认知解释:论可别度对语序的普遍影响》,《当代语言学》2005 年第 1—2 期)和许余龙(《英汉指称词语表达的可及性》,《外语教学与研究》2000 年第 5 期)的理解和处理:前者译为“可别度”,后者译为“可及性”;前者定义为语言单位所指识别的难易度(参见罗海臣、胡友信主编:《汉英科技大词典》,科学技术文献出版社 1998 年版,第 2236 页),后者定义为后续语言单位回指先行语言单位时所表现出的关联性。

⑦ 本文所谓“粘合力”,不同于张德禄、刘汝山在文中提出的所谓“衔接力”(《语篇连贯与衔接理论的发展及应用》,上海外语教育出版社 2003 年版,第 161 页),前者是指“衔接因子相互结合的松紧力”,后者是指“语篇内部成分之间的相关程度和语篇与语境的相关程度”。

至粘合力高于声调。另一方面,衔接形式的可及性乃至粘合力高低又直接影响连贯度的高低。例如,基于节奏衔接、音节衔接、韵部衔接、声部衔接、声调衔接的可及性乃至粘合力表现为由高到低的连续统(continuum),与此相应,则节奏衔接的连贯度高于音节,音节衔接的连贯度高于韵部,韵部衔接的连贯度高于声部,声部衔接的连贯度高于声调。① 在研究狭义连贯的过程中,引入可别度、可及性、粘合力等概念,可望有力增强狭义连贯语感判断的理据性。

① 为什么存在不押音的诗而不存在没有节奏的诗?为什么在押音与节奏难以兼顾时人们倾向放弃前者而保留后者?(如将“上车请买票,请出示月票”改为“上车请买票,月票请出示”)为什么人们将押音节称作“富韵”,将押声称作“贫韵”,且认为其间存在“协调程度上的差别”?(参见飞白:《诗律学》,见海岸选编《中西诗歌翻译百年论集》,上海外语教育出版社2007年版,第317—318页。)为什么汉语韵语既有押韵又有押声(如:“喊的是价,还的是钱。”“没有金刚钻,莫揽瓷器活。”“单丝不成线,独木不成林。”),而人们更青睐前者?为什么在汉语各种押音形式中押调的出现频率最低?原因即在于它们之间存在着连贯度上的高低差异。

第六章 显性衔接的类型及其表现

第一节 引 言

在语篇衔接研究中,语义衔接始终最受关注。根据构成基础的不同,该类衔接通常被划分为两大类型:借助衔接手段构成的,归于显性衔接(overt cohesion);借助语言环境构成的,归于隐性衔接(implicit cohesion)。而显性衔接事实上还可进行再划分:借助前后句之中照应词语构成的,归于纽带衔接(cohesion by ties);借助前后句之间过渡词语构成的,归于桥梁衔接(cohesion by bridges)。本文有关显性衔接的全面描写便是建立在前述划分之上。

第二节 显性衔接中的纽带衔接

本文对于显性衔接的描写依循先纽带衔接后桥梁衔接的次第进行。在有关前者的描写展开之前,首先结合具体实例对其基本特征作点集中性介绍。下举用例中,“_”表示照应词语所在之处,“/”表示句界,“//”表示段界,“∅”表示有里无表,即所谓“零形式”(zero-form)。前述标记的使用根据需要,无须提示处从略。

(1)今夜的林中,决不宜于将军夜猎……//今夜的林中,也不宜于燃枝野餐……//今夜的林中,也不宜于爱友话别,叮咛细语……//今夜的林中,也不宜于高士徘徊,美人掩映……(冰心《往事〈二〉之三》)

(2)要求于人的甚少,给予人的甚多,/这就是松树的风格。(陶铸《松树的风格》)

(3)太太说完这个,/∅又看了祥子一眼,/∅不言语了,/∅把四天的工钱给了他。(老舍《骆驼祥子》)

(4)我给朋友配了台电脑,/显示器是AOC,/点距0.26。(中国IT培训工程编委会《系统重装与电脑维修专家宝典》)

(5)只有把肥字和瘦字错综参伍起来用,/才不致太疏朗朗地或太糊执执地不好看。(陈望道《修辞学发凡》)

(6)其逻辑结构层次一般为:a.提出问题——论点;/b.分析问题——论据和论证;/c.解决问题——论证方法与步骤;/d.得出结论——总括全文要表达的主旨。(宛志亮《谈学术期刊论文撰写与编排应遵循的基本格式和标准规范》)

缘上可知,纽带衔接具有如下特征:其一,出现于前后句之中的先行照应词语与后续照应词语彼此总是有着这样那样的语义联系。其二,先行照应词语与后续照应词语一般以自然语言形式出现,包括以单词形式出现、以短语形式出现、以句子形式出现,但也有的场合是以其他形式出现,如在例(6)中是以字母形式出现。其三,它们大多以表里兼备形式出现,但也有不少时候以有里无表形式出现,如例(3)中以"∅"标示之处。其四,它们通常对应于概念意义,但有的时候也对应于逻辑关系意义,前者如例(1)至例(4),后者如例(5)至例(6)。

在《英语的衔接》一书中,上述先行照应词语与后续照应词被称为"衔接纽带"(cohesive ties)[①]。为了表达的简洁和顺口,这两类照应词语后文分别以"先行纽带"和"后续纽带"称之。概念意义基础上的衔接纽带,其后续纽带的择定对于语篇推进模式的形成起主导作用,故而以往人们都是将后续纽带作为考察重点,亦即主要看后续纽带在语义和语形上如何同先行纽带相照应。本文萧规曹随。在对语篇推进模式的影响上,逻辑意义基础上的纽带衔接,虽然有时也是其中一方起主导作用,如借助"与其""既然""即使"等连词构成的纽带衔接;[②]但就实际情况看,这类衔接纽带大多难分主次,如借助间隔号、破折号等构成的衔接纽带。故本文对于这类纽带衔接的介绍,不以先行纽带或后续纽带其中一方为侧重。接下来的具体描写拟分两步走,即首先描写以概念意义为基础的,然后描写以逻辑关系意义为基础的,而无论对前者还是后者的描写,都是在适度范围内能细则细。

一、概念意义基础上的

诚如前述,本文的描写是能细则细。为避免行文拖沓,术语交待统一放到脚注中。

(一)后续纽带跟先行纽带为"同形—同指"[③]关系

(7)胡浩和毕云阶绕着花坛走着。/这时,胡浩用安慰的口吻说:"你要振作起来,一切都会好起来的。"(张笑天《追花人》)

(8)天太大。/海太阔。/人太老。/游泳时姿势和动作太单一。/胆子和力气太小。/舌苔太厚。/词汇太贫乏。/胆固醇太多。/梦太长。/床太软。/空气太潮湿。/牢骚太盛。/书太厚。(王蒙《海的梦》)

(9)星星和月亮在一起,/珍珠和玛瑙在一起,/庄稼和土地在一

① Halliday, M.A.K., & Hasan, R.(1976). *Cohesion in English* (pp.3-4). London: Longman.

② 上述先行纽带在前言后语逻辑关系意义的表现上具有排他性和决定性,而与其配套的后续衔接纽带如"不如""那么""也"则不是这样。

③ "同指"是指具有语用认知上的同一性。

起，/鱼儿和水在一起……（陈长林《成语重组200则》）

（二）后续纽带跟先行纽带为“近形①—同指”关系

（10）他却在瓷器商店挑了一个两块多钱的泡菜坛子。/坛子小巧玲珑，转圈用黄色和棕色的花纹组成古色古香的图案，就和汉墓的出土文物一样。（张贤亮《灵与肉》）

（11）怜悯、讥讽、戒备、怀疑……/怜她茕茕孑立，形影相吊；/讥她眼界过高，自误终身；/戒她神经过敏，触景伤情；/疑她歇斯底里，性格变态……（谌容《减去十岁》）

（12）前簇后拥，出了查票口，忽然一个戴蓝眼镜穿西装的人拉住鸿渐道：“请别动！照个相。”鸿渐莫名其妙，正要问他缘故，只听得照相机咯嗒声，/蓝眼镜放松手，原来迎面还有一个人把快镜对着自己。（钱锺书《围城》）

（三）后续纽带跟先行纽带为“异形—同指”关系

1.后续纽带为一般名词

（13）今天，人们来到昔日蝗灾严重的黄淮流域一些著名的飞蝗孳生地，可以看到绿树如带，稻田如毯。/过去的“蚂蚱窝”，已经变成了“鱼米乡”。（王晨《新闻写作漫谈》）

（14）在云南，民族传统文化保留较为完好的地区往往是交通相对闭塞、经济相对落后的地区。在云南大力发展民族文化产业的浪潮中，/这些昔日的“桃花源”也逐渐受到外来文明的冲击。（赵世林《云

① “近形”指“局部同形”。关于“局部同形”，参见廖秋忠《现代汉语篇章中的连接成分》（《中国语文》1986年第6期）。

南少数民族的文化产业与文化传承机制研究》)

2.后续纽带为专有名词

(15)1853年,在洪秀全、杨秀清的率领下,太平军分水陆两路直抵南京城下,攻占了南京。/这座六朝古都被改名为“天京”,成了太平天国的都城。(魏红霞《学习改变未来·中国历史故事》)

(16)1919年在北京爆发了具有划时代意义的五四运动,/在这场新文化运动中,蒙古族青年表现出了极大的热情。(郑喜淑等《少数民族在中国革命中的贡献》)

3.后续纽带为典型代词

(17)就目前的情况而言,不管是形式主义者提出的一些形式解释原则或功能主义者提出的一些功能解释原则都面临着一个共同的问题,/他们所提出的“普遍”原则,其适用性经常是有限的,只是具有相对的普遍性或倾向性,而不具有绝对的有效性,经常经不起新语料的考验。(廖秋忠《也谈形式主义与功能主义》)

(18)地名词所用的方言字和生僻字,须加收集整理。/它具体地反映着人们对当地地理条件的认识,体现了一定的地方史实,又有浓厚的方言色彩,是研究地方的地理、历史、语言的很有价值的材料。(黄家教《广东地名词的规范问题》)

(19)历史实践表明,修辞学研究方法呈现多层次、多角度状态。/这是由修辞学特定对象和性质决定的,必须准确把握,多方创造。(宗廷虎《论百年来与时俱进的汉语修辞学研究方法》)

4.后续纽带为非典代词[1]

(20) 我们的家里都会有各种各样的洗涤用品，如洗发香波、洗涤剂、洗衣粉、浴液等，还有杀蚊子、蟑螂的灭害灵，消毒餐具、衣物的消毒液等。/这些东西孩子们是不可以碰的，只有大人才可以使用，千万记住。(四平《儿童1000个早知道》)

(21) 在这后宫的帐篷里摆满了床单、尿布和内衣裤，/这些玩意总是洗了又干，干了又洗。([波兰]布鲁诺·舒尔茨著，林蔚昀译《鳄鱼街：布鲁诺·舒尔茨小说全集》)

(22) 从前，有个叫半夏的人，填海造田，以增加农田。/他赌咒发誓说，"如果今天干不完，就要我的命。"([日]伊藤清司著，张正军译《中国古代文化与日本》)

(23) 我回来后，赶着修改上次在扬州讲的那篇拙作——《中外诗歌多彩交辉的旅程》，/现在总算搞完了。(陈梦熊《缅怀赵瑞蕻先生》)

(24)"喂，不想喝就算了，我还想请你喝一杯呢！"/"好，来一杯吧。哎哟，真要疯了！什么时候能做完呢？"(宋炯锡《世界如此险恶，你要看透人心》)

(四) 后续纽带跟先行纽带为"零形[2]—同指"关系

(25) 在我们局所属的浴室里，来了个学生打扮的人，/∅操着一口

---

① 这里所谓的"非典代词"指非典型代词(可参阅赵元任和郑贵友有关论述，前者见《汉语口语语法》7.12 别种替代词；后者见《汉语篇章语言学》第二章)，其范围除了包括已经提到的"东西""玩意""干""搞""来"，应当还包括"家伙""事情""弄""整"等，此外还有哪些有待进一步研究。通过非典代词回指构成的衔接纽带，有别于由一般代词回指构成的衔接纽带，不同之处在于，前者与被回指词语的搭配具有明显的临时性，而后者与被回指词语的搭配具有较高的复呈性。非典代词虽然并未被正式归入代词，但已经不同程度代词化。

② "零形"(zero-form)是指话语中存在的无表有里现象，即某个位置上不出现具体语言形式但出现具体语义内容。

不大熟练的普通话。(刘庆光《一张大字报的故事》)

(26)马在田的脸被气得煞白,/∅拍着桌子吼道。(邢涛《北漂》)

(五)后续纽带跟先行纽带为"异形—共轭①"关系

1.属与种关系

(27)今年秋天,各种各样的水果,像不断的宝石的泉流,从四郊涌进北京城,/桃,梨,苹果,柿子……在到处商店的窗中架上,发出诱人的艳色与浓香。(冰心《从"公社果"谈起》)

2.种与种关系

(28)老虎是猫科动物,/狮子、豹和猎豹是猫科动物,/美洲豹、猞猁以及美洲狮也都是猫科动物。(不列颠百科全书公司《不列颠少儿百科全书·哺乳动物》)

3.集合与元素关系

(29)1964年,我们家从日本回到台湾以后,希望能有好一点质量的生活,/爸爸在外派三年的日子里存了些钱,/妈妈标会,准备盖自己的房子。(杨雨亭《坐牢爸爸与他的家人》)

4.元素与元素关系

(30)公历七月份是三十一天,/为什么八月也是三十一天?(朱思

① 关于何谓"共轭",请参见第11页脚注③。

敬等《人文知识小百科》)

5.整体与部分关系

(31)艾萨克家院子里有一棵大树,/叶子都落光了。(韦苇《黑豆变鲸鱼》)

6.部分与部分关系

(32)头、颈、两上肢和右腿无运动障碍,/左下肢完全瘫痪。(张卫光《轻松学习系统解剖学》)

7.矛盾关系

(33)活是一条心,/死是一堆土。(袁勃《逃到甜蜜的地方》)

8.反对关系

(34)大的太大,/小的太小,总使人感觉到不舒服。(庞薰琹《中国历代装饰画研究》)

9.宿主与属性关系

(35)他是一个农民的儿子,/吃苦耐劳是他的本性,军旅生活又铸造了他坚毅的个性,文化的熏陶使他更多地思考未来。(陈力《敢为人先闯商海——记湛江市港城燃料公司经理吴国声》)

10.材料与成品关系

（36）按照程序他把土豆、胡萝卜、洋葱洗净，然后加上咖喱粉一起煮，/咖喱饭终于做好了……（［日］多湖辉著，朱浩东译《人生计划的制定方法》）

11.同现①关系

（37）遥远的山那边有一条小溪，清澈见底，静静地流淌，/活泼美丽的小鱼儿，在小溪里游来游去。（童话故事《小溪与小鱼儿》）

12.相交关系

（38）［今晚，那冰场上灯光辉煌，照耀得如同白昼。黑咕隆咚的天上，新月和疏星黯然失色。］女孩子穿着红毛衣，飘扬着花围巾，潇洒地走着曲线，冰上出现了浓淡长短交错的许多印子。/有几个男运动员，戴着小红帽，穿着灰线衣，弯着腰，噌噌噌，像燕子一样地飞过。/戴着缀着大球的毛线帽的小娃娃突然出现在你的身旁，又一钻，不见了。/披着厚厚的棉袄的初学者，战战兢兢地挪动步子。（王蒙《青春万岁》）

13.蕴涵关系

（39）当时，我和老母亲、哥哥、嫂子、侄子、侄女、三姐一起，顾不上

① “同现”概念是韩礼德和哈桑在1976年出版的*Cohesion in English*中率先提出的，在2004年出版的*An Introduction to Functional Grammar*（3nd ed）一书的第581—582页中，韩礼德解释说，“同现”是指不依赖于普通语义关系而是通过有关词项之间的特定联系所表现出的共现趋势。（原话为：not depend on any general semantic relationship of the types just discussed, but rather on a particular association between the items in question–a tendency to co-occur）前述“特定联系”无疑是指情境联系。

拿东西,就往难民区跑。/一路上,到处是炮弹爆炸声和枪声,到处有人被炸死。(李晓方《130位南京大屠杀幸存者实录》)

(40)他不停地呻吟,/声音忽高忽低,嗓子里似乎藏了不知疲倦的哨子。(周海亮《一条鱼的狂奔》)

(41)母鸡关上家门,狐狸使劲地敲门,/手都敲疼了,都没有敲开。(许卓娅《欣赏活动》)

14.时序关系

(42)唐初著名医学家孙思邈有言,春季所食宜少酸增甘,/夏季所食宜少苦增辛,/秋季所食宜少辛增酸,/冬季所食宜少咸增苦……(孙鑫《408例花样好粥熬出美味营养》)

15.空序关系

(43)"男"字的甲骨文和金文写法中,左边是"田",/右边是一种耕田农具的形状,这种工具即古代的"耒"。/它的上部是木制的柄,/下部是犁田的"犁头",整个字表示致力于农田耕作,所以,"男子力于田"即"男"字的本义。(刘青顺《字海寻趣》)

16.阶序关系

(44)上司一旦确定就等于在该企业内部的其他人都放弃了指挥他的权力。如同军队中普通战士向班长负责,/班长向排长负责,/排长向连长负责,/连长向营长负责,这样一级级向上负责,任何一个下属只有一个上司。(刘大卫《人力资源管理中的风险防范》)

17.质序①关系

（45）一、二年级，优：95 分以上，/良：80 分以上不足 95 分，/及格：60 分以上不足 80 分，/不及格：60 分以下。（李济方等《学校内部管理模式与操作规范实用全书》）

二、逻辑意义基础上的

这里的“逻辑意义”是指反映在被联结单位之间的复句关系意义。有关说明从起到接口作用的各种符号入手。

（一）以成套关联词语为接口

1.“并列关系”关联词语

（46）《诗经》既是歌诗，/又是诵诗，它的节奏调子就既有歌调，/又有吟调和诵调。（陈本益《汉语诗歌的节奏》）

（47）洪堡认为语言产生的前提有两个：一方面是精神上的前提，即在本文引论中已经提到“反思的能力”或“自我意识”的形成；/另一方面是机体上的前提，即“分音节的能力”的形成。（倪梁康《在民族心智与文化差异之后——以威廉·洪堡的语言哲学思想为出发点》）

（48）“诗的节奏”不是以“音节”为单位的“音节节奏”，/而是以“拍节（节拍）”为单位的“节拍（拍节）节奏”。（［日］松浦友久著，黄仁生译《“七言排律”不盛行的原因——从对偶表现的本质说起》）

① 与时间序次、空间序次、阶层序次等概念相对应的表述形式，均已有了专用词符，即“时序”“空序”“阶序”；与质量序次相对应的表述形式，尚未完成词化过程。这里的“质序”为笔者临时创造。

2.“选择关系”关联词语

(49)对于女性的这种表现,拉波夫认为,与其归结为他先前所说的“语言不完全感”,/不如看成是“社会向上流动性”所致。(孙金华《拉波夫的语言变化观》)

(50)我宁可受穷,/也不跟他们学!(浩然《能人楚世杰》)

3.“承接关系”关联词语

(51)他首先把“最后最强”的提法归结为一条“从轻到重的原则”,/然后举例说明这条原则怎样影响汉语的词序安排。(冯胜利《汉语韵律句法学》)

4.“递进关系”关联词语

(52)从早期形声字的来源来看,它们不但不是表音性的产物,/而且明显是汉字顽强坚持表意性的结果。(王宁《汉字构形学讲座》)

(53)假洋鬼子尚且不足数,/何况是阿Q……(鲁迅《阿Q正传》)

5.“因果关系”①关联词语

(54)人性可以说是兽性与神性的具体的历史的统一,正因为达到二者的统一,/所以人性中的兽性是被扬弃了的,人性中的神性是具体化了的。(时静《论〈夜访吸血鬼〉中的人性》)

(55)对语言与思维孰先孰后这一问题,赫尔德的回答是:既然二者

① 这里所谓“因果”乃指“广义因果”,参见邢福义有关论述(《汉语语法学》(修订本),商务印书馆2016年版)。

相互依存，/它们就有共同的起源，人类在这两方面的发展阶段是一致的，从而产生了一种为人类所独有以区别于其他动物的能力。（[英]R. H.罗宾斯著，上海外国语学院外国语言文学研究所译《语言学简史》）

（56）如果一种隐喻理论没有说明情感在隐喻过程中的地位和作用，/那么，它是不完整的。（[美]拉里·希克曼等著，曾誉铭译《实用主义、语言与政治哲学》）

（57）一种语言对另一种语言最简单的影响是词的“借贷”，只要有文化借贷，/就可能把有关的词也借过来。（[美]爱德华·萨丕尔著，陆卓元译《语言论——言语研究导论》）

（58）只有站在与任何结构或媒介保持一定距离的地方，/才可以看清其原理和力的轮廓。（刘勇、汪海霞《当代媒介素养教程》）

（59）无论是日本古典和歌抑或是由此发展而来的俳句，/都不押韵。（张洪明《语言的对比与诗律的比较》）

6.“转折关系”关联词语

（60）文化虽然永远在不断变动之中，/但是事实上没有任何一个民族可以一旦尽弃其文化传统而重新开始。（余英时《试论中国文化的重建问题》）

7.“让步关系”关联词语

（61）语言学家可以批评这种不正常的语言现象，国家语言文字的职能部门也可以进行必要的干预，但是只要存在这种社会思潮，这种现象即使强制禁止，/也无法根除。（胡明扬《关于外文字母词和原装外文缩略语问题》）

(二)以数序符号为接口

写作教材论及段落衔接时通常都会提到数序符号。与依托于一般语词的段落衔接手段相比,依托于数序符号的段落衔接手段每每具有更强的适应性和更好的表达效果。具体地说,倘若段落衔接是以“首先”“其次”“再次”“又次”之类的一般语词为手段,那么标示同层次段落次第,它只能标示到第四段;另外,它只能起到标示段落次第的作用而不能起到标示话语层次的作用。而以数序符号为手段则不然。在刘丹青的《焦点(强调成分)的调查研究框架》一文中,可以看到“1.11.2.1.3.1.句首位置”这样的标题①,这说明以数序符号为手段,不仅可以将段落次第的标示延伸到两位数,也可以将语篇内部层次的标示延伸到六层。再者,如果段落衔接只是依靠“首先”“其次”“再次”之类一般语词,那么行文中则难免有“重出”②之嫌,而以数序符号为手段,因为数序符号在范围上包括中文数字、阿文数字、英文字母、汉语干支词语等多种形式,这些形式既可交错使用亦可结合为用,从而可以使得有关文章因为衔接形式的多样化而不致给人单调乏味的感觉。以下乃为值得肯定的正面用例。

1.中文数字

(62)《二十世纪以来汉语标点符号研究》目录:

第一章　导言

一、标点符号范围的划定

二、国内外相关研究综述

(一)国外

① 刘丹青:《焦点(强调成分)的调查研究框架》,《东方语言学》2006年第1辑。

② 刘勰《文心雕龙·练字》云:“是以缀字属篇,必须拣择:一避诡异,二省联边,三权重出,四调单复。……重出者,同字相犯者也。”是否需要避“重出”得看文体。一般来说科技文体并无前述要求,因为坚持关键术语使用的统一性有助于确保学术论述的严谨性。但即便是科技文章,其中的辅助性文字还是应当尽量避免“重出”之嫌,在单篇论文中,一而再、再而三地使用“首先”“其次”之类的衔接词语,总是让人厌烦。

（二）国内

三、20 世纪以来汉语标点符号研究的写作步骤

（一）20 世纪以来汉语标点符号使用状况的描写和解释

（二）20 世纪以来汉语标点符号基本理论问题的分析和概括

（三）现行标点符号的规划

……

参考文献

附录一　副绘画形式的演进

附录二　20 世纪以来主要标点符号使用方案

（郭攀，华中师范大学出版社 2009 年版）

2.阿文数字

（63）《篇章与语用和句法研究》目录及附注：

1.引言

2.篇章现象

2.1.篇章连贯

2.1.1.篇章形式连贯手段

2.1.2.篇章意义/功能连贯

2.2.篇章结构

2.3.篇章现象的规律

……

4.结语

附注

关于这个领域的发展简史，可参看……

也有译成"话语分析"或"言谈分析"的。在欧洲大陆……

……

（廖秋忠，《语言教学与研究》1991 年第 4 期）

3.英文字母

(64)《颠来倒去的回环美》节录：

还可以见到我们中国还有这样的茶盘：

如果从左向右来读：A.可以清心也；B.以清心也可；C.清心也可以；D.心也可以清；E.也可以清心。也都是有意义的。

（王希杰《这就是汉语》，北京语言学院出版社 1992 年版）

4.汉语干支词语

(65)《“二楞子”打篮球》节录：

甲　我这个人最喜欢体育运动了。

乙　是啊！体育你都喜欢什么项目？

甲　那太多了，长跑、短跑、马拉松、推铅球、掷铁饼、扔标枪、举重、射箭、跳伞、跳高、跳远、跳河……

乙　再练练上吊、抹脖子就全面了。

甲　你这是什么意思？

乙　体育项目里那有跳河啊！

甲　你这个人外行，游泳不跳河吗？

乙　那是跳水。

甲　是啊！河里也有水。

（马季《马季相声选》，四川人民出版社 1980 年版）

5.阿文数字与英文字母结合

(66)《语音节奏与并列结构语音组织原则》节录:

试看以下例证:

(12)a.原句:正始名士吃药,竹林名士则饮酒。(鲁迅《魏晋风度及文章与药及酒之关系》,见1927年《北新》第二卷,第二号)

(12)b.改句:正始名士服药,竹林名士饮酒。(同名,见《鲁迅全集》,第三卷)

(13)a.原句:去找一点点额外的收入,来买几升过冬的小米。(何其芳《一个泥水匠的故事》,见1940年《中国文化》创刊号)

(13)b.改句:去找一点额外的收入,来买几升过冬的小米。(同名,见《何其芳文集》,第一卷)

……

(曹德和、黎洪,《语言与翻译》2016年第4期)

6.中文小写数字与汉语干支词语结合

(67)《1949年8月12日关于战俘待遇之日内瓦公约(节选)》节录:

第三条　在一缔约国之领土内发生非国际性的武装冲突之场合,冲突之各方最低限度应遵守下列规定:

(一)不实际参加战事之人员,包括放下武器之武装部队人员及因病、伤、拘留、或其他原因而失去战斗力之人员在内,在一切情况下应予以人道待遇,不得基于种族、肤色、宗教或信仰、性别、出身或财力或其他类似标准而有所歧视。

因此,对于上述人员,不论何时何地,不得有下列行为:

(甲)对生命与人身施以暴力,特别如各种谋杀、残伤肢体、虐待及酷刑；

（乙）作为人质；

（丙）损害个人尊严，特别如侮辱与降低身份的待遇；

（丁）未经具有文明人类所认为必需之司法保障的正规组织之法庭之宣判而速行判罪及执行死刑。

……

（赵永琛《国际刑法约章选编》，中国人民公安大学出版社1999年版）

（三）以法定标点为接口

1.间隔号“·”

（68）《含意的两种形态》节录：

对同一个事物可以从不同角度、不同层次来观察它的性状和它与外界的联系，其中任何一点都有可能被利用阐释为含意。例如：

·蛇之外表无足，故意反用而成为成语“画蛇添足”；

·蛇与鼠均生活在阴暗的角落里，故有“蛇鼠一窝”之说，喻躲在阴暗角落里不敢光明正大地生活的一伙；

·蛇蝎心肠、美女蛇等的说法均以蛇有毒，可置人于死地，喻人心之狠以害人；

·维虺维蛇，女子之祥（《诗经·小雅·斯干》）则因蛇“柔弱隐伏”（朱熹的注解）而作为女子的象征（“祥”，象征也）；

……①

（徐盛桓，《外语与外语教学》1997年第2期）

---

① 这里相继出现的“·”，可依次用“其一”“其二”“其三”或“a”“b”“c”等替换，但替换不如不替换，因为它会让人以为这里的例子存在先后主次之分，也会使版面的活泼性不复存在。

2.破折号“——”

(69)《大弥撒之思》节录：

前两天，准备着参加这次仪式，我找出个空白笔记本，抄录了并且几乎背诵了手边能够翻检到的著述于庄严典籍中的含有至理的名言：

——人创造了宗教，而不是宗教创造了人；

——宗教是被压迫生灵的叹息；

——宗教是人民的鸦片；

——宗教把人的本质变成了幻想的现实性；

——对宗教的批判是其他一切批判的前提……①

（韩少华，《人民文学》1986 年第 3 期）

(70)《普京的绝对隐私》节录：

——大学正是诞生罗曼史的时间。您有过吗？

——谁又没有呢？但算不上什么严肃的事情……如果不认为这是一段故事的话。

——是初恋吗？

——是的。我们还曾打算正式结婚呢。

——这发生在什么时候？

——大概在我真正结婚前四年左右。

——当时没有结果？

——没有。

——是什么妨碍了你们？

——有那么点情况，当然，错综复杂。

……②

（[俄]格沃尔基扬著，谢萍等译，《新广角》2001 年第 11 期）

---

① 这里相继出现的“——”可用“a”“b”“c”等依次替换，但替换之后版面效果不佳。

② 这里的“——”可根据对应关系的不同用“甲”“乙”替换。就语用效果看，二者各有千秋。

(71)《十二、破折号:解释说明少不了,才会用到破折号》节录:

不可否认,这种类型小说的叙事已经形成了某种模式,那就是:碰到困难——集体攻关——意见不统一——思想斗争——意见统一——困难攻克。①

(任丽青《标点符号里的大学问》,上海人民出版社2011年版)

(四)以特殊符号为接口

1.右向箭头号"→"

(72)《农村科学技术的作用和特点》节录:

农民学到现代科学知识后,便可按照生物良性循环的规律,发展家庭副业,实行配套经营,使资源得到充分利用。如:养蚯蚓喂鸡/→鸡粪喂猪/→猪粪生产沼气/→沼气渣种蘑菇/→喂蚯蚓。②

(张志等《中国农村经济管理》,黑龙江科学技术出版社1995年版)

2.阴文单圈号"○"

(73)《关于修辞理论的深度思考——从修辞学基本概念的界定谈起》节录:

我们利用"百度"搜索软件对过程性"修辞"的用法作过调查,下面是采集到的部分例子:

○有些句子,只是在修辞上存在这样或那样的毛病,如语言啰嗦、

① 这里的破折号表示顺承关系,可用功能相近的关联词语替换,亦即冒号后面的部分可以改写为:先是碰到困难,然后集体攻关,然后意见不统一,然后思想斗争,然后意见统一,然后困难攻克。

② 这里的右向箭头号表示顺承关系,可用功能相近的关联词语替换,亦即冒号后面的部分可以改写为:首先养蚯蚓喂鸡,然后鸡粪喂猪,然后猪粪生产沼气,然后沼气渣种蘑菇,然后喂蚯蚓。

不得体等。

○修辞不得体，给受文者的第一印象是：浮华夸饰，矫揉造作，堆砌华丽词藻，滥用辞格，一副虚肿的面孔。

○因为他的文字像他的人，拙于修辞却厚于真情，看他的文字，会想起杜甫。

○天地一片白茫茫。在雪面前，我这个长于修辞的人，突然失语。

○丰富词汇，提高修辞水平，是主持人语言修养的基本功。

（曹德和，《学术界》2008 年第 5 期）

3.阳文单圈号“●”

（74）《“言语社区”与“言语共同体”——从历史流变谈社会语言学两个常用词》节录：

尽管在“言语社区”与“言语共同体”（或“言语社团”“言语社群”）的使用上，几乎所有学者都做出了或此或彼的取舍选择，但许多人并没有将二者视为非此即彼关系，在学术研究中他们常常将这两个术语结合为用。且看以下用例：

●在很多情况下，一个社会或言语社区会使用两种语言变体，而且这两种变体往往分别在不同的场合使用。学生作为一个年轻的言语共同体，对普通话和方言的使用和态度有自己的独特之处，他们之间的语码转换现象也应该更加丰富。（苏晓青、付维洁：《两所工业社区子弟学校学生语言使用状况的比较研究》，2008）

●基诺语是中心区基诺族群众在日常生活最主要的交际语言，在现阶段基诺语仍保持着强大的生命力，没有濒危的迹象。……社区环境对族际婚姻家庭的孩子习得基诺语起到了重要作用。当然，这与基诺乡存在如此强大的基诺语使用社团和刚劲的语言生态活力是分不开的。（戴庆厦等：《基诺族语言使用现状及其演变》，2007）

（曹德和、王萍，《学术界》2014 年第 2 期）

4.阴文三角号“△”

(75)《格里菲斯论电影》节录：

△使用活动图像这种通用的语言，可以在全世界建立人类间的真正友爱。

△有志于电影写作的人必须具有电影感。必须具备清新、连贯的视觉化能力。

△电影将作为文学的一种有力而新颖的形式取得独立的生命。

(郝大铮、刘雨，《世界电影》1983年第3期)

5.阳文三角号“▲”

(76)《老龄信息》节录：

▲东城区第十二届艺术节老干部文艺演出专场日前落幕。来自区老干部艺术团、区属各单位及街道的200多位离休老干部登台表演了合唱、独唱、舞蹈、京剧等节目。(玲惠)

▲海淀区离退休老同志日前来到苏家蛇乡苏三四小学，为学生表演了精彩的文艺节目，并向该校贫困学生送去了资助金、衣物和学习用具等。(李侠)

▲北京市老龄学会和海淀区老龄工作领导小组的同志近日在海淀区北太平庄看望了88岁高龄的贫困老人谢君惠，向老人赠送助听器。(李越江)

(《北京晚报》1998年6月13日)

6.阴文菱形号“◇”与阳文菱形号“◆”结合

(77)《真诚地追求深邃的戏剧人生——查明哲访谈录》节录：

◆著名导演：查明哲

◇本刊特约记者:张驰

时间:2004年11月2日

地点:中国国家话剧院办公三楼8室

◇首先我要说我很高兴和您做这次访谈。因为不仅仅是我的父辈,包括我本人对俄罗斯文化都是很有感情的,据我所知你是咱们国家第一位留学俄罗斯的戏剧博士。

◆谢谢!和我同时留学的还有一位,回来后转行了。

◇现在大家一谈到你的戏都会说查明哲有"俄罗斯情结",其实在咱们国家,我的上一辈人,普遍都有这种情结。

◆对,尤其是你来自长春,那儿的很多建筑都是苏联专家设计的,一汽、长影,都有明显苏联建筑风格痕迹。①

……

(张驰,《戏剧文学》2005年第3期)

此外,双圈号"◎"、阴文方格号"□"、阳文方格号"■"、阴文菱形号"◇"、阳文菱形号"◆",以及阴文星号"☆"、阳文星号"★",等等,亦可以起到类似于上文相关符号的某种作用。

(五)以特殊符号"§"与阿文数字结合为接口

(78)《再论主位和述位》目录:

§.1 导言

§.2 简略的回顾

§.3 已知信息和其他信息

§.4 主位、述位信息的性质

§.5 小结

(徐盛桓,《外语教学与研究》1985年第4期)

---

① 这里的"◇""◆"可用"甲""乙"替换,但替换后版面效果大不如前。

第三节　显性衔接中的桥梁衔接

接下来论述显性衔接中的桥梁衔接，正式论述之前亦结合实例对其主要特征作点集中介绍。下举用例中，波浪线“______”表示过渡词语所在位置，“/”表示通过桥梁衔接得以建立联系的前言与后语交接之处。

(79)“标准语”这个词在日本人心目中的坏影响不是那么轻易就能消除。/另外，“通用语”这个词在日本全国已经根深蒂固，其作用基本同于标准语……(成春有《日语汉字音读研究》)

(80)语法规则并非像人们所想象那样具有那么高的普适性。影响其普适程度的恰恰就是词汇单位的句法个性。/换句话说，词汇单位的句法个性正是句子共现和共存变异的主要原因。(郑定欧《词汇语法理论与汉语句法研究》)

(81)近年来，稀奇古怪的红头文件频频被曝光，其制定之滥、内容之乱，已饱受社会诟病。/一言以蔽之，软法更需要是良善之法，其制定也急需法律定规。(罗豪才《为了权利与权力的平衡——法治中国建设与软法之治》)

(82)郭子仪虽然在朝中蛰伏，但是包括他自己在内的所有人都清楚，一旦大唐王朝有事，能够倚重的武将只有他。/果不其然，无论是面对国家内部的矛盾，还是应对外族发起的侵略战争，郭子仪都表现出了一代名将的崇高风范。(邱雨《帝国的智囊团·大唐名相》)

(83)我偷偷睁眼看了看女医生，见她皱着眉头，脸色很紧张地说：“现在还不能判断，叫她冷静一会儿再说。大家都去学习去，/——提壶开水来。”(刘真《核桃的秘密》)

据上可知,桥梁衔接具有如下特征:其一,它主要依托于句与句之间的过渡词语,且总是以单项式形式出现;[①]其二,它主要体现的不是概念功能(ideational function)而是语篇功能(textual function)[②]。之所以穆尔西亚(Murcia)等以"逻辑联系语(logical connectors)"称之,戴伊克(Dijk,Van)以"语义联系语(semantic connectives)"称之,夸克(Quirk,R.)以"语义联加语(semantic conjuncts)"称之,韩礼德(Halliday,M.A.K.)和哈桑(Hasan,R.)以"语句联系语(sentence connectives)"[③]称之,黎锦熙、刘世儒以"连词语""连词句"[④]称之,廖秋忠以"连接成分"[⑤]称之,周刚以"连接性短语词"[⑥]称之,道理也就在这里。其三,它通常以自然语言形式出现,包括以单词形式出现、以短语形式出现、以句子形式出现;但有的时候也以标点符号形式出现,如例(83)。其四,它总是以句(或句群)与句(或句群)之间的整体性语义联系为基础,而不像纽带衔接,通常以词语与词语之间的局部性语义联系为基础。

前述显性衔接之所以以桥梁衔接称之,是因为本文将支撑该类衔接的过渡词语命名为"衔接桥梁"(cohesive bridges)。《英语的衔接》在有关"衔接纽带"的说明中指出,"衔接纽带"总是表现为二项式,亦即总是表现为"衔接项"与"预设项"的结合。(原话为:A tie is a complex notion, because it includes not only the cohesive element itself but also that which is presupposed by

---

① 由关联词语充当的衔接纽带并非总是配对出现,但另一方或可以补出,或形式上不能补出而意念上客观存在。而由"连词语""连词句"(黎锦熙、刘世儒:《汉语语法教材》第三编,商务印书馆 1962 年版,第 8 页)充当的衔接桥梁则不然,诚如廖秋忠所言,这类连接成分没有成套的(《现代汉语篇章中的连接成分》,《中国语文》1986 年第 6 期)。基于以上区别,本文将配对出现的"因为……所以……"以及作为其省略形式单独出现的"因为"或"所以"等,一并纳入衔接纽带范畴;而将从来都是独来独往的"于是""另外"等,纳入衔接桥梁范畴。

② Halliday,M.A.K.,& Hasan,R.(1985).*Language, context and text:Aspects of language as a social-semiotic perspective*.Victoria:Deakin University Press.

③ 冉永平:《话语标记语的语用学研究综述》,《外语研究》2000 年第 4 期。

④ 黎锦熙、刘世儒:《汉语语法教材》第三编,商务印书馆 1962 年版,第 8 页。

⑤ 廖秋忠:《现代汉语篇章中的连接成分》,《中国语文》1986 年第 6 期。

⑥ 周刚:《连词与相关问题》,安徽教育出版社 2002 年版,第 20—21 页。

it. / 衔接纽带是一个复杂的概念,它不仅包括衔接项本身,同时还包括预设项。)①通过前文讨论可知,支撑桥梁衔接的过渡词语总是表现为单项式,鉴于它不符合"衔接纽带"的构成条件,无法纳入"衔接纽带"范畴,我们将其视为与"衔接纽带"平行的衔接手段,并以"衔接桥梁"为之命名。桥梁衔接虽然主要表现逻辑关系意义,但有的时候也兼表人际关系意义,本书有关它的分类描写,将尽量注意两种意义的结合。以下描写亦分两步走,即首先描写以语言为载体的,然后描写以标点为载体的。有关描写细稳兼顾,若没有把握则宁付阙如。

一、自然语言基础上的

(一)补阙

(84)地理障碍(如高山、海洋、空间的距离等)是造成语言地域变异的主要原因。/除此之外,对自己地方语的"忠诚"以及对语言变化的抵触情绪也是形成地域方言的原因。(俞理明等《什么是应用语言学》)

经常充当这类衔接桥梁的还有"另外""此外""不仅如此""无独有偶",等等,表示前面所说情况或条件并不具有全面性和自足性,事实上还存在后面所说情况或条件。

(二)例说

(85)意象本身当然是一种特殊的事物,而用它代表某一"类"事物时,它便有了符号的功能。/举例说,当用一个狗的形状来代表狗类的概念时,这个形态便成为狗类的符号。([美]鲁道夫·阿恩海姆著,滕守尧译《视觉思维》)

① Halliday, M.A.K., & Hasan, R. (1976). *Cohesion in English* (p.329). London: Longman.

经常充当该类衔接桥梁的还有“像”“例如”“譬如”“比方(说)”等,表示前面说法失之抽象,为便于理解接下来通过具体事例给予说明。

(三)换言

(86)盖中国的语言,确随语急语缓的分别而有助声之辞。助声之辞,只在音节上有足句的作用,不在语法上有意义的作用;/易言之,只表现语句之神态,而不表现语句之意义。(郭绍虞《中国语词之弹性作用》)

经常充当这类衔接桥梁的还有“换言之”“换句话说”“也就是说”“就是说”“或者(说)”等,表示可以用后面说法取代前面说法,二者只是表述方式不同。通常情况下,变换说法是因为后者更易于理解。

(四)析言

(87)鄂巧玲认为汉语也像藏缅语族中并列复合词的内部语序一样,还遵从元音和谐的原则,/具体说,就是元音(是复韵母时则指主要元音)舌位略高的语素一般前于元音舌位略低的语素。(马清华《并列结构的自组织研究》)

经常充当该类衔接桥梁的还有“具体而言”“细(而)言之”“析(而)言之”等,表示前面说法失之抽象或笼统,为便于领会而予以具体化和明晰化。

(五)总言

(88)同样,“大衣服”是泛指衣服中的大尺寸者,而“大的衣服”可能是相对某个人的身材显得过大的衣服。/总之,黏合式定语同组合式定语无论从形式上看还是从意义上看,都属截然不同的两个层次。(陆

丙甫《定语的外延性、内涵性和称谓性及其顺序》)

经常充当此类衔接桥梁的还有“总而言之”“总起来说”“总括起来说”“总的看(来)”“概(而)言之”“概括起来说”“综上(所述)”“一句话”“一言以蔽之”等,表示前面提到的诸多特点可以用简洁明了的说法加以概括。

(六)释因

(89)语体必须有风格特征,但反过来风格特征却不能作为划分语体的根据,/原因在于风格的跨体能量太大,同一种风格可出现在不同的语体中。(丁金国《语体风格分析纲要》)

经常充当这类衔接桥梁的还有“原来”“究其原因”“道理在于”等,表示前文所说为后文所说催生引发,二者之间存在因果联系。

(七)结果

1.自然结果

(90)可朱砚棋啊,爸爸现在考虑的根本不是男女问题了,而是你和妈妈的安危。/终于,爸爸听到了一声犹如来自天边的声音。(朱佳发《奇奇的世界——一位父亲与0~5岁儿子的“对话”》)

经常充当该类衔接桥梁的还有“结果”,表示某种情况随着事态的发展自然呈现。

2.预期结果

(91)上海市市长张群认为徐是理财能手,请求蒋介石高抬贵手,将徐桴调任上海市财政局长兼土地局长。/果然,徐桴在上海治理财政得当。(谢国平《押宝蒋介石》)

经常充当这类衔接桥梁的还有“果不其然”“不出所料”等，表示后来出现的情况与事先预测的如出一辙。

3.意外结果

(92)柳比歇夫的一生中共出版了70多部学术著作，内容涵盖遗传学、科学史、昆虫学、植物保护、进化论、哲学等。/令人意外的是，在如此紧张的科研过程中，柳比歇夫竟然每天都能保持10个小时左右的睡眠，并坚持参加娱乐活动和体育锻炼，这是很多科研人员都难以做到的。(逸青云《生命中最关键的十年:20~30岁不虚度不后悔》)

经常充当这类衔接桥梁的还有“岂料”“出人意料的是”“出乎意料的是”等，表示后文所说的情况在前文所说的背景下出现，令人始料不及。

4.蕴涵结果

(93)语言的句法结构都远少于需要表达的认知方面和传播方面的意义关系，/因此句法结构的关系意义能是一种高度抽象的模式化意义。(刘丹青《语义优先还是语用优先——汉语语法体系建设断想》)

经常充当这类衔接桥梁的还有“因而”“故而”“从而”“于是乎”“(由此)看来”“(由此)可见”等，表示基于上文所说情况与下文所说结论之间存在蕴涵关系，根据前者有理由推导出后者。

5.可理解结果

(94)自古以来在七十二行中，教师一直被视为崇高的事业。古人说:“集天下英才而教之，何乐不为。”培养和教育人的子弟，这是人生中的幸事。/无怪乎我母亲千叮咛万嘱咐我当一名好教师。(陈谷嘉《岁月留痕一个知识分子的一生》)

经常充当此类衔接桥梁的还有“难怪”“怪不得”等，表示在上文所述现象客观存在的前提下，出现下文所说的情况不足为奇。

6.无疑义结果

(95)假设你通过当地经销商支付2000美元订购一辆新的汽车。进一步假设，两周后，你收到一封通知，你的经销商已破产。/毫无疑问，你会对失去2000美元存款很沮丧。([美]布拉德福德·D.乔丹等著，徐晟译《投资学原理：估值与管理》)

经常充当该类衔接桥梁的还有“可以想见”“显而易见”“毫无疑义”“不用说”等，表示前文所说与后文所说之间存在必然性因果联系。

(八)条件

1.否然条件

(96)陆梅天生就是一个完美的圆。她是工科出身，但她写得一手好文章，文思和文笔都好，/要不是这样，她这个跑文学界的记者是得不到如此的认可的。(简平《漂流书　漂流梦》)

经常充当此类衔接桥梁的还有“否则(的话)”“(要)不然(的话)”等，表示倘若条件相反将会出现怎样的局面。

2.周遍条件

(97)当然了，这辆车也不是一无是处：第一，它可以起到备用的作用；第二，它还会增加他的炫耀资本。/不管怎么说，总的效用是增加的。(徐文《心理博弈技巧》)

经常充当这类衔接桥梁的还有“不管怎样”“无论如何”“无论怎么说”等，表示即便难以确定上文所言何者为真，也能得出某种肯定性结论。

（九）目的

（98）我们每个人都希望被别人看得起，在别人眼里举足轻重，有一定的分量和地位。/为此，我们奋发图强、拼搏进取，憋着劲地想搞出点名堂，时时、事事维护并完善着个人形象。（王伟芳《墨菲定律启示录》）

经常充当该类衔接桥梁的还有“为了这目的”等，表示前文所说与后文所说之间存在目的与手段的关系。

（十）近同

（99）在偏头痛的诸多诱发因素中，气候变化确实占有一席之地。其他的一些头痛，如三叉神经痛在秋末冬初、气温骤降时最易发病。/与此相同，脑卒中也与季节气候有关，即温度越低、气压越高的情况下出血性脑卒中的发生率越高。（薛亮等《头痛合理用药与调养》）

经常充当这类衔接桥梁的还有“同样”“与此相近”“与此相类”等，表示后文所说与前文所说相同相近相类。

（十一）特提

（100）海鲜对于人的营养和健康优于其他肉类。/尤其值得一提的是，海鲜中含有丰富的不饱和脂肪酸，是人体不饱和脂肪酸的主要来源，后者可能对心血管系统具有保护作用，而痛风患者又是心血管疾病的高发人群。（陈伟《痛风你吃对了吗》）

汉语中经常充当这类衔接桥梁的还有“尤其(是)”“特别(是)”“最为令人……的是”“尤为令人……的是”等,表示后文所言的某个方面,在一组人、事、物当中表现特别突出,达到了最高级别。

(十二)转折

(101)所谓“很早以来”,是说这种分类法在俄国时代就已经使用。据潘文国考察,其源头是美国文字学家泰勒(Issac Taylor)1899 年的著作。/不过,伊斯特林以为这种分类是不严密的,正确的分类法应该从符号与语言的关系出发。(詹鄞鑫《20 世纪汉字性质问题研究评述》)

经常充当此类衔接桥梁的还有“然而”“只是”“只不过”等,表示前后文之间存在逆转关系,前文所言为后文所言全盘或局部否定。

(十三)述实

(102)经验证实原则认为,任何命题如果不具有可证实性,那它就毫无意义。/实际上,在所谓的科学研究中,有些命题的确无法被证实,但我们不能因此说它们没有意义。(何自然《语用三论:关联论・顺应论・模因论》)

经常充当这类衔接桥梁的还有“其实”“实际上”“老实说”“说句大实话”“确切地说”等,表示上文所言或似是而非或以偏概全,后文所言反映的方是实情。

(十四)退说

(103)一般人出于心理上的惯性,感到自己已经花了那么多时间回答了那么多问题,那么就算后面的问题比较麻烦,也不会半途而废。/退一步说,即便他不回答后面的问题,前面的问题对调查者而言仍然是

有用的。(张彦《社会研究方法》)

经常充当这类衔接桥梁的还有“当然”“自然”“诚然”等,表示上文所言太过分了或不全面,需要修正或承认事情还有另外一面才比较符合真实情况。

(十五)反言

(104)概念功能是指称性质的功能,就是说,概念功能所要说明的是传统意义上的语言与客观世界之间的关系。/与此相反,语篇功能是非指称性的,所要说明的是语言的内部关系,是语言如何以恰当的方式构建语篇。(严世清《系统功能语言学再思考》)

经常充当这类衔接桥梁的还有“反之”“相反”“反过来(说)”“与这相反”等,表示后文是从相反方面立说,通常用于前后文之间存在相互排斥关系的情况。

(十六)差比

(105)从认知角度来讲,从我们的心理词典提取项目相对比较容易。/相比之下,以句法结构进行加工比较难。([美]D.W.卡罗尔著,缪小春等译《语言心理学》)

经常充当该类衔接桥梁的还有“与此相比”“对比之下”“相形之下”等,表示从某一角度对前文所言与下文所言进行比较,二者不仅有所不同而且差异较大。

(十七)转题

(106)通用字就是书写现代汉语一般要用到的字。通用字是出版

印刷、辞书编纂、信息处理等的用字。/至于和专业用字相对的，就叫做一般用字。（苏培成《二十世纪的现代汉字研究》）

常见的转题连接成分仅此一个，表示后文没有继续前文的话题，而是转向新的话题。

（十八）附提

（107）第三句身处夜雨巴山之中的诗人早已魂飞至家里去了："何当"，什么时候，哪一天，以此二句冠于以下二句之首，可见思家与妻子内室之中"西窗"之下，"剪烛"共话之情的急切。/在这里附带说一句，这首诗"寄北"，是"寄友"，是"寄内"，迄无定论。（安焕章《李商隐诗歌导读》）

经常充当这类衔接桥梁的还有"附带一提""顺便一提""顺便说（一下/一句/一件事/……）"等，表示说写者在基本意思说清之后意犹未尽，又捎带说了可有可无并不重要的题外话。

二、标点符号基础上的

吕叔湘、朱德熙指出："我们必须首先有一个认识：标点符号是文字里面的有机的部分，不是外面加上去的。它跟旧式的句读号不同，不仅仅是怕读者读不断，给它指点指点的。每一个标点符号有一个独特的作用，说它们是另一形式的虚字，也不为过分。"①意思是，对于书面语来说，标点符号不仅在情意传达上，而且在话语衔接上，都起着不可小觑的作用。从某种意义讲，那些出现在非休止性小句后面的标点，都是作为衔接手段而存在。限于篇幅，有关说明无法面面俱到，只能择其一二。

① 吕叔湘、朱德熙：《语法修辞讲话》，商务印书馆2013年版，第282页。该书1952年初版即已提出此观点。

(一)冒号

(108)九斤老太自从庆祝了五十大寿以后,便渐渐地变了不平家,常说伊年青的时候,天气没有现在这般热,豆子也没有现在这般硬:/总之现在的时世是不对了。(鲁迅《风波》)

(109)她一手提着竹篮,内中一个破碗,空的;一手拄着一支比她更长的竹竿,下端开了裂:/她分明已经纯乎是一个乞丐了。(鲁迅《祝福》)

(110)我先看那后记(我读鲁迅先生的书一向是这么古怪的读法),但是看完第一面就翻不开了:/书没有切边。(阿累《一面》)

(111)他们跟上前去,用火把一照,看见花岗石地面上有一个洞,简直就像一口正规的井。……他们将火把凑到井口来:/什么也看不见。([法]儒勒·凡尔纳著,联星译《神秘岛》)

(112)列昂捷耶夫走到车窗跟前,除了安安静静地在散步的乘客们之外,什么形迹可疑的人他也没有看到。于是他就向人影消失的那个方向跑去:/通往那一头门廊的门却是锁着的。([苏联]勒·赛依宁著,林耘译《军事秘密》)

以上用例中的冒号不可替换为其他标点:替换为逗号前后逻辑关系就乱了,替换为句号前后衔接关系就断了。例(108)和(109),冒号之前为分说,冒号之后为总说,冒号用于表示"分承总括"关系。例(110),冒号用于提示原因,该冒号可以用连词"因为"替换,但替换后效果大打折扣,故还是保留冒号为好。例(110)和(111),冒号用于凸显采取某一行动后所发现的意外情况,这里的冒号可以用"不料""没想到"之类的"连词语"替换。也正因为如此,《教材》第三编认为,有的冒号起到关联词语的作用。①

① 参见黎锦熙、刘世儒:《汉语语法教材》第三编,商务印书馆1962年版,第84页。

(二)破折号

(113)她看得出来,少平甚至对苦难有一种骄傲感/——只有更深邃地理解了生活的人才会在精神上如此强大。(路遥《平凡的世界》)

(114)1955 年全国文字改革会议后,决议文件中提到“推广以北京话为标准的普通话”。陈望道先生听闻,当即表示“不妥”/——“这个定义有逻辑错误,既然以北京话为标准的普通话,那么就不要推广普通话,就要推广北京话”。(彭德倩、孔令君《感悟陈望道》)

(115)我本来不想去,可是俺婆婆非叫我去看看他/——有什么看头啊!(孙犁《荷花淀》)

(116)“怎么,你们都走啦?难得来一趟,自由自在地洗个澡,也不多玩一会儿/——哎呀!我的衣裳哪儿去了?谁瞧见我的衣裳啦?”(叶圣陶《牛郎织女》)

(117)过了一星期,大约是星期六,他使助手来叫我了。到得研究室,见他坐在人骨和许多单独的头骨中间,/——他其时正在研究着头骨,后来有一篇论文在本校的杂志上发表出来。(鲁迅《藤野先生》)

以上用例中的破折号亦不可用其他标点替换,否则前后连贯性将大受影响。我国新式标点首倡者王炳耀将破折号称为“接上续下之号”①,也是因为注意到了破折号的上述功能。通过与自然语言基础上的桥梁衔接的对比不难看出,例(113)中的破折号,作用与“总言类”衔接桥梁大体吻合;例(114)中的破折号,作用与“释因类”衔接桥梁较为接近;例(115)中的破折号,作用与“转折类”衔接桥梁基本一致;例(116)中的破折号,作用与“转题类”衔接桥梁相差无几;例(117)中的破折号,作用与“附提类”衔接桥梁几乎毫无区别。且其中某些破折号可用词语型衔接桥梁相替换——如例(113)中可用

---

① 倪海曙:《语文杂谈》,新知识出版社 1957 年版,第 200 页。

“道理在于”替换，例(115)中可用“不过”替换，例(117)中可用“附带说一句”替换。当然，不可互换的情况也有。而且即便可以替换，就效果看亦不如不换。汉语衔接系统中之所以会有标点符号型衔接桥梁的存在，即因为它具有无可替代的独特效用。

第四节　结束语

以上从类型和表现两方面对汉语显性衔接做了系统介绍。这里需要说明的是，在“显性衔接”外延的认定上，我国学界存在着有别于本文的理解。例如有学者认为，显性衔接还应当包括语调衔接等。我们以为，如果语调衔接亦属显性衔接范畴，那么现实生活中应当可以看到无须利用语调的隐性衔接，然而这样的隐性衔接事实上并不存在。显性衔接与隐性衔接的区分，如同有标形式与无标形式的区分，都是以对立方的存在为前提。在并不存在无须语调支持的隐性衔接的情况下，把语调衔接作为显性衔接组成部分，从方法论角度讲殊不可取。也正因为如此，本文在显性衔接外延的界定上，没有受此影响。这里还需说明的是，笔者之所以愿意不厌其烦地对显性衔接进行琐细描写，乃因为一直以来，尽管有关文章不计其数，但显性衔接包括哪些类型、有着怎样的表现，始终语焉不详，以致有关认识仍然处于模糊状态。美国教育家安德森(Anderson，L. M.)等认为：“为了解决模糊的问题……需要一个有组织的框架来提高准确性，更重要的是促进理解。”①本文不揣孤陋，尝试性地为汉语显性衔接建构了一个有组织的框架，但愿该框架像安德森所言，能够起到促进人们准确理解汉语显性衔接整体面貌的作用。

---

① [美]L.W.安德森等编著，皮连生主译：《学习、教学和评估的分类学：布卢姆教育目标分类学》(修订版)，华东师范大学出版社2008年版，第4页。

第七章　同指衔接与共轭衔接

第一节　引　言

典型的语篇总是以语句集合体的形态呈现。从第一句到第二句，从第二句到第三句……直至完成语篇组织，这一过程即所谓"语篇推进"（discourse progression）①。其间句际联系的建立无非通过两条途径：一是依靠纽带衔接，二是依靠语境作用。在主要依靠前者的情况下，句与句最为醒目的联系表现在被回指纽带与回指纽带的照应上。② 因为对于语篇推进模式的形成来说，回指纽带的选择起着主导作用，故考察语篇推进，以回指纽带选择为切入点，也就成为顺理成章的事情；又因为对于回指纽带选择来说，直接根据是说写者意欲将句际联系建立在"同指衔接"还是"共轭衔接"基础上，故考察语篇推进，对于前述两类衔接也就应当给予高度重视。同指衔接与共轭衔接乃为截然不同的两种衔接类型，然而多年来许多人将它们混为一谈，始终以描写同指衔接的方式描写共轭衔接，甚至有人明确表示，

---

① Jef Verschueren.（1999）.*Understanding pragmatics*（p.143）.London：Arnold.
这里的"语篇推进"不少学者称之为"主位推进"（thematic progression）。本文之所以没有采用该提法，不仅是因为"主位推进"只是"语篇推进"类型之一，更是因为从理论上讲，"推进"是一种运动，任何运动都是源于不同结构要素的相互作用，单凭"主位"无以形成"推进"运动。

② "被回指纽带"与"回指纽带"这对术语学界习惯以"先行项"和"回指项"等称谓表示，因为事实上存在"被回指纽带"后置的情况，故本文没有依循惯例。

构成“主位同一型”语篇推进模式的词语既包括同指词语亦包括隶属同一语义场的词语。[①] 本文首先揭示同指衔接与共轭衔接的不同所在，然后论述加以区分的必要性。我们将以事实说明，区分同指衔接与共轭衔接不仅有助于语篇推进研究的系统化，而且有助于有关规律说明的精确化以及对比考察的深入化。

第二节　同指衔接及其特征

“同指衔接”是指建立在“同指关系”上的衔接。从“演化回指”(evolving anaphora)[②]的存在可知，这里的“同指”(co-reference)不是指物理世界的同指，而是指心理世界的同指，亦即指被回指纽带与回指纽带之间具有语用认知上的同一性。

论及与同指衔接相联系的语篇推进模式，学者们一般都会提到以下类型[③]：

1.主位同一型

(1)长征是历史纪录上的第一次，长征是宣言书，/长征是宣传队，/长征是播种机。(毛泽东《论反对日本帝国主义的策略》)

(2)北京鼓楼中医医院是综合性中医医院。/为了方便群众就诊，医院根据群众需要，最近开设了传统的按摩科门诊。(《北京日报》1986年12月16日)

(3)马凯内心里有一个期望，/他期望处长这时候回来，/他将如实

① 参见罗选民等：《话语分析的英汉语比较研究》，湖南人民出版社2001年版，第84—85页。

② Korzen, I., & Buch-kromann, M. (2011). *Anaphoric Relations in the Copenhagen Dependency Treebanks*. http://www.linguistics.ruhruni-bochum.de/bla/beyondsem/korzen_final.pdf.

③ 在所举用例中，标有“.”的部分，乃为处于同指衔接中的被回指纽带与回指纽带。

向他坦白。(津子围《马凯的钥匙》)

(4)焕之突然醒来,/∅一骨碌爬起身,/∅直望对面的窗;/∅想到天气晴好,/∅两条胳臂不禁高高举起,/∅脸上浮现高兴的神色。(叶圣陶《倪焕之》)

(5)济南富翁某,性悭吝,绰号“铁公鸡”,言一毛不拔也。/有一天,“铁公鸡”想纳妾,向媒人提的要求是价格要最便宜,容貌要最美丽。(郭灿金等《中华语典》)

(6)那人趴在通道拐口,一脸络腮胡。“谢天谢地,你们还活着!”/络腮胡哭了。(回子捷《逃生游戏》)

该类语篇推进模式的特点是:相继出现的语句,其主位具有语用认知同一性。故此,它被符号化为:

T1—R1
|
T2(=T1)—R2
┆
Tn(=T1)—Rn

2.述位同一型

(7)巧言,令色,足恭,左丘明耻之,丘亦耻之;/匿怨而友其人,左丘明耻之,丘亦耻之。(《论语·公冶长》)

(8)恻隐之心,人皆有之;/羞恶之心,人皆有之;/恭敬之心,人皆有之;/是非之心,人皆有之。(《孟子·告子上》)

(9)好个“友邦人士”!日本帝国主义的兵队强占了辽吉,炮轰机关,他们不惊诧;/阻断铁路,追炸客车,捕禁官吏,枪毙人民,他们不惊诧。/中国国民党治下的连年内战,空前水灾,卖儿救穷,砍头示众,秘密杀戮,电刑逼供,他们也不惊诧。……(鲁迅《"友邦惊诧"论》)

(10)星星和月亮在一起,/珍珠和玛瑙在一起,/庄稼和土地在一起,/鱼儿和水在一起……(陈长林《成语重组200则》)

(11)欧洲有矿藏,/亚洲有矿藏,/非洲有矿藏,/北美洲有矿藏,/南美洲有矿藏,/大洋洲有矿藏,/南极洲有矿藏;[欧洲、亚洲、非洲、北美洲、南美洲、大洋洲、南极洲构成地球上所有的大洲。所以,地球上所有的洲都有矿藏。](莫曾萌等《形式逻辑》)

该类语篇推进模式的特点是:相继出现的语句,其述位具有语用认知上的同一性。故此,它被符号化为:

T1—R1
|
T2—R2(=R1)
¦
Tn—Rn(=R1)

3.述主同一型

(12)在这后宫的帐篷里摆满了床单、尿布和内衣裤,/这些玩意总是洗了又干,干了又洗。([波兰]布鲁诺·舒尔茨著,林蔚昀译《鳄鱼街:布鲁诺·舒尔茨小说全集》)

(13)撒哈拉沙漠边缘地带居住着一种威猛无比的动物,/∅叫做红头鹰。(古保祥《关注另一只眼》)

(14)科学需要社会主义,/社会主义需要科学。(郭沫若《科学的春天》)

(15)喜剧的根本特征是笑,/但笑不等于喜剧。(程民生等《音乐美纵横谈》)

(16)[她的牌品本来很好的,现在也变坏了,]一上来就怕输,/一输就着急,/一急起来便将身体左右摇摆着摇摆个不停。(张爱玲《小艾》)

(17)公鸡啄蜜蜂,/蜜蜂锥癞痢,/癞痢扛洋枪,/洋枪打老虎,/老虎吃小孩,/小孩抢公鸡……(儿歌)

该类语篇推进模式的特点是:相继出现的语句,其前句述位与后句主位(在整体或局部上)具有语用认知同一性。也正因为如此,它被符号化为:

T1—R1

|

T2(=R1)—R2

¦

T3(=R2)—Rn

以上论及的“主位同一型”“述位同一型”“述主同一型”并非同指衔接全部表现所在,之所以有所取有所不取,是为了凸显本文论旨,避免喧宾夺主。

通过用例考察可知,同指衔接之“同指”,有的建立在被回指纽带与回指纽带同辞复现的基础上,如例(1)中的“长征”,例(7)中的“左丘明耻之,丘亦耻之”,例(8)中的“人皆有之”,例(9)中的“他们不惊诧”,例(10)中的“在一起”,例(11)中的“有矿藏”,例(14)中的“社会主义”,例(15)中的“笑”,例(16)中的“输”,例(17)中的“蜜蜂”“癞痢”“洋枪”“老虎”“小孩”“公鸡”;有的建立在被回指纽带与回指纽带意指无别而形式部分相同的基础上,如例(2)中相继出现的“北京鼓楼中医医院”与“医院”、例(16)中相继出现的“着急”与“急”;有的建立在被回指纽带与回指纽带意指相同而形式相异的基础上,如例(3)中见于首句的“马凯”与后两句的“他”,例(12)中见于前句的“床单、尿布和内衣裤”与后句的“这些玩意”；有的建立在被回指纽带与回指纽带意指一致而形式有显有隐的基础上，如例(4)中见于起始句的“焕之”与后续句的几个“∅”，例(13)中见于起首句的“一种威猛无比的动物”与后续句的“∅”；有的建立在被回指纽带与回指纽带直陈意与隐喻意相对应的基础上，如例(5)中见于先行句的“富翁某”与后续句的“铁公鸡”；有的建立在被回指纽带与回指纽带直陈意与转喻意相吻合的基础上，如例(6)中见于起始句的“那人”与收尾句的“络腮胡”。

从适用场合看，同指衔接主要用于定点定向地对事物或情状加以描写、说明或评述。从表现风格看，同指衔接除了往往跟积极修辞的某些辞格——包括反复(如例<1>、例<7>至例<11>)，排比(如例<1>、例<8>、例<10>和例<11>)，隐喻(如例<5>)，转喻(如例<6>)，回环(如例<14>)，层递(如例<16>)，顶针(如例<17>)等——有着相伴相生关系；同时，往往跟介于积极修辞与消极修辞之间的某些辞规——如“否全回环”①(如例<15>)——有着共现共生关系。从语境条件看，同指衔接的“主位同一型”“述位同一型”“述主同一型”等，可以用于各种语体，但这不是绝对的、毫无制约的，且看以下用例：

(18)他扫雪，/他买东西，/他去定煤气灯，/他刷车，/他搬桌椅，/他吃刘四爷的犒劳饭，/他睡觉，/他什么也不知道，∅口里没说，∅心里没思想，∅只隐隐地觉到那块海绵似的东西！(老舍《骆驼祥子》)

(19)苏步青(1902—2003)浙江平阳人。/∅1919年留学日本，/∅次年考入东京高等工业专科学校电机系，/∅1924年毕业；/∅旋考入东北帝国大学理学院数学系，/∅1927年毕业，/∅入研究部。/∅1931年获学士学位，/∅同年回国，/∅到浙江大学数学系任教，/∅1933年任教授兼系主任，/∅1946年创办“微分几何函数论”研讨班，/∅培养相关领域的一批顶尖数学人才。/∅1948年入选中央研究院院士。/∅1952年

① 胡习之：《试论“否全回环”》，《营口师专学报》(哲学社会科学版)1995年第2期。

任复旦大学数学系教授;/∅1955 年入选中国科学院学部委员,/∅1960 年当选中国数学会副会长;/∅创建中国微分几何学派。/∅后任复旦大学教务长、副校长,/∅1978 年任校长。/∅曾当选全国人大常委会委员、全国政协副主席。/∅著有《射影微分几何》《射影曲面概论》《射影共轭网概论》《微分几何学》《现代微分几何学概论》《计算几何》等教科书和著作,/∅辑有《苏步青数学论文选集》。(周川《中国近现代高等教育人物辞典》)

以上二例均属同指衔接中的“主位同一型”,尽管该类语篇推进模式具有广泛适应性,但是如果像例(18)那样高频运用代词回指,则只有文艺语体可以接受它;如果像例(19)那样高频运用零形回指,则只有辞书语体可以接受它。

第三节　共轭衔接及其特征

“共轭衔接”是指以“共轭关系”为基础构成的衔接。鉴于何谓“共轭关系”不宜凭空而论,有关阐释留到用例展示之后。大家已经知道,纽带衔接就外延看是同指衔接与共轭衔接的加和,既然如此,将纽带衔接中属于同指衔接的部分剔除,余留下来的部分则皆属共轭衔接。

在以共轭关系为基础构成的语篇推进模式中,以下两种类型覆盖面最宽,出场率最高①。

1.主位共轭型

(20)今年秋天,各种各样的水果,像不断的宝石的泉流,从四郊涌进北京城,/桃,梨,苹果,柿子……在到处商店的窗中架上,发出诱人的艳色与浓香。(冰心《从“公社果”谈起》)

① 在所举用例中,标有“＿”的部分,乃为处于共轭衔接中的被回指纽带与回指纽带。

(21)老虎是猫科动物,/狮子、豹和猎豹是猫科动物,/美洲豹、猞猁以及美洲狮也都是猫科动物。(不列颠百科全书公司《不列颠少儿百科全书·哺乳动物》)

(22)头、颈、两上肢和右腿无运动障碍,/左下肢完全瘫痪。(张卫光《轻松学习系统解剖学》)

(23)1964年,我们家从日本回到台湾以后,希望能有好一点质量的生活,/爸爸在外派三年的日子里存了些钱,/妈妈标会,准备盖自己的房子。(杨雨亭《坐牢爸爸与他的家人》)

(24)公历七月份是三十一天,/为什么八月也是三十一天?(朱思敬等《人文知识小百科》)

(25)活是一条心,/死是一堆土。(袁勃《逃到甜蜜的地方》)

(26)大的太大,/小的太小,总使人感觉到不舒服。(庞薰琹《中国历代装饰画研究》)

(27)园里鲜花朵朵开,/一对蝴蝶飞了来,飞了来,把花采,飘飘摇摇真自在……(广西壮族自治区图书馆《民国童谣》)

(28)[今晚,那冰场上灯光辉煌,照耀得如同白昼。黑咕隆咚的天上,新月和疏星黯然失色。]女孩子穿着红毛衣,飘扬着花围巾,潇洒地走着曲线,冰上出现了浓淡长短交错的许多印子。/有几个男运动员,戴着小红帽,穿着灰线衣,弯着腰,噌噌噌,像燕子一样地飞过。/戴着缀着大球的毛线帽的小娃娃突然出现在你的身旁,又一钻,不见了。/披着厚厚的棉袄的初学者,战战兢兢地挪动步子。(王蒙《青春万岁》)

例(20)中被回指纽带与回指纽带亦即“水果”与“桃,梨,苹果,柿子……”之间的相互照应,是建立在“属与种”(genus-species)关系之上;例(21)中被回指纽带与回指纽带亦即“老虎”与“狮子、豹和猎豹”及“美洲豹、猞猁以及美洲狮”的相互照应,是建立在“种与种”(species-species)关系之上;例(22)中被回指纽带与回指纽带亦即“头、颈、两上肢和右腿”与“左下肢”的相互照应，是建立在“部分与部分”（part-part）关系之上；例（23）中被回指纽带与回指纽带亦即“家”与“爸爸”“妈妈”的相互照应，是建立在“集合与元素”（set-element）关系之上；例（24）中被回指纽带与回指纽带亦即“七月份”与“八月”的相互照应，是建立在“元素与元素”（element-element）关系之上；例（25）中被回指纽带与回指纽带亦即“活”与“死”的相互照应，是建立在“矛盾”（contradictory）关系之上；例（26）中被回指纽带与回指纽带亦即“大”与“小”的相互照应，是建立在“对立”（opposition）关系之上；例（27）中被回指纽带与回指纽带亦即“鲜花”与“蝴蝶”的相互照应，是建立在“同现”（co-occurrence）关系①之上；例（28）中被回指纽带与回指纽带亦即“女孩子”与“男运动员”“小娃娃”以及“初学者”的相互照应，是建立在“相交”（intersection）关系②之上。前述关系在高层次上皆属共轭关系。表示“共轭关系”，数学界有人选用符号“～”③，有人选用符号“＊”④，本文从前者。因为作为“主位共轭型”依存基础的前后语句，其主位具有语用认知上的共轭性，该类语篇推进模式似应符号化为：

T1—R1
　|
T2（≈T1）—R2
　┆
Tn（≈T1）—Rn

---

① 何谓“同现”参见前文第 88 页脚注①。这里所说的“特定联系”无疑是指情境联系。徐盛桓将“同现”称作“临时共存”（temporal co-existence）（《再论主位和述位》，《外语教学与研究》1985 年第 4 期）。

② 参见徐盛桓：《再论主位和述位》，《外语教学与研究》1985 年第 4 期。

③ 参见胡承义：《SL（2，P～n）的特征标表及其结构》，《江汉大学学报》（自然科学版）1987 年第 2 期。

④ 参见王瑞林、李永建、张军挪：《基于虚拟样机的轻武器建模技术及应用》，国防工业出版社 2014 年版，第 118 页。

2.述主共轭型

(29)恩格斯从小就是一个积极的体育爱好者,/击剑、游泳、骑马等都是他擅长的体育运动。(张清华等《长寿老人的养生之道》)

(30)姐姐长着一张漂亮的脸蛋,/一双明亮的大眼睛,总爱一眨一眨地闪耀着欢乐温和的光;/那小巧玲珑的鼻子,微微向上翘着;/一张不大不小的嘴,长在圆圆的小脸上,说起话来有条有理,使人心悦诚服。(汤素兰《小学生好词好句好段一本全》)

(31)家里只有年迈的奶奶和我。/父亲意外身亡,母亲出走无音讯。(网络语料)

(32)他是一个农民的儿子,/吃苦耐劳是他的本性,军旅生活又铸造了他坚毅的个性,文化的熏陶使他更多地思考未来。(陈力《敢为人先闯商海——记湛江市港城燃料公司经理吴国声》)

(33)由于自己不小心,柴禾烧着了,/大火燃烧起来。([德]格林著,童欣译《格林童话精粹》)

(34)遥远的山那边有一条小溪,清澈见底,静静地流淌,/活泼美丽的小鱼儿,在小溪里游来游去。(童话故事《小溪与小鱼儿》)

例(29)中被回指纽带与回指纽带亦即"体育"与"击剑、游泳、骑马等"的相互照应,是建立在"属与种"关系之上;例(30)中被回指纽带与回指纽带亦即"脸蛋"与"眼睛""鼻子",以及"嘴"的相互照应,是建立在"整体与部分"(whole-part)关系之上;例(31)中被回指纽带与回指纽带亦即"奶奶"和"我"与"父亲",以及"母亲"的相互照应,是建立在"元素与元素"关系之上;例(32)中被回指纽带与回指纽带亦即"农民的儿子"与"吃苦耐劳"的相互照应,是建立在"实体与属性"(entity-attribute)关系之上;例(33)中被回指纽带与回指纽带亦即"烧着"与"大火"的相互照应,是建立在"蕴涵"(implication)关系之上;例(34)中被回指纽带与回指纽带亦即"小溪"与"小鱼儿"的相互照应,是建立在"同现"关系之上。以上关系在高层次上皆属共轭关系。基于例(29)至例(34)的"共轭"性整体或局部地反映在先行句的述位与后续句的主位之间,其符号化形式应当是:

T1—R1
|
T2(≈R1)—R2
¦
T3(≈R2)—Rn

通过以上讨论可知,所谓"共轭关系"乃为以下种种关系的统称。

编号	关系类型	有关用例
1	属与种关系	例(20)、例(29)
2	种与种关系	例(21)
3	整体与部分关系	例(30)首句与后续句
4	部分与部分关系	例(22)
5	集合与元素关系	例(23)首句与后续句
6	元素与元素关系	例(24)、例(31)
7	实体与属性关系	例(32)
8	矛盾关系	例(25)
9	对立关系	例(26)
10	相交关系	例(28)
11	蕴涵关系	例(33)
12	同现关系	例(27)、例(34)
备注	有的用例内含两种关系,这里根据需要只取其一。	

"共轭"(conjugation)作为学术概念,过去仅见于数学、物理、化学等自然科学领域,后为社会科学领域所吸纳。它被引入语篇学始于徐盛桓 1993 年发表的《论"常规关系"——新格赖斯会话含意理论系列研究之六》。在该文及其后发表的著述中,徐盛桓将"共轭"视为可以统摄上表所列关系的语言学概念。根据徐盛桓的解释,凡是基于"常规关系"(stereotypical relation)形成的最具“优先性”的语义联系,皆可视为“共轭关系”之体现。①

从适用场合看,共轭衔接主要用于由此及彼地对事物或情状加以描写、说明或评述。从表现风格看,共轭衔接同积极修辞的辞格关系不甚密切,检视有关用例,其中只看到对偶的运用(如例<25>和例<26>)而看不到其他辞格的踪影,可见,它更多显示的是消极修辞的色彩。从语境条件看,共轭衔接没有语体上的束缚,也不会发生因为高频运用代词回指或零形回指而导致语体冲突的情况,道理在于,代词回指或零形回指只与同指衔接相联系,与共轭衔接风马牛不相及。

第四节　两类衔接区分与学术研究系统化

同指衔接与共轭衔接的上述表现,学界其实早已注意到,韩礼德(Halliday, M. A. K.)和哈桑(Hasan, R.)的《英语的衔接》(*Cohesion in English*)②,黄国文的《语篇分析概要》③,胡壮麟的《语篇的衔接与连贯》④,对其都有较为全面的论述。但多年来,在前述著作以及其他著作中,同指衔接与共轭衔接都是被等量齐观地加以讨论。在我国学者中,最早意识到应当在高层次上将其大别为二的是廖秋忠。20 世纪 80 年代,廖秋忠通过两篇颇有影响的文章——《现代汉语篇章中指同的表达》和《篇章中的框—棂关系与所指的确定》——似暗实明地提出前述观点。⑤ 因为其所谓“指同表达”,实际上也就是本文所说的“同指衔接”;其所谓“框—棂关系”,实际上

① 参见徐盛桓:《常规关系与语句解读研究——语用推理形式化的初步探索》,《现代外语》2003 年第 2 期。

② Halliday, M.A.K., & Hasan, R.(1976).*Cohesion in English*.London:Longman.

③ 参见黄国文编著:《语篇分析概要》,湖南教育出版社 1988 年版。

④ 参见胡壮麟编著:《语篇的衔接与连贯》,上海外语教育出版社 1994 年版。

⑤ 参见廖秋忠:《现代汉语篇章中指同的表达》,《中国语文》1986 年第 2 期。廖秋忠:《篇章中的框—棂关系与所指的确定》,见中国语文杂志社编《语法研究和探索》第三辑,北京大学出版社 1985 年版。

也就是本文所说的“共轭关系”。即此可知,在廖秋忠看来,语篇推进过程中所使用的种种词汇衔接方式,在高层次上可以归纳为同指衔接与共轭衔接两大类型。不过有关共轭衔接的专题研究真正受到重视是多年以后的事情。廖先生弟子徐赳赳《现代汉语联想回指分析》的正式发表,[①]王军《联想回指现象琐议》《论关联度在间接回指释义中的主导作用》《汉英间接回指形式对比初步》《“框棂关系”对间接回指研究的启示》等系列论文的接连推出,[②]以及徐盛桓相应理论建设的适时跟进,[③]可以说将共轭衔接的研究推向了一个小高潮。然而他们反对把同指衔接与共轭衔接“一锅煮”的学术思想并未得到应有的关注,以致至今在语篇推进研究中,依然存在着本文开头提到的现象,即有学者认为“主位同一型”语篇推进模式是得益于同指词语与共轭词语的共同作用。本文论及的两类衔接,有学者名之为“同指衔接”与“联想衔接”,有学者名之为“直接衔接”与“间接衔接”[④],此外还有一些其他提法,称谓虽然有别,所指并无不同。笔者以为,既然前述区分是建立在共性概括的基础上,加之有关研究已趋成熟,作为语篇研究者,理当让其为己所用。可以肯定,随着两类衔接区分的逐步推开,在共轭衔接研究上,我

① 参见徐赳赳:《现代汉语联想回指分析》,《中国语文》2005年第3期。

② 参见王军:《联想回指现象琐议》,《西安外国语学院学报》2003年第1期。王军:《论关联度在间接回指释义中的主导作用》,《现代外语》2004年第3期。王军:《汉英间接回指形式对比初步》,《四川外语学院学报》2005年第1期。王军:《“框棂关系”对间接回指研究的启示》,《外语教学》2005年第4期。

③ 参见徐盛桓:《论常规关系——新格赖斯会话含意理论系列研究之六》,《外国语》1993年第6期。徐盛桓:《常规关系和文化教学》,《外语与外语教学》1996年第1期。徐盛桓:《常规关系与语句解读研究——语用推理形式化的初步探索》,《现代外语》2003年第2期。徐盛桓:《常规推理与“格赖斯循环”的消解》,《外语教学与研究》2006年第3期。徐盛桓:《自主和依存——语言表达形式生成机理的一种分析框架》,《外语学刊》2007年第2期。

④ 我们之所以没有选择“同指衔接”与“联想衔接”或“直接衔接”与“间接衔接”区分法,不仅因为“同指衔接”与“联想衔接”具有交叉性,例如隐喻衔接和转喻衔接,就认知对象看皆属“同指衔接”,就表达方式看,前者借助相似联想(association by similarity),后者借助相关联想(association by contiguity);而且因为“直接衔接”与“间接衔接”亦具交叉性,例如隐喻衔接和转喻衔接,就认知对象看皆属“直接衔接”,就表达方式看,无论前者还是后者都不是直接点明本体,而是利用喻体这个中间站。

们将完成由实体中心向关系中心的转变，亦即大家主要关心的不再是一个个实体的特殊性，而是其间的同质性、统一性以及整体性，从而不仅将有力扭转有关研究的散漫状态，还将有力促进有关研究的系统化。

第五节　两类衔接区分与规律说明精晰化

前面指出代词回指或零形回指并非与两类衔接都有联系，而只是存在于同指衔接中。其实语篇衔接研究中论及的其他一些现象，亦仅仅多半是与某种衔接类型相对应。徐盛桓很早就注意到，信息状态（information status）具有连续性，在"已知信息"与"新信息"之间，事实上还存在"可推知信息"（inferrable information）以及"混合信息"（mixed information），①而前述发现主要通过对共轭衔接的考察。② 另外，以焦点前置句为构素的语篇，其内部照应关系的建立只是得益于同指衔接的作用。例如："谁是张老三？""我是张老三。"这里的问与答之所以能够建立照应关系，乃因为前句中的"张老三"与后句中的"张老三"同指。前述焦点前置句，日本学者三尾砂以"话题转位句"（転位文）称之，③佐治圭三以"转位隐题句"（転位陰題文）称之。④ 亦即前者认为，应当将其视为话题与述题互易其位的语句；后者认为，应当将其视为话题与述题互易其位且话题以零形式出场的语句。以上观点看似怪异，其实不无建设性。我们注意到，朱德熙《语法讲义》中提到的"是

① 参见徐盛桓：《信息状态研究》，《现代外语》1996年第2期。徐盛桓：《再论主位和述位》，《外语教学与研究》1985年第4期。

② "混合信息"有时亦与同指衔接相联系，例如："郭德纲看不惯一些同行的做法，一向心直口快的他也总是毫不避讳地表明自己的态度。"（《鲁豫有约》2006年3月）其中的"郭德纲"与"一向心直口快的他"为同指关系，而"一向心直口快的他"所负载的是"混合信息"，亦即同时包含已知信息和未知信息的综合性信息。

③ 三尾砂.（1948）.『國語法文章論』.東京：三省堂.pp.58-108.

④ 佐治圭三.（1973）.『題述文と存現文』，大阪外国語大学学報，29号.p.115.

瓦特发明的蒸汽机”[①]，以及例(8)中的“羞恶之心，人皆有之；恭敬之心，人皆有之；是非之心，人皆有之”，它们与“谁是张老三？我是张老三”，具有信息结构上的共同点。统一处理，一并作为“话题转位句”或“转位隐题句”看待，至少具有以下三方面好处：首先，它有助于解释以上诸例后置的“张老三”“蒸汽机”以及“人皆有之”何以均与已知信息相联系，何以都是采取轻读形式；前置的“谁”“我”“是瓦特发明的”以及“羞恶之心”何以皆与未知信息相联系，何以都是采取重读形式。其次，它有助于维护信息结构通常由“已知信息”与“未知信息”共同构成的普遍原理，有助于维护与前述信息结构相对应的话语结构总是由“话题”与“述题”共同构成的普遍原理。再次，它有助于推进焦点前置句的发生学研究，有助于揭示前述句式的生成规律。可以肯定，随着严格区分两类衔接成为通则，随着在此基础上的语篇衔接分类研究成为常态，随着“话题转位句”（或“转位隐题句”）的研究被正式提上议事日程，有关规律的说明必将日趋精晰化。

第六节　两类衔接区分与对比考察深入化

20世纪40年代，吕叔湘推出成名作《中国文法要略》。该著认为可以将复句划分为以下四种类型：1）主语同，用关系词；2）主语同，不用关系词；3）主语异，用关系词；4）主语异，不用关系词。[②] 至于为什么复句内部联系的建立既可借助相同主语亦可借助相异主语，他未加追问。其实，存在“主语同”与“主语异”区别的复句，前者之所以能够建立内部联系，是因为其中的前后主语彼此有着同指关系；后者之所以能够建立内部联系，是因为其中的前后主语，亦即见于有关例句中的“你”与“他”、“事”与“功”、“日出”与“日落”、“事”与“阻力”、“己”与“群”、“我”与“他”、“小敌”与“大敌”、“碧

① 朱德熙：《语法讲义》，商务印书馆1982年版，第109页。

② 参见吕叔湘：《中国文法要略》（上卷），商务印书馆1947年版，第162—168页。

血”与“浩气”、“草木”与“风云”，以及“其本”与“其培”“其土”“其筑”，等等，彼此有着共轭关系。缘上可知，区分两类衔接有助于同主复句与异主复句对比考察的深入化。前面论及同指衔接与共轭衔接的区别时，为彰显各自特点，选取的都是比较单纯的例子，亦即仅仅涉及其中某类衔接的例子。这样的例子只能反映部分现实而不能反映全部现实，因为日常生活中其实还存在两类衔接结合为用的情况。从《英语的衔接》中引自《乘雪崩而行》的英文文本和《语篇的衔接与连贯》中选自谌容小说《减去十岁》的汉语文本来看，结合为用的情况事实上占有相当高的比率。与两类衔接相联系的句式，就语用功能看各自有着怎样的特点，二者的结合为用又有着怎样的规律，这无疑是语篇推进研究中应当给予关注的问题。区分两类衔接前，因为缺乏必要条件，要想弄清以上问题实属奢望；而区分两类衔接后，因为具备了必要条件，则有了弄清这些问题的可能性。下面是在区分两类衔接基础上所采集到的可以为有关研究提供帮助的部分资料①：

1.将零形同指衔接改为共轭衔接

(35)a.原句：虎儿得意地站起来，∅^{t}捋着虎须，∅^{t}向四围环视，∅^{t}表示他的雄武。(叶圣陶《熊夫人幼稚园》，初版)

(35)b.改句：虎儿得意地站起来，∅^{t}捋着虎须，一双眼珠子^{g}向四周一扫，∅^{t}表示他的威武。(叶圣陶《熊夫人幼稚园》，修订版)

(36)a.原句：一出城门便碰着一位女人，∅^{t}穿一身黑衣，∅^{t}蒙着黑的面纱，∅^{t}匆匆忙忙便走进城来了。(郭沫若《虎符》，初版)

(36)b.改句：一出城门就碰着一位女人，身上^{g}穿着黑衣，脸上^{g}蒙着黑纱，∅^{t}匆匆忙忙地便走进城来了。(郭沫若《虎符》，修订版)

(37)a.原句：鸟死了一只了，∅^{t}给咬去了一条腿，笼板上^{g}都是血

① 在所举用例中，标有“﹏﹏”的部分，为被回指纽带；标有“＿＿＿”的部分，为回指纽带；标有“^{t}”的，为同指性回指纽带；标有“^{g}”的，为共轭性回指纽带。a句即原句，见于原作初版；b句即改句，见于原作修订版，是作者在再版时做的修改。

呢！（郑振铎《猫》，初版）

（37）b.改句：鸟死了一只，一条腿[g]被咬去了，笼板上[g]都是血。（郑振铎《猫》，修订版）

2.将共轭衔接改为零形同指衔接

（38）a.原句：散乱的许多牌，有些骨面朝上，死白的颜色[g]引逗人的注意。（叶圣陶《马铃瓜》，初版）

（38）b.改句：散乱的许多牌，有些骨面朝上，∅[t]泛着死白色。（叶圣陶《马铃瓜》，修订版）

（39）a.原句：他约莫有二十八九，颜色[g]苍白，躯干[g]比他的弟弟略微长些。（曹禺《雷雨》，初版）

（39）b.改句：他约莫有二十八九，颜色[g]苍白，∅[t]比他的弟弟略微高些。（曹禺《雷雨》，修订版）

（40）a.原句：她喘息了一阵，声音[g]很低很低地说："老滕，我们掉队了！"（王愿坚《赶队》，初版）

（40）b.改句：她喘息了一阵，∅[t]压低声音说："老滕，我们掉队了！"（王愿坚《赶队》，修订版）

3.剔除穿插在同指衔接中的共轭衔接

（41）a.原句：主席在汽车边站定，目光[g]平视，∅[t]望着全体送行的人……（方纪《挥手之间》，初版）

（41）b.改句：主席在汽车边站定，∅[t]慈祥地望着全体送行的人……（方纪《挥手之间》，修订版）

（42）a.原句：那种"雅颂"之音，古古板板的，四个字[g]一句四个字[g]一句，∅[t]让老百姓和小孩子们听起来，就好像听天书。（郭沫若《屈原》，

初版)

(42)b.改句:那种“雅颂”之音,古古板板的,∅'让老百姓和小孩子们听起来,就好像听天书。(郭沫若《屈原》,修订版)

通过“原句”与“改句”的对比,至少可以得出以下三点结论:其一,将零形同指衔接改为共轭衔接,有助于淡化语言的叙述性,强化语言的描写性,从而提升表达的形象性和生动性。其二,将共轭衔接改为零形同指衔接,有助于消除因措辞失当而造成的表达不畅的问题,亦即有助消除因为不必要地采用共轭衔接而导致的语气阻隔问题。其三,删除穿插在同指衔接中的共轭衔接,有助于剪除行文中的“蛇足”,亦即有助于克服无益于彰显主题的累语赘言的负面影响。通过以上考察可知,同为主谓结构的共轭衔接与同指衔接,以及均以主谓结构为依托的共轭衔接与零形同指衔接,彼此实际上存在着语用功能上以及语用规律上的差异。前面只是就事论事地考察了其间的区别,毫无疑问,这远远不够。近年来有关句式的语用功能研究以及语用规律研究不断升温。不言而喻,同指衔接与共轭衔接的区分必将为前述研究开辟新的视野。可以肯定,随着区分两类衔接的做法逐步为学界认同和接受,随着句式研究与语篇推进研究的偕行并进,与两类衔接有关的不同复句类型的对比考察,与两类衔接有关的不同句式的对比考察等,都有望走向深入化。

第七节　结束语

同指衔接在表达上具有“定点定向”的特点①,共轭衔接在表达上具有

① 例如在“主位同一型”语篇中,相继呈现的述位总是围绕同一主位而展开;在“述位同一型”语篇中,相继呈现的主位总是围绕同一述位而展开;在“述主同一型”语篇中,前句述位与后句主位总是在所指上整体或局部叠合。

"由此及彼"的特点[①]。值得注意的是，两类衔接表达方式上的差异，跟两类思维即"辐合思维"(convergent thinking)和"发散思维"(divergent thinking)加工方式上的差异，具有高度平行性。"辐合思维"和"发散思维"的概念由美国学者吉尔福特(Guilford，J.P.)率先提出。20 世纪 50 年代，他创立了著名的"智力三维结构模型"(three-dimensional model of the structure of intellect)理论，指出，人类思维的过程是五大智力因素即"认知"(cognition)、"记忆"(memory)、"辐合性加工"(convergent production)、"发散性加工"(divergent production)以及"评价"(evaluation)共同作用的过程。辐合性加工与发散性加工是指从记忆贮存中提取信息的两种能力。前者主要表现为记忆的聚焦搜寻，后者主要表现为记忆的广泛搜寻。[②] 语言与思维乃为表里关系，前述平行性的存在充分说明，区分同指衔接与共轭衔接，无论从语言学还是从心理学角度看都具有毋庸置疑的必要性。基于前述区分既有助于语言规律亦有助于思维规律的研究，可以肯定，在未来，它不仅会在语言学界，而且会在心理学界赢得普遍认同和广泛支持。

---

① 例如在"主位共轭型"语篇中，前句主位与后句主位总是分属不同范畴，彼此之间总是存在范畴转移现象；在"述主共轭型"语篇中，前句述位与后句主位亦总是分属不同范畴，彼此之间总是可以看出明显的范畴转移。

② Guilford，J.P.(1986). *Creative talents：Their nature，uses and development*(pp.45-49). New York：Bearly Limited.

第八章　隐性衔接类型描写兼理论探讨

第一节　引　言

从韩礼德(Halliday,M.A.K.)和哈桑(Hasan,R.)推出的现代语篇学奠基之作《英语的衔接》(*Cohesion in English*)的命名不难看出,衔接乃为现代语篇学核心课题。语篇衔接无非通过两条途径,一是主要依靠衔接纽带(cohesive ties)的帮助,二是主要依靠语言环境的支持,前者即所谓"显性衔接",后者即所谓"隐性衔接"。目前对于前者的研究已经比较充分,对于后者的研究则相对薄弱。故本文拟从薄弱环节入手,做一些补苴罅漏的工作。具体操作分两步走:首先在全面考察的基础上对隐性衔接加以分类描写,然后围绕隐性衔接研究中亟待解决的问题进行不无必要的理论探讨。

第二节　隐性衔接类型描写

廖秋忠曾经论述道:"在语义连贯的篇章中,任何句子或段落之间都有语义上的联系。但是,并非所有的语义联系都有相应的语言表达式。有许多语义联系是隐性的,得靠读者/听者自己推敲出来。"①以上论述便是就隐

① 廖秋忠:《现代汉语篇章中的连接成分》,《中国语文》1986年第2期。

性衔接而言的。

根据调查,汉语语篇隐性衔接包括五种类型。尽管每种类型的内部语义联系均具隐蔽性,但不仅都可以推敲出来,而且都可以通过加入与内部关系相匹配的衔接纽带加以验证。①

一、"广义因果"型隐性衔接

(1)晚会结束时已过22点钟,马路上戒严,公交车停驶,/大家不能返校。(上海财经大学离退休教育工作者协会、上海财经大学离退休工作处《振兴路　奉献歌——上海财经大学老同志回忆录》)

(2)没有领导签字,/自己不能擅自作主张,随便盖章。(窦俊彦《盖章》)

(3)这个问题不解决,/在我们两国和两国人民之间总是存在着阴影。(邓小平《建设有中国特色的社会主义》)

例(1)至例(3),斜线号(即"/")前后部分照应联系的建立不是依靠衔接纽带的帮助,而是依靠语言环境的支持,它们均属隐性衔接。通过斜线号前后部分的对勘,可知这里的隐性衔接是以"广义因果"②关系为基础的。以上三例隐性衔接的类型归属不仅都可以推敲出来,而且都可以通过加入与所属类型相匹配的衔接纽带加以验证。如例(1)收尾句的前面可以加入"结果";例(2)起始句的后面可以加入"的话";例(3)起始句的前面可以加入"如果",收尾句的前面可以加入"那么"。

---

① 这里所谓"不仅都可以推敲出来,而且都可以通过加入与内部关系相匹配的衔接纽带加以验证"包括两种情况:一是可以推敲出的句际关系只是一种,如例(1)至例(6);二是可以推敲出的句际关系不止一种,如本著第三章提到的"用大宝,皮肤好"。后者的存在乃语言弹性的体现,属于正常现象。不管怎么说,虽然存在难以通过添加衔接纽带加以验证的情况(详见本章第148页脚注①),但根本无法推导句际关系的现象是不存在的,因为那意味着传讯"短路",交际失败。

② 邢福义:《汉语复句研究》,商务印书馆2001年版,第40页。

二、“背景—事件”型隐性衔接

(4)秋天的夜晚，天高云淡，月明星稀。/赵匡胤大摆筵席，宴请有功之臣。(阎景强等《龙争虎斗》)

(5)纷纷扬扬的大雪下了半尺多厚，天地间雾蒙蒙的一片，/我顺着铁路工地走了四十多公里，只听见各种机器的吼声，可是看不见人影，也看不见工点。(杜鹏程《夜走灵宫峡》)

(6)天空呈浅灰色，西北角上浮着几颗失光的星。墙角的柳条儿静静地飘荡着，一切都还在甜睡中，只有三五只小麻雀儿唱着悦耳的晨歌，打破了沉寂。/我静静地站着，吸着新鲜的空气，脑中充满了无限的希望，浑身沐浴在欢乐之中。(鲁彦《狗》)

例(4)至例(6)，斜线号前后部分照应联系的建立也有赖于语境支持，前述诸例亦属隐性衔接范畴。通过斜线号前后部分的对勘，可知其中的隐性衔接是以“背景—事件”关系为基础的。例(4)至例(6)属于哪类隐性衔接不仅可以推敲出来，而且可借助纽带填补法加以验证。以上三例，斜线号所在之处可以加入“此时此际”“在此情境下”等。

三、“概述—详述”型隐性衔接

(7)过去陕北地广人稀，/走路走很远才能碰到一个村子，村子也往往只有几户人家散落在山峁沟畔。(吴伯箫《歌声》)

(8)北方的夏天，热得真够劲！/树叶晒得发白，柏油马路晒得软软的，像糖稀。推车卖冰棍的老太太早已经卖得一干二净。一家饭馆门外，好几个敞着怀、流着汗的工人，抱着啤酒罐罐，仰脖咕咚咚往下灌，活像在饮马，汗不住往外冒，似乎那一颗颗汗珠都是这啤酒挥发出来

的。(肖复兴《发生在炎热的夏天》)

(9)旧历的年底毕竟最像年底,村镇上不必说,就在天空中也显出将到新年的气象来。/灰白色的沉重的晚云中间时时发出闪光,接着一声钝响,是送灶的爆竹;近处燃放的可就更强烈了,震耳的大音还没有息,空气里已经散满了幽微的火药香。(鲁迅《故乡》)

例(7)至例(9),斜线号前后部分照应联系的建立同样得益于语境作用,上举诸例同样隶属隐性衔接。通过斜线号前后部分的对勘,可知其中的隐性衔接是以"概述—详述"关系为基础的。这里的"概述"与"详述"不是指统括性较高的概念与统括性较低的概念,而是指统括性较高的命题与统括性较低的命题。例(7)至例(9)属于哪类隐性衔接不仅可以推敲出来,而且亦可通过填补相应的衔接纽带加以验证。以上诸例,斜线号所在之处可以加入"具体表现是"或"具体表现在"。

四、"思维断片"型隐性衔接

(10)我初次见到。/她谢我。/她和我怎么?缘分。/西班牙风韵的眼睛。/独自在梨树下古老的马德里院子里这时光一边有荫,/桃乐丝,伊,桃乐丝。望着我。迷人的。啊,勾人心魄。([爱尔兰]詹姆斯·乔伊斯著,金隄译《尤利西斯》)

(11)一百五。过去的渺茫,/前游……海,山,岛,黄湿硬白浪的石头,白浪。/美,美是一片空虚。/事业,建设,中国的牌楼,洋房。/跑过一条杂种的狗。/中国有进步。/肚中有点饿,黄花鱼,大虾,/中国渔业失败,老孙是天才,国亡以后,他会白吃黄花鱼的。/到哪里去吃晚饭?寂寞!/……(老舍《老舍小说集外集》)

例(10)和例(11),见于斜线号前后的语句,其间照应联系的建立主要不是依靠衔接纽带的帮助而是依靠语言环境的支持。通过斜线号前后部分的对勘，可知其中的隐性衔接乃以“思维断片”关系为基础。这里所谓“思维断片”是指与意识流（stream of consciousness）手法相联系的作为其表现对象的心理板块。例(10)中某些斜线号所在之处可以加入诸如“后来……”“再后来……”例(11)中某些斜线号所在之处可以加入“忽而……”“忽而……”以上二例之所以在加入的可能性上有所不同，全因为前者属于“链条式”意识流，亦即思维断片以有序方式展开的意识流；后者属于“彩点式”意识流，亦即思维断片以无序方式展开的意识流。①

五、“含义支撑”型隐性衔接

(12)搞破坏，谁能比孩子厉害？/别担心，我们有多乐士全新精装五合一墙面漆。（多乐士精装五合一墙面漆广告）

(13)甲：电话！/

乙：我在洗澡。

例(12)和例(13)，斜线号前后部分照应联系的建立亦是主要依靠语境作用，不言而喻，它们亦属隐性衔接范畴。这里的“含义”亦即通常所说的“言外之义”。诚如周知，前述含义存在规约与非规约之分。规约含义具有不可取消性（non-detachability），属于语言范畴；非规约含义具有可取消性（cancellability），属于言语范畴。此处“含义”是指后者，即学界通常所称的“会话含义”（conversational implicature）②。通过斜线号前后部分的对勘，可知例(12)和例(13)的隐性衔接乃以“含义支撑”为基础。以上二例属于哪类隐性衔接亦可推敲出来，同时亦可通过纽带填补法加以验证。如例(12)

① 参见柳鸣九：《关于意识流问题的思考》，《外国文学评论》1987年第4期。

② Grice, H.P. (1975). Logic and conversation. In Cole, P., & Morgan, J. (eds.) *Syntax and semantics*, *Vol* 3: *Speech acts* (pp.41-58). New York: Academic Press.

中，在“别担心，我们有多乐士全新精装五合一墙面漆”的后面，可以加上“它能够防范和修复因孩子调皮造成的任何墙面污染和破损”；例（13）中，在“我在洗澡”的后面，除了可以加上“没法接，你帮接一下”以外，还可以加上“没法接，你让她/他待会打过来”或者“老规矩，你把电话（指手机或无绳电话）拿到浴室来”，等等。例（12）和例（13）之所以存在添加可能性上的一与多的区别，是因为与例（12）隐性衔接相联系的为“一般会话含义”（generalized conversational implicature），与例（13）隐性衔接相联系的为“特殊会话含义”（particularized conversational implicature）①。

第三节　隐性衔接理论探讨

在业已完成对汉语隐性衔接分类描写的基础上，下面拟就隐性衔接研究中亟待解决的理论问题，包括隐性衔接的外延界定、隐性衔接的用例鉴别、隐性衔接的类型划分以及“含义支撑”型隐性衔接的学理解释等，做些不无必要的探讨。

一、隐性衔接的外延界定

从事隐性衔接研究首先需要明确隐性衔接所指范围，亦即首先需要解决隐性衔接的外延界定问题。这问题不解决不仅隐性衔接的用例鉴别以及类型划分无从谈起，而且有关理论探讨亦无所依凭。通过拙稿开头交代可知，本文将隐性衔接作为语义衔接的表现类型之一。因为本文区分显性衔接与隐性衔接乃以是否使用衔接纽带为根据，而衔接纽带——包括见于语篇组织过程中的指称、替代、省略、连接以及词汇衔接等②——皆与语义衔接

① Levinson, S. C.(1983).*Pragmatics*(p.131).Cambridge:Cambridge University Press.Grice,H. P. (1989).*Studies in the way of words*(p.37).Cambridge , MA :Harvard University Press.

② Halliday,M.A.K.,& Hasan,R.(1976).*Cohesion in English*(p.4).London:Longman.

相关联。我们注意到,1998 年刊出的《隐性衔接论》,2000 年发表的《隐性衔接论与篇章连贯研究》,2001 年推出的《语篇的隐性衔接》,2008 年见刊的《论英语语篇的显性与隐性衔接》,2016 年面世的《英汉翻译教学中显性与隐性衔接手段与连贯问题的探讨》,等等,亦将隐性衔接置于语义衔接的范畴,可见笔者前述看法所反映的是学界共识。既然如此,为什么还要将隐性衔接外延界定作为问题提出来呢?原因是,对于前述共识 21 世纪初有两位学者明确提出质疑。他们认为无论考察显性衔接还是隐性衔接都应当将视野延伸到语言各个层面,同时认为语篇衔接不仅涉及语言单位之间的衔接,还涉及语言单位与语言环境之间的衔接。因为这两位学者的语篇研究成就斐然,前述观点颇有影响。随着该观点的提出,在语篇学界自然也就有了一个何去何从的问题,亦即是一如既往,继续在语义层面开展显性衔接和隐性衔接研究,还是革故鼎新,将显性衔接和隐性衔接研究延伸到语言各个层面乃至延伸到语言之外。对此,笔者的态度是,语篇学界还是应当一如既往,坚持在语义层面开展显性衔接与隐性衔接研究。根据是:在研究语义衔接的过程中,学人之所以区分显性衔接与隐性衔接,是因为在语义层面上客观存在着显性衔接与隐性衔接的区别。而前述区别并非见于语篇各个层面,例如在语篇的语音层面,就看不到前述区别的存在。那两位学者,他们一方面把显性衔接与隐性衔接的区分延伸到语音层面,另一方面则又认为,语音层面的音系模式衔接和语调衔接只是同显性衔接相联系。① 这就不仅偏离了从实际出发择定研究范式的科学原则,还将研究者置于左右为难的境地。因为语义层面的各类隐性衔接都离不开语音这一物质载体;通常情况下即便语义层面存在照应失当的缺憾,但就语音节律以及语调表现看,一般来说也还是衔接的;某个语篇从语音看属于显性衔接,从语义看属于隐性衔接,你把它归入显性衔接还是隐性衔接?至于两位学者将显性衔接与隐性衔接的区分延伸到语言之外,更不无可商之处。须知作为语篇学核心概念的衔

① 参见张德禄、刘汝山:《语篇连贯与衔接理论的发展及应用》,上海外语教育出版社 2003 年版,第 29 页。

接，乃指通过语言手段和语境条件的利用，在句与句之间建立语言信息上的照应联系。这里的"衔接"除了有着所指上的规范，还有着适用场合上的限制。这就是：首先，它只是发生于同质单位之间，亦即只是发生在语言单位之间；其次，它只是发生在同类单位之间，亦即或者只是发生在语义单位之间，或者只是发生在语音单位之间，或者只是发生在语法单位之间，或者只是发生在字符单位之间；再次，它只是发生在线性单位之间，亦即它要求相互照应的单位必须具有一维展开的秉性。即此可知，所谓"我们要研究语篇的外部衔接机制，即语篇与语境的衔接"①，等等，皆不足为训，因为前述说法有违基本常识。

二、隐性衔接的用例鉴别

从事隐性衔接研究，除需解决隐性衔接的外延界定问题，还需解决隐性衔接的用例鉴别问题。因为用例选择的当与不当，直接关乎有关结论的可信度。

多年前我国有位知名学者发表了一篇专门论析隐性衔接的文章。该文开辟了我国隐性衔接专题研究的先河，功不可没。② 然而被其视为隐性衔接的用例，有不少名不副实。

譬如该文提到的以下用例：

(14) The baby was crying. The mother picked it up.

该例其实应当归入显性衔接，这不仅是因为"the baby"与"the mother"之间具有共轭关系③，还因为"the baby"与"it"之间具有同指关系。

譬如该文提到的以下用例：

---

① 张德禄、刘汝山：《语篇连贯与衔接理论的发展及应用》，上海外语教育出版社 2003 年版，第 254 页。

② 参见牛保义：《隐性衔接论》，《外语教学》1998 年第 3 期。

③ 关于何谓"共轭关系"，详见第七章有关讨论。

(15)我认为这“费厄泼赖”也是其一。否则,他对你不“费厄”,你却对他去“费厄”,结果总是自己吃亏……(鲁迅《论“费厄泼赖”应该缓行》)

该例实际上亦应归入显性衔接,因为前面的“费厄泼赖”与后面相继出现的“费厄”,其间存在同指关系。

又如该文提到的以下用例:

(16)John fought instead of running, and the bully met his waterloo.

该例亦应作为显性衔接看待,因为前句的“John”与后句“the bully”,其间有着共轭关系。

再如该文提到的以下用例:

(17)下视其辙,登轼而望之,曰:“可矣。”(《曹刿论战》)

该例同样应当归入显性衔接,因为其中三句话的零形主语之间具有同指关系。

还有该文提到的以下用例:

(18)驴不胜怒,蹄之。虎因喜,计之曰:“技止此耳。”因跳踉大㘎,断其喉,尽其肉,乃去。(柳宗元《黔之驴》)

该例同样应当视为显性衔接,因为其中第一句与第二句,主语同指;第二句与第三句,宾语与主语同指;第三句与第四至第八句,主语同指。

在上述文章中,作者总共列举十五个用例,除了第一例是作为显性衔接展示,其他均被作为隐性衔接看待。而在这十四个用例中,真正属于隐性衔接只有六例,即例(2)、例(8)、例(9)、例(10)、例(11)、例(14)。

为何误判率如此之高？是该文对于显性衔接与隐性衔接认识不足？不是。该文有关说明为:“语篇的衔接常可以借助语篇的显性表述来实现,如,照应、替代、省略、连接词和词汇连接等。有时,语篇的衔接也可以借助语篇的隐含意义,即蕴涵在语篇显性表述之内的含意来实现。前者我们称之为显性衔接,后者称之为隐性衔接。”不难看出,该文是从生成基础的角度探悉显性衔接与隐性衔接的区别,这没有什么不可以,实际上其他学者大多亦是这样。问题出在哪里呢？出在该文没有注意到,如果对于语言单位的认识不是着眼于形式特征而是着眼于意义基础,那么这意义有时是不可拿来作为鉴别标准加以利用的。① 当然,问题不仅出在该文将“隐含意义”作为隐性衔接的鉴别标准,更出在该文阴差阳错地认为,“隐含意义”存在之处也就是隐性衔接存在之处。②

讨论至此似可作出如下总结:有关隐性衔接的说明,既可着眼于形式特征亦可着眼于意义基础;但有关隐性衔接的用例鉴定,只能以形式特征为标准,亦即只能以是否用到衔接纽带为标准。

一方面鉴于以隐含意义为基础认识隐性衔接的构成有可能在用例鉴别上发生误判,另一方面鉴于从语言环境出发说明隐性衔接的构成比起前者更贴近客观实际——须知“任何语义都必须在一定语境中才能得到实现;从不在任何语境中出现的‘语义’是一种虚构”③——笔者有关隐性衔接的发生学说明,不是以隐含意义的作用而是以语言环境的作用为着眼点。

---

① 文炼:《关于分类的依据和标准》,《中国语文》1995年第4期。

② 根据徐盛桓“含意本体论”(《含意本体论研究》,《外语教学与研究》1996年第3期;《含意本体论论纲》,《外语与外语教学》1997年第1期),隐含意义是“语言被运用时必然会表现出来的一种内秉的本性”,在语篇中随处可见。但它的作用是多方面的,包括“补足、延伸、限定、阐发、待释”等,并非都与隐性衔接有关。

③ 石安石:《语义研究》,语文出版社1994年版,第44页。

三、隐性衔接的类型划分

对于认识考察对象来说最为有效的方法是通过分类进行划分,因为“类别是人类认知的工具,学习和利用类别,是一种最基本、最普遍的认知形式”①。

依靠隐性衔接构成的语篇,同复句和句群一样,都是以小句为结构起点,以小句集合体为结构终点。复句和句群的分类是以逻辑关系为根据,隐性衔接的分类可否依样画葫芦?看似可以,其实不行。

之所以说不行,一是因为复句和句群的分类对象只是独白型语篇,隐性衔接的分类对象还包括对话型语篇,如例(13);将逻辑关系分类法运用于独白型语篇畅行无碍,运用于对话型语篇则往往左支右绌。二是因为尽管有些隐性衔接可以比照复句和句群加以分类,如例(10)和例(11),前者可以比照承接句群,作为“承接关系”型隐性衔接定性;后者可以比照并列句群,作为“并列关系”型隐性衔接归类,但这没有多大意义,因为前述用例隐性衔接的构成并非主要有赖于前述关系。

我们注意到,曾经就隐性衔接分类做过尝试的学者,大多是将隐性衔接的生成基础作为分类标准。例如率先对隐性衔接开展研究的那位学者,他将隐性衔接分为“索引式”“相似式”“替代式”“链条式”“寄寓式”“作譬式”“因果式”“推理式”“隐晦式”“等级式”等十类,便是着眼于生成基础。另有一位学者将隐性衔接分为“隐性连接”“预设性外指衔接”“空缺性衔接”三类,亦是着眼于前述基础。② 但率先对隐性衔接开展研究的那位学者,其所谓隐性衔接大多名实不符,故此他关于隐性衔接的分类大多不具参考价值。而另一位学者所谓“预设性外指衔接”的分类,是错误的说法——亦即“我们就必须扩大衔接的涵盖范围,增加外指衔接,到情景语境和文化语境中去寻

① Bruner, J.S., Goodnow, J.J., & Austin, G.A.(1956). *A study of thinking*(p.84).New York: Wiley.

② 参见张喜荣:《语篇隐性衔接关系的扩展性研究》,《四川外国语学院学报》2009 年第 1 期。

找其所指项的衔接机制和隐性衔接”①——误导的产物，②故此他有关隐性衔接的分类参考价值亦大打折扣。

尽管前述学者的隐性衔接研究存在这样那样的不足，但他们从生成基础出发对其加以分类是应予肯定的。鉴于表现形态乃为生成基础所决定，将后者作为分类根据，有助于由源及流地认识隐性衔接的形成过程，有助于自内而外地认识隐性衔接的形态区别，本文第一章有关隐性衔接分类的描写，便是将生成基础作为分类根据。基于例(10)和例(11)是以与意识流相关的思维断片为反映对象，其隐性衔接的构成有赖于此，我们将其归入“思维断片”型隐性衔接。基于例(12)和例(13)，斜线号之后的话语均与“会话含义”有关，其隐性衔接的构成有赖于此，我们将其归入“含义支撑”型隐性衔接。基于例(1)至例(3)、例(4)至例(6)、例(7)至例(10)，其斜线号前后部分隐性衔接的构成，是得益于逻辑关系的作用，而各自对应的逻辑关系有所不同，我们将其对号入座，分别归入“广义因果”型、“背景—事件”型、“概述—详述”型。

在隐性衔接的类型划分上，除需注意标准选择的合理性，还需注意用例定位的适当性。邢福义注意到，通过隐性衔接构成的复句，内部逻辑关系存在多种理解的可能性，③如“他肯出面，事情好办”，即为典型例证。故此，他将“用标志控制”④作为复句分类的重要原则。

---

① 张德禄、刘汝山：《语篇连贯与衔接理论的发展及应用》，上海外语教育出版社 2003 年版，第 28 页。

② 美国著名哲学家马蒂尼奇(Martinich, A.P.)指出：“指称问题的确很重要，因为哲学家的典型看法是：语言与实在相联系的主要方式是通过指称。”([美]A.P.马蒂尼奇编，牟博等译：《语言哲学》，商务印书馆 1998 年版，第 9 页。)这里所谓“指称”其实是就“外指”而言。基于没有“外指”就没有语言的现实性，语篇研究者需要重视“外指”，但在对其作用的说明上，须把握好分寸。事实上诚如韩礼德和哈桑所言，在语篇建构过程中，“外指”的作用只是在于“把语言和情景语境联系起来”，而不在于“直接有助于形成我们所定义的衔接”。(Halliday, M.A.K., & Hasan, R.<1976>.*Cohesion in English*<p.37>.London: Longman.)

③ 邢福义：《汉语复句研究》，商务印书馆 2001 年版，第 34 页。

④ 邢福义：《汉语复句研究》，商务印书馆 2001 年版，第 8 页。

以往的教训和经验表明，从事隐性衔接研究，为增强用例鉴别的实证性，引入前述原则很有必要。也正因为如此，在对例(1)至例(13)加以描写时，我们将“通过加入与内部关系相匹配的衔接纽带加以验证”作为描写内容之一。不过根据笔者的有关实践，在隐性衔接研究上要想全面、顺畅地贯彻前述原则，事实上存在一定的难度。具体言之，有的隐性衔接语篇，加入与内部关系相匹配的衔接纽带会让人觉得别扭，如例(7)至例(9)；①有的隐性衔接语篇，加入与内部关系相匹配的衔接纽带则将原文特点给掩盖了，如例(10)和例(11)，原因在于，标志控制原则所检验的只是形式转换的可能性而非现实性。

四、“含义支撑”型隐性衔接的学理解释

我国学者很早就注意到“含义支撑”型隐性衔接的存在，但在“含义”依存基础的解释上一直存在不同看法。通过前文讨论我们已经知道，在例(12)中，“别担心，我们有多乐士全新精装五合一墙面漆”乃为同会话含义有着直接联系的话语，“它能够防范和修复因孩子调皮造成的任何墙面污染和破损”乃为同前述话语相联系的会话含义。在例(13)中，“我在洗澡”乃为同会话含义有着直接联系的话语；“没法接，你帮接一下”“没法接，你让她/他待会打过来”“老规矩，你把电话(指手机或无绳电话)拿到浴室来”，等等，乃为同前述话语相联系的会话含义。如果将同会话含义有着直接联系的话语设为“A”，将同前述话语相联系的会话含义设为“B”；那么，所谓不

① 例(7)至例(9)，其中斜线号所在之处加入过渡词语为什么会让人感到别扭？因为建立在“概述—详述”型隐性衔接基础上的语篇，其“概述”部分与“详述”部分一般都是直接结合。从语法角度看，它们是在“广义形态”或者说“分布框架”作用下结为一体。(方光焘：《体系与方法——评东华先生的总原则》，见《方光焘语言学论文集》，商务印书馆1997年版，第1—6页。方光焘1939年即已提出此观点。文炼、胡附：《谈词的分类》，《中国语文》1954年第20—21期)。过去一直流行这样的观点，即认为在句与句的结合上，倾向使用关联词语的语言比没有前述倾向的语言更为严谨。但是诸如例(7)至例(9)这样的用例，在汉语中几乎是直接结合，直接结合为常态，为无标形式，加入关联词语则近于画蛇添足。

同看法主要表现在，有的学者认为A与B的联系发生在聚合轴上，二者为表里关系；①有的学者认为A与B的联系发生在组合轴上，二者为索引关系。②

哪种看法较为合理呢？要弄清这个问题，首先需要了解，在以例（12）和例（13）为代表的用例中A与B之间有着怎样的关系；其次需要了解，表现前述关系时人们通常采用什么样的方式。

例（12）和例（13），从语义关系看，A与B之间具有相关性；从表达方式看，是借A代B，可见，前述二例乃为"借代"（metonymy）的产物，因为"借代"的特点即在于利用A与B的相关性借A代B。根据谭永祥研究，汉语表现借代关系有"专代"和"兼代"之分。③ 所谓"专代"是指代体只是代体，借代的结果是留A弃B，用公式表示，即A=B。例如："前几天，邻居张妈妈的儿媳生了个小孩，我问张妈是男还是女，她面无表情地说：'生了个六元。'"（《杂文报》1985年9月3日）——某地区独生子女费，女孩为六元，男孩为五元。该例借"六元"代"女孩"，借代结果是留"六元"弃"女孩"，属于专代。所谓"兼代"是指代体不仅是代体亦是本体的一部分，借代的结果是，代体进入本体，用公式表示，即A=AB。例如，"清荣峻茂，良多趣味"（郦道元《水经注·江水》）和"泪湿香罗帕，临风不肯干；欲凭西去雁，寄与薄情看"（李献民《云斋广录》卷一），前者借"清荣峻茂"代"水清树荣山峻草茂"，后者借"薄情"代"薄情郎"，均为代体进入本体，皆属兼代。那么，例（12）和例（13）属于专代还是兼代？我们以为属于兼代。这不仅因为这里的"借A代B"严格地说其实是"借A代AB"，还因为通过兼代构建的话语，可以在组合轴上补出被替代单位；而通过专代构建的话语则不具备这可能性。检验结果表明，例（12）和例（13）均可在组合轴上补出被替代单位。即此可知，前面提到

---

① 参见方光焘：《语言与言语问题答客问》，见《方光焘语言学论文集》，商务印书馆1997年版，第414页。方光焘1962年即已提出此观点。王希杰：《汉语修辞学》，商务印书馆2004年版，第52—53页。

② 参见钱锺书：《管锥编》第一册，中华书馆1979年版，第108页。王德春：《修辞学探索》，北京出版社1983年版，第52—54页。张炼强：《修辞理据探索》，首都师范大学出版社1994年版，第271—278页。

③ 参见谭永祥：《汉语修辞美学》，北京语言学院出版社1992年版，第434—445页。

的两种看法，后一种较为合理。

我国有关“含义支撑”型隐性衔接的研究起步很早，但成绩不甚理想。究其原因主要有三：一是在以往的研究中，论及与“兼代”有关的会话含义，不少人忽略索引语与索引引出语的区分，将索引语可以带出某种或多种索引引出语，当成索引语可以起到某种或多种索引引出语的作用。他们显然忽略了，有些会话含义的直接依存基础其实不是索引语而是索引引出语。二是许多人似乎没有注意到，会话含义属于内部语言（internal language）范畴，作为内部语言之所指，其直接载体不是所谓“情景语境”，而是索绪尔所说的“音响印象”（image acoustique）[①]。他们显然没有注意到，因为任何会话含义其实都是音义两面体，这就使得依附于索引引出语的会话含义，事实上很难成为索引语的直接所指。三是不少学者认为，随着语言环境的变化，同样的话语可以产生相去甚远的不同会话含义。他们显然忘记了，会话含义隶属言语意义（speech meaning），任何言语意义都是来自语言意义（linguistic meaning）的具体化，同样的话语可以表达什么样的言语意义，总是受到语言意义的制约。隶属言语意义的会话含义，同作为其依存基础的语言意义，乃为个别与一般的关系，其间联系通常清晰可见，彼此并无太大距离。

毫无疑问，以上问题不仅需要引起重视，而且需要尽快加以解决。因为只有这样，有关隐性衔接的研究，才有望得以“健康”、顺利的发展；有关“含义支撑”型隐性衔接的学理解释，才可望走向严谨化和科学化。

第四节　结束语

笔者区分显性衔接与隐性衔接不是以意义而是以形式为根据，亦即以

① Ferdinand de Saussure.（1967）.*Cours de linguistique générale*（p.26）.Publié par Charles Bailly et Albert Séchehaye avec la collaboration de Albert Riedlinger. Édition critique préparée par Tullio de Mauro Postface de Louis-Jean.

是否用到衔接纽带为根据，这就使本文所面对的资源对象，是汉语中最少利用形式手段[①]的用例。考察显示，尽管该类用例在“意合法”的运用上达到了极致，但在语言组织上并不存在多少随“意”性。例(1)至例(9)，其中各个小句的内部组合以及不同小句的次序安排，完全符合汉语的一般语法规则。例(12)和例(13)，尽管一为独白型语篇一为对话型语篇，但无论在遵守独白型语篇的话语组织规律上，还是在服从对话型语篇的话轮转换规律上，都是中规中矩。例(10)和例(11)，其中存在不少既不符合小句结构规则又不符合句序排列规律的现象，但这“事出有因”。原因在于前述用例是以意识流为表现对象，为逼真再现梦幻般的思维状态，作者在语言组织上有时故意偏离常规。不过即便如此，在偏离度的把握上也还是有所控制的，因为语言具有“公器”性，为防止交际短路现象的发生，作者不能不考虑读者对于笔下文字的可理解性和可接受性。近些年来在中外语言对比研究中，“形合”和“意合”成为关键词。显性衔接和隐性衔接与形合和意合，无论内涵还是外延都相去甚远，但汉语隐性衔接研究可以为汉语“意合”研究提供不无裨益的参考资料，则是毫无疑义的。

---

① 相对于处于深层的表达内容来说，建立在语义照应基础上的衔接纽带应当说亦属形式范畴。

第九章　押韵衔接面面观

第一节　引　言

在汉语各种语音衔接手段中，押韵有着很高的出场率。押韵是指让韵基（韵腹[+韵尾]）相同相近的音节在较短语流的特定位置上相继呈现，以产生语音谐应的效果。以往的研究每每将押声（所谓“头韵”）、押音节（所谓“同字韵”）等与押韵搅和在一起。押韵与押声、押音节构成基础不同，语用功能有别，等量齐观不仅削弱了研究的严谨性，也影响了规律的揭示。本文对其加以严格区分。鉴于相同声调基础上的语音谐应即“押调”同样具有衔接作用，本文将其作为与押韵、押声、押音节平行的押音类型处理。朱光潜认为，“‘叠韵’和‘押韵’根本只是一回事”①。张涌泉指出，“押韵”最初写作“压韵”，意思是“以韵母相同的字相镇压、相叠压”。② 从音理上讲，“叠韵”同“押韵”并无实质区别，忽略二者的共同点无益于押韵的发生学研究。③ 不过这里不谈叠韵，因为本文所关注的只是反映在句与句之间的押韵

① 朱光潜：《朱光潜美学文集》第二卷，上海文艺出版社1982年版，第155页。

② 参见张涌泉：《说“押韵”的“押”》，《文史》2014年第1期。

③ 从发生学角度看“叠韵”乃“押韵”之滥觞，当汉族先民开始用“呜呼”“噫嘻”之类感叹词宣泄情绪时，实际上人们就已掌握了押韵技能并已拉开了押韵序幕。多年来，围绕先有押韵还是先有诗歌争论不休。其实倘若注意到“叠韵”与“押韵”的内在联系，前述论题的合理答案也就跃然纸上。

衔接规律。下面关于押韵衔接的研究，我们从形式描写、功能验证和理据探讨等三个方面展开。

第二节　押韵衔接的形式描写

前面业已声明，本文研究既不包括叠韵也不包括至少应当作为押音节看待的同字韵，[①]这里还需交待的是，诸如“有目共睹”“好马不吃回头草”之类用例，尽管前者“目”与“睹”谐应，后者“好”与“草”谐应，但同样不在本文研究范围之内，因为前述押韵见于短语和小句内部，亦无关本文论旨。

押韵一直是汉民族最为青睐的押音类型，在至少具有五千年历史的《弹歌》中，先人就已对其加以利用。通过以下展示的各类押韵用例可以看出，经过长期发展，汉语中的押韵形式可谓应有尽有。

一、单韵

单个韵基基础上的押韵是谓“单韵”。根据相押音节分布位置的不同，可以划为九种下位类型。

（一）脚韵

脚韵的特点是相互押韵的音节均见于小句末尾，代码形式为“……○，……○。”（“○”表示押韵音节所在位置；以下同此，不再说明。）

① 通过押音建立的衔接关系，有关单位的前后照应只是依托于语音信息；通过“同字韵”建立的衔接关系，有关单位的相互照应则是得益于字符信息、语义信息和语音信息的共同作用。以往所谓“同字韵”其实应称“同字音节”，因为其衔接关系的建立是以同字音节为基础。传说中的豆芽铺对联“长长长长长长长（chángzhǎng · chángzhǎng · chángcháng · zhǎng）……”才是真正的同字韵，因为其衔接关系的建立不是以同字音节而是以同字韵基为依托。所以说“至少应当作为押音节看待”，是因为在粗线条的研究中，例如在我国少数民族歌谣研究中，“同字韵”普遍被作为押音节看待。但细线条研究则不宜如此。在笔者的有关研究中，二者被视为不同衔接手段。

(1)笃公刘,匪居匪康。乃埸乃疆,乃积乃仓。乃裹糇粮,于橐于囊,思辑用光。弓矢斯张,干戈戚扬,爰方启行。(《诗经·大雅·公刘》)

(2)黄河远上白云间,一片孤城万仞山。(王之涣《凉州词》)

(3)常喝茶,少烂牙。(杨力《走近茶道》)

(4)打铁卖糖,各干一行。(谚语)

(5)衙门八字开,有理无钱莫进来。(耿文辉《中华谚语大词典》)

(二)头韵

头韵的特点是相互押韵的音节均见于小句起首,代码形式为"○……,○……。"

(6)兼听则明,偏信则暗。(司马光《资治通鉴》)

(7)少壮不努力,老大徒伤悲。(汉乐府《长歌行》)

(8)窗下休言命,场中莫论文。(孙锦标《通俗常言疏证》)

(9)雪满山中高士卧,月明林下美人来。(高启《咏梅九首》)

(10)断雾时通日,残云尚作雷。(杨广《悲秋》)

(三)腰韵

腰韵的特点是相互押韵的音节均见于小句中间,代码形式为"…○…,…○…。"

(11)俟我于庭乎而,充耳以青乎而,尚之以琼莹乎而。(《诗经·齐风·著》)

(12)白也诗无敌,飘然思不群。(杜甫《春日忆李白》)

(13)鸟无翅不能飞,人无知不成才。(谚语)

(14)跑出去的马好抓,说出去的话难追。(谚语)

(15)茶水越泡越浓,人情越交越厚。(谚语)

（四）脚头韵

脚头韵的特点是相互押韵的音节分别见于先行小句末尾和后续小句起首，代码形式为“……○，○……。”

（16）君子如淡水，岁久情愈真。（谚语）
（17）不是撑船手，休来弄竹竿。（谚语）
（18）闭门屋里坐，祸从天上来。（谚语）
（19）积谷备荒，养儿防老。（谚语）
（20）桑叶隐村户，芦花映钓船。（岑参《寻巩县南李处士别居》）

（五）脚腰韵

脚腰韵的特点是相互押韵的音节分别见于先行小句末尾和后续小句中间，代码形式为“……○，…○…。”

（21）人无廉耻，百事可为。（谚语）
（22）冻死迎风站，饿死不弯腰。（谚语）
（23）雄鸡没人嘉奖，照样天天报晓。（谚语）
（24）三五明月满，四五蟾兔缺。（《古诗十九首·孟冬寒气至》）
（25）不畏浮云遮望眼，只缘身在最高层。（王安石《登飞来峰》）

（六）腰头韵

腰头韵的特点是相互押韵的音节分别见于先行小句中间和后续小句起首，代码形式为“…○…，○……。”

（26）野兽殚，走犬烹。（班固《汉书·蒯通传》）
（27）隔墙须有耳，窗外岂无人。（《孟德耀举案齐眉》）

(28)仇人相见,分外眼红。(谚语)

(29)年轻饱经忧患,老来不畏风霜。(谚语)

(30)春云不变阳关雪,桑叶先知胡地秋。(李昂《从军行》)

(七)腰脚韵

腰脚韵的特点是相互押韵的音节分别见于先行小句中间和后续小句末尾,代码形式为"…○…,……○。"

(31)明枪好躲,暗箭难防。(谚语)

(32)窃钩者诛,窃国者侯。(马建忠《马氏文通校注》)

(33)步子迈得正,不怕影子歪。(谚语)

(34)大漠孤烟直,长河落日圆。(王维《使至塞上》)

(35)寒雪梅中尽,春风柳上归。(李白《宫中行乐词》)

(八)头脚韵

头脚韵的特点是相互押韵的音节分别见于先行小句起首和后续小句末尾,代码形式为"○……,……○。"

(36)枕边告状,一告就准。(谚语)

(37)兵马未动,粮草先行。(谚语)

(38)考场不失火,哪有状元焦。(谚语)

(39)鼋鸣岐野,鳖应于泉。(焦赣《易林》)

(40)造化钟神秀,阴阳割昏晓。(杜甫《望岳》)

(九)头腰韵

头腰韵的特点是相互押韵的音节分别见于先行小句起首和后续小句中

间，代码形式为“○……，…○…。”

(41)人无刚骨，安身不牢。（谚语）

(42)留得青山在，不愁没柴烧。（谚语）

(43)吃过黄连苦，方知甘草甜。（谚语）

(44)边地春不足，十里见一花。（孟郊《邀花伴》）

(45)酒逢知己千杯少，话不投机半句多。（欧阳修《春日西湖寄谢法曹韵》）

二、复韵

多个韵基基础上的押韵是谓“复韵”。根据不同“韵集”（相押音节集合体，参见鲁国尧有关文章①）组合方式上的区别，本文依循惯例将其分为三类。

（一）随韵

随韵的特点是不同韵集以前后相继方式呈现，代码形式为“aabb（cc……）”，不同字母代表与不同韵集相联系的小句。汉语通常两句一韵，有时亦可见数句一韵的情况，后者可视为前者变体。

(46)人生愁恨何能免？销魂独我情何限！故国梦重归，觉来双泪垂。高楼谁与上？长记秋晴望。往事已成空，还如一梦中！（李煜《子夜歌》）

(47)花样小酒天天有，整完白酒整啤酒；强中自有强中手，不全撂倒誓不走；酒过三巡情飞扬，谁也不扶就扶墙；酣然一梦似断肠，醒来一看是茅房！（顺口溜）

① 参见鲁国尧：《语言学与美学的会通：读木华〈海赋〉》，《古汉语研究》2012年第3期。

(二)交韵

交韵的特点是不同韵集以相互交叉的方式呈现,代码形式为"abab"。

(48)山川壮丽欣重睹,旧梦依稀认血痕。千万险滩皆稳渡,水头如剑破夔门。(陈毅《重过三峡》)

(49)出东门,不顾归。来入门,怅欲悲。盎中无斗储,还视桁上无悬衣。拔剑出门去,儿女牵衣啼。(《东门行》)

(三)抱韵

抱韵的特点是不同韵集以内外包含方式呈现,代码形式为"abba"。

(50)月映长江秋水,分明冷浸星河,浅沙汀上白云多,雪散几丛芦苇。扁舟倒影寒潭里,烟光远罩清波,笛声何处响渔歌,两岸蘋香暗起。(欧阳炯《西江月》)

(51)罗带缕金,兰麝烟凝魂断。画屏欹,云鬓乱,恨难任。几回垂泪滴鸳衾,薄情何处去?月临窗,花满树,信沉沉。(顾夐《酒泉子》)

复韵见于同一语篇的不同韵集,彼此无非"相继""交叉""包含"三种关系。以随韵、交韵、抱韵作为复韵组织形态之总结,照理说不应出现概括不全的问题。但事实并非如此。温庭筠的《酒泉子·花映柳条》:"花映柳条,闲向绿萍池上。凭栏干,窥细浪,雨萧萧。近来音信两疏索,洞房空寂寞。掩银屏,垂翠箔,度春宵。"吕叔湘曾以此为例,说明实际押韵的复杂性,指出这首词作"全首十句,除第三句和第八句不用韵外,其余八句花搭着押了三个韵”①，即“ao”韵、“ang”韵和“o”韵。其中“ang”韵集与“o”韵集相继呈现，为随韵关系；“ao”韵集与“ang”韵集和“o”韵集内外包含，为抱韵关系。且这里的抱不是单抱而是双抱，更有意思的是，作为“ao”韵集组成成分的“萧”，在抱韵关系构成上“一手托两家”。通过下图可以清楚看出“ao”“ang”“o”三韵之间的“花搭”情况。

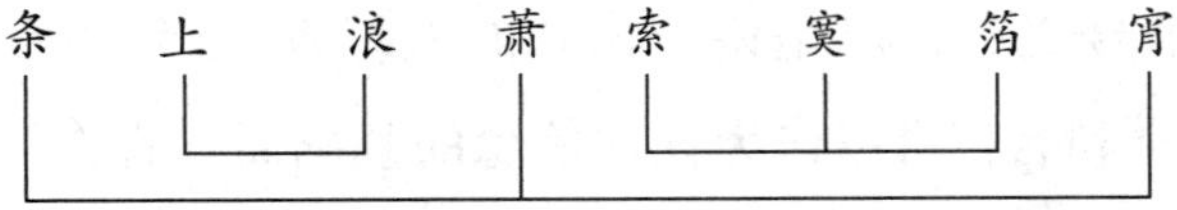

其实这还算不上是最复杂的。白居易《长恨歌》中的不同韵集，其中既有以前后相继关系结合的，也有以彼此交叉关系结合的，还有以内外包含关系结合的。具体分析的话，哪里到哪里为随韵，哪里到哪里为交韵，哪里到哪里为抱韵，很难鉴别。对其押韵的研判，最终必定是仁者见仁，智者见智。因为过细观照有可能模糊基本规律，本文对押韵形式的描写适当约束，控制于目前的尺度上。

第三节　押韵衔接的功能验证

人们普遍相信押韵能够加强前言后语的联系，即便从未有过韵文创作的切身经历，从未对此作过专门研究，也都相信这一点。之所以如此，除了因为语感直觉的作用，也因为不断有中外名家表示押韵是语篇的重要组织形式。例如我国文论家朱光潜说：“韵的最大功用在把涣散的声音联络贯串起来，成为一个完整的曲调。它好比贯珠的串子，在中国诗里这串子尤不可少。”②我国诗人臧克家说：“同一韵脚的诗句，可以比较紧密地结合在一起，从形式到内容易于得到统一与和谐。”③法国作家雨果（Hugo，V.）说：押韵

① 吕叔湘：《声、韵、调在文学上的应用》，见《语文常谈》，三联书店 1980 年版，第 19 页。
② 朱光潜：《朱光潜美学文集》第二卷，上海文艺出版社 1982 年版，第 175 页。
③ 臧克家：《臧克家文集》第六卷，山东文艺出版社 1994 年版，第 109 页。

"使得文体的组织更加坚固,更加细致。它像是纽结,把线索固定下来。它像是腰带,束着衣服"①。瑞士文论家凯塞尔(Kayser,W.)说:"韵可不仅是一种纯粹的声音的装饰。我们在成对押韵诗句中已经看见,韵强有力地支持了各行的联系和沟通。"②美国文论家韦勒克(Wellek,R.)和沃伦(Warren,A.)说:"押韵在审美上远为重要的是它的格律的功能,它以信号显示一行诗的终结,或者以信号表示自己是诗节模式的组织者,有时甚至是唯一的组织者。"③不过直觉和名言可以作为日常信念的基础而不宜作为学术命题的根据,后者的确立必须获得实证检验的支持。

有关实证检验似可通过三条途径:一是寻找若干语义基本相同而彼此仅仅存在是否押韵区别的语句,然后从连贯性角度加以对比,最后根据参与语感测评者④的主导性意见,就押韵是否有助于衔接形成结论。二是挑选若干连贯性较好的韵语,然后在保持原义的前提下给予消除押韵关系的改造,并从连贯性角度对改句与原句加以比较,最后以主导性语感测评意见为基础,就押韵是否有助于衔接做出判断。三是挑选若干不押韵的语句,然后在保持原义的前提下进行添加押韵关系的改造,并从连贯性角度对原句与改句加以比较,最后以主导性语感测评意见为根据,就押韵是否有助于衔接作出裁决。

且看基于途径一的对比:

(52)a.盈招损,谦受益。(董沛文《女丹仙道:道教女子内丹养生修炼秘籍》)

---

① [法]雨果著,柳鸣九译:《〈克伦威尔〉序》,见柳鸣九编选《雨果散文精选》,海天出版社2014年版,第56页。雨果1827年即已提出此观点。

② [瑞士]沃尔夫冈·凯塞尔著,陈铨译:《语言的艺术作品·文艺学引论》,上海译文出版社1984年版,第116页。该书1948年初版即已提出此观点。

③ [美]勒内·韦勒克、奥斯汀·沃伦著,刘象愚等译:《文学理论》(新修订版),浙江人民出版社2017年版,第148页。

④ 这里所说的语感测评者,为安徽大学2017级242名本科生。语感测评采用问卷形式,学生在课堂上独立完成。

(52)b.倨招损,谦受益。(王荣兴《〈周易〉哲理谈》)

(52)c.骄招损,谦受益。(卢正言《中国历代家训观止》)

(52)d.傲招损,谦受益。(广东中山纪念中学梁晓璐高考模拟优秀作文,引自网络)

(52)e.满招损,谦受益。(《尚书·大禹谟》)

例(52)a 至例(52)e 字数相等,句法相同,意思相近。但其间存在一个重要区别:例(52)a、例(52)b、例(52)c、例(52)d,前后句之间看不到具有语音谐应关系的同韵字,彼此不押韵;例(52)e 则不然,其前句起首的"满"与后句开头的"谦"韵基相同,彼此押韵,押头韵。绝大多数语感测评者均认为就内部连贯性看,前四种说法不及最后一种。

再看基于途径二的对比:

(53)a.路见不平,拔刀相助。⇆(53)b.路见不平,拔刀相帮。

(54)a.两虎相斗,必有一伤。⇆(54)b.二虎相斗,必有一残。

例(53)a 和例(54)a 为形式上未作变动的原句,例(53)b 和例(54)b 为形式上稍加变化的改句。在例(53)a 中"路"与"助"相押,押头脚韵;"不"与"助"相押,押腰脚韵。在例(53)b 中前后小句不存在押韵联系。在例(54)a 中"两"与"伤"相押,押头脚韵;"相"与"伤"相押,押腰脚韵。在例(54)b 中先行小句与后续小句之间,不存在押韵关系。对原句与改句加以比较,绝大多数语感测评者认为,就内部连贯性看原句优于改句。

接着看基于途径三的对比:

(55)a.一天哭三回,/三天哭九回,/铁石的心儿也变软。⇆(55)b.一天哭三回,/三天哭九转,/铁石的心儿也变软。

(56)a.骑在人民头上的/人民把他摔倒;/给人民当牛马的/人民永

远记住他！⇆(56)b.骑在人民头上的，/人民把他摔垮；/给人民作牛马的，/人民永远记住他！

例(55)a引自《王贵与李香香》初版本①，例(55)b引自其修订本②；例(56)a引自《有的人》初版本③，例(56)b引自其修订本④，以上用例都是引自诗作。现代诗歌通常采取分行书写形式，斜线号(即“/”)表示分行之处。分行书写单位有的成句有的不成句，见于例(55)a和例(55)b的分行书写单位都是以小句身份呈现，见于例(56)a和例(56)b的分行书写单位则不然。因为语篇衔接主要研究句际衔接，以下分析以小句为下限。例(55)a和例(55)b分别由三个小句组成。在例(55)a中，处于第一层次的“一天哭三回，/三天哭九回”与“铁石的心儿也变软”，收尾没有押韵关系；在例(55)b中，处于第一层次的“一天哭三回，/三天哭九转”与“铁石的心儿也变软”，收尾具有押韵关系。在例(56)a中，见于前句即“骑在人民头上的人民把他摔倒”收尾处的“倒”，与见于后句即“给人民当牛马的人民永远记住他”收尾处的“他”，彼此不押韵；在例(56)b中，见于前句即“骑在人民头上的人民把他摔跨”收尾处的“跨”，与见于后句即“给人民当牛马的人民永远记住他”收尾处的“他”，彼此押韵。绝大多数语感测评者认为，就内部连贯性看例(55)a不及例(55)b，例(56)a不及例(56)b；例(55)b和例(56)b的连贯性好于例(55)a和例(56)a。

通过以上考察，押韵具有衔接功能的说法能否作为学术命题看待，也就有了实证检验基础上的明确结论。

现实生活中绝大多数语篇，内部联系的形成是通过语义、句法、音韵等多种衔接手段的结合为用，但有的语篇，内部照应关系的建立只是依靠押韵衔接手段。且看有关用例：

---

① 参见李季：《王贵与李香香》，东北书店1946年版，第26页。
② 参见李季：《王贵与李香香》，人民文学出版社1961年版，第59页。
③ 参见臧克家：《有的人》，见《臧克家诗选》，人民文学出版社1956年版，第255页。
④ 参见臧克家：《有的人》，见《臧克家诗选》，人民文学出版社1978年版，第295页。

(57)羊肚子手巾三道道蓝,/哥哥跟的是刘志丹。(曹世玉《绥德文库·民歌卷》上)

(58)咕噜咕噜锤,/看谁最倒霉……(周玉波《老民谣·老童谣·老情歌》)

(59)一二三四五六七,/我的朋友在哪里……(胡爱生《百年经典歌曲2000首》)

例(57)引自陕北民歌信天游,其前句与后句在语义上风马牛不相及,彼此有的只是语音上的联系,即押韵联系,是押韵将它们整合为连贯的语篇。例(58)引自与猜拳游戏相伴随的儿歌,其前句与后句亦不存在任何语义瓜葛,是前后小句收尾音节的局部叠合,即相互押韵,使它们共同成为连贯语篇的组成部分。例(59)引自20世纪初风靡全国的流行歌曲,该例与前两例形异实同,其前句与后句照应关系的建立亦完全依靠押韵手段。该类用例即所谓"定韵起兴"。语义上"全无巴鼻"①的前言后语,在押韵的作用下而结为一体,有关事实的存在亦表明:押韵确实具有衔接功能。

以上检验都是以汉语为基础,其实亦可利用其他语言相关事实加以证明。这样做并不存在理论上的问题。我国少数民族对于押韵的称谓各有不同,但大多是从语用功能着眼。如壮族人称其为"串龙"②,侗族人称其为"钩钮"③,傣族人称其为"埋介"(měi gái),直译成汉语即"搭桥的树木"④……这些命名都是着眼于押韵的系联作用。以上事例无疑亦可作为押韵具有衔接功能的旁证。

① (宋)黎靖德编,王星贤点校:《朱子语类》,中华书局1986年版,第2070页。
② 韦琍:《壮语对广西汉语方言的影响》,广西民族大学硕士学位论文2008年。
③ 杨通银:《侗族语言资源和非物质文化遗产》,《贵州民族研究》2009年第1期。
④ 岩峰:《漫谈傣族诗歌的韵律》,见郑晓云编《岩峰学术文集》,云南民族出版社2007年版,第45页。

第四节　押韵衔接的理据探讨

前面对押韵具有衔接功能的说法从多种角度加以检验，事实证明它完全有资格作为学术命题。有了这样的基础，也就有了进一步深入讨论的条件。下面探讨三个问题：1）为什么押韵能够起到衔接作用；2）为什么在同样具有衔接功能的四种押音类型中汉族人最为青睐押韵；3）为什么在汉语各类押韵形式中有的粘合力①强有的粘合力弱。

一、押韵何以具有衔接作用

要想弄清押韵何以具有衔接作用，首先需要了解使得话语衔接成为可能的语言基础是什么。过去普遍认为基础是语义联系，但稍加推敲便会发现，这观点存在以偏概全之嫌。就事论事地说，它至少对于本文正在探讨的押韵衔接何以成为可能缺乏解释力。笔者曾指出，使得语篇衔接成为可能的是语言信息联系，亦即语义信息或语法信息或语音信息或字符信息的相合或相似或相关，使得前言后语照应关系的建立成为可能。② 说到这里，第一个问题的答案也就呼之欲出，即押韵之所以具有衔接功能，是因为相互押韵的不同音节，其韵基有着语音信息上的相合相似关系。从连点成线和聚零为整角度看，回指（anaphoric）和整合（integration）是衔接得以实现的基本途径。苏联诗人马雅可夫斯基（Маяковский，В.）曾经谈到，阅读具有押韵关系的楼梯诗，读到下一行会联想到上一行。③ 读者之所以会有此感受，乃

---

① 这里的“粘合力”不同于张德禄等人所说的“衔接力”，它是指衔接因子相互结合的松紧力，而不是指“语篇内部成分之间的相关程度和语篇与语境的相关程度”（张德禄、刘汝山：《语篇连贯与衔接理论的发展及应用》，上海外语教育出版社 2003 年版，第 161 页）。

② 参见曹德和、黎洪：《语音节奏与并列结构语音组织原则》，《语言与翻译》2016 年第4 期。

③ 参见［苏联］马雅可夫斯基著，毕奂午译：《怎样作诗?》，见余振主编《马雅可夫斯基选集》第四卷，人民文学出版社 1987 年版，第 175 页。

因为下行韵脚进入知觉后，对于上行同类韵脚的记忆会被迅速激活，从而使读者意识到下行诗句与上行诗句之间存在回指关系。林三松等认为，押韵对于诗歌来说能够起到“整合作用”①。它何以会有这样的功能？美国心理学家克雷奇（Krech，D.）在介绍作为完形法则（gestalt law）组成部分的“相似律”（similarity）时指出：“彼此相似的刺激物比不相似的刺激物有较大组合倾向。”②论及以上规律，克雷奇是以视觉对象为根据；但就相似律作用阈看，视觉对象与听觉对象之间并不存在楚河汉界般的隔阂，因为二者在感觉效果上存在相通关系，所谓“通感”（synesthesia）即就此而言。对于押韵何以能够起到整合作用，克雷奇的以上论述从“刺激—反应”角度给予了极具说服力的回答。

二、押韵何以倍受汉族人青睐

前面说在四种押音类型中汉族人最为青睐押韵，这种说法其实并不准确，符合实际的说法应是明显的扬此抑彼。押韵、押声、押调、押音节长期以来一直为汉族人同时使用，但只有“押韵”早在唐宋时期便被赋予专用称谓，如唐人姚思廉所撰《梁书·王筠传》云：“筠为文能压强韵，每公宴并作，辞必妍美。”③宋人许彦周所撰《彦周诗话》云：“鲁直作诗，用事压韵，皆超妙出人意表。”④而“押声”“押调”“押音节”始终未能获得源自本土的专名。今天见于汉语词汇系统的“押声”“押调”“押音节”均属外来意译词，是 20 世纪 50 年代我国学者考察境内少数民族语言韵律时，通过译介引入汉语。关于汉语存在押声用法，刘大白⑤、叶桂桐⑥等已先后给出了令人信服的揭示。

---

① 参见林三松等主编：《写作艺术技巧辞典》，北京出版社 1994 年版，第 263—264 页。

② ［美］克雷奇等著，周先庚等译：《心理学纲要》（下册），文化教育出版社 1981 年版，第 62 页。

③ （唐）姚思廉撰，卢振华点校：《梁书》卷三十三，中华书局 1973 年版，第 485 页。

④ （宋）许彦周：《彦周诗话》，见（清）何文焕辑《历代诗话》，中华书局 1981 年版，第 397 页。

⑤ 参见刘大白：《〈毛诗〉底用纽》，见《旧诗新话》，岳麓书社 2012 年版，第 107—112 页。刘大白 1925 年即已提出此观点。

⑥ 参见叶桂桐：《中国诗律学》，文津出版社有限公司 1998 年版，第 2—4 页。

不过两位先生均认为这仅见于上古汉语和中古汉语，随着汉语辅音与元音比重的此消彼长，它已日渐衰竭，淡出历史舞台。然而根据笔者调查，汉语中的押声用法时至今日依然相当活跃。例如，“车（ch-）到山前必有路，船（ch-）到桥头自然直”；“单（d-）丝不成线，独（d-）木不成林”；“狗（g-）不咬厕屎的，官（g-）不打送礼的”；“呼（h-）之则来，挥（h-）之则去”；“喊（h-）的是价，还（h-）的是钱”；“精（j-）诚所加，金（j-）石为开”；“没（m-）有金刚钻，莫（m-）揽瓷器活”；“拳（q-）不离手，曲（q-）不离口”；“柔（r-）能克刚，弱（r-）能胜强”；“水（sh-）光潋滟晴方好，山（sh-）色空蒙雨亦奇”；“性（x-）相近，习（x-）相远”；“乍（zh-）富不离原气象，骤（zh-）贫难改旧家风”，等等。押音节用法在日常汉语亦频频可见，例如，1）“妻贤夫（fu）祸少，子孝父（fu）心宽”；2）“浇（jiao）花浇根，交（jiao）人交心”；3）“问路不施礼（li），多走十几里（li）”；4）“前事（shi）不忘，后事之师（shi）”；5）“行（xing）不更名，坐不改姓（xing）”；6）“饮水思源（yuan），缘（yuan）木思本”；7）“天高皇帝远（yuan），有冤（yuan）无处伸”，等等。以上诸例，例1）“夫”与“父”腰腰相押，例2）“浇”与“交”头头相押，例3）“礼”与“里”尾尾相押，例4）“事”与“师”腰尾相押，例5）“行”与“姓”头尾相押，例6）“源”与“缘”尾头相押，例7）“远”与“冤”尾腰相押。押调用例更可信手拈来。例如，流行于南方的弹词，韵脚以押平声为常规。活跃于北方的数来宝，典型形式为两句一换辙，换辙换调，同辙同调。京韵大鼓，通常一辙到底，隔句押韵；奇句句尾押仄声，偶句句尾押平声；全篇第一句为起韵句，句尾亦押平声。“一条龙”乃山东快书常用的形式，主要特点为句句押韵，一韵到底，同韵同调，押调严于押韵。如“村看村来户看户（hù），社员夸奖好干部（bù），/争着来把重活做（zuò），/带头走的大寨路（lù）”，其中第三句尾字不入韵，但声调依然与上下文保持一致。以上为民间韵语，至于文人韵语，如唐诗、宋词、元曲，不仅在句尾声调的安排上，而且在句中声调的配置上，都有严格规范。基于人所共知也就不予赘述了。

四种押音类型明明同时存在，然而有学者却认为在中国只是少数民族语言具有押声、押调、押音节等押音形式。[1] 为什么存在上述畸轻畸重的现象？原因可能主要在于：1）汉语不像有的语言只是以某种押音类型为主打，而是四种押音类型结合为用，由于相互干扰的存在，结果明于此而昧于彼也就成了很自然的事情。2）使用音位型表音文字，押声、押韵、押音节、押调均能清晰反映在书面上；汉人一直以表意文字为纪录手段，前述文字不具备在书面上区别前述押音类型的功能；结果对于汉语中同时存在押声、押韵、押音节、押调的客观事实，绝大多数人“日用而不知”。3）押声以缺乏独用性的辅音为谐应基础，这些辅音都是单辅音且多为非响音，因为易感度（susceptibility）偏低，以致为“有意识认知”即外显认知（explicit cognition）所忽略。4）启动效应（priming effect）实验表明，在较短语流中同类声母、韵基、音节、声调的再现会自动激活对于先行单位的内隐记忆（implicit memory），故而无论是自觉使用还是不自觉使用，事实上各类押音都能起到加强语篇连贯性的作用，但四类押音的粘合力有高有低：素有“富韵”（rich rhyme）之称的押音节，粘合力最强；素有“贫韵”（poor rhyme）之称的押声，粘合力最弱；至于押韵，粘合力处于中间状态。押音节每每被用于既无语义联系又无语境联系的谐音型成语接龙（如“临危不惧→巨龙腾飞→蜚短流长→怅然若失→石破天惊……”），押声每每被用于既有语义联系又有语境联系的对仗型民间谚语（参见前文），押韵每每被用于虽无语义联系但有语境联系的定韵型歌谣起兴（参见前文），可谓因地制宜，量材施用。押音节听感上失之单调，押声粘合力失之过弱，押韵则没有前述缺憾，在押韵、押声、押音节的使用上，汉人之所以扬此抑彼，与此不无关系。5）在“四声八病”规约[2]以及“避复”传统（即在没有特殊原因的情况下避免在较短的语流内重复使用同形同音字眼的传统）的影响下，押声、押音节罕见于旧体诗，汉人的韵律知识主要通过吟诵旧体诗获得，这就屏蔽了他们对押声、押音节的认知。6）押

① 参见汪玢玲主编：《民间文学概论》，中央广播电视大学出版社 1994 年版，第 250 页。童山东、吴礼权：《阐释修辞论》，首都师范大学出版社 1998 年版，第 105 页。

② “四声八病”是南朝诗人沈约为五律创作设置的写作规范。其中“上尾”“蜂腰”“鹤膝”等，对一联之内同声母字眼的使用进行了严格限制。

声、押音节通常见于谚语、谜语、顺口溜以及儿歌民谣等民间韵语，为狭隘文学观念所误导，前述押音类型，即便使用频率很高，往往被置若罔闻。7)我国韵文创作始终以韵书为根据，传统韵书将声调融入韵部，声调不同则被视为韵部有别，结果对于押调是押调、押韵是押韵，二者有联系但并非一回事，自然也就长期浑然不觉。8)不分韵文和散文、民间韵语和文人韵语、口头作品和书面作品地看，在四种押音类型中使用面最广且使用率最高的无疑是押韵，押韵不仅已经成为汉族人的语用习惯，而且已经植根于汉族人的集体无意识，①对于前述倾向的形成，以上因素亦起到了不可小视的作用。

三、不同韵式何以存在粘合力差异

通过讨论我们已经知道汉人何以最为重视押韵。汉人意识中的押韵多以脚韵为所指，而事实上汉语押韵并非仅限于此，它还包括头韵、腰韵、头脚韵、脚头韵等。考察表明前述韵式都能起到加强话语连贯性的作用，但其中有的粘合力相对较强而有的相对较弱。根据语感测评，不同单韵韵式粘合力关系为：

粘合力强　　　　　　　　　　　　　　　　粘合力弱

脚韵 > 头韵 > 腰韵 > 头脚韵 > 脚头韵 > 其他

对于以上连续统(continuum)似可给予如下解释：脚韵粘合力最强是四个方面因素共同作用的结果：1)以脚韵为衔接手段的语句，相押音节均位于句末，根据“浴缸效应”(bathtub effect)学说，语言片段的头部和尾部乃属最容易为知觉所注意的地方；② 2)将脚韵作为衔接手段的语句，是以“……○，

---

① 参见陈庆荣、杨亦鸣：《古诗阅读的认知机制：来自眼动的证据》，《中国社会科学》2017年第3期。

② Aitchison, J.(1987).*Words in the mind: An introduction to the mental lexicon* (pp.299-302). Oxford: Basil Blackwell. Whaley, L. J.(1997). *Introduction to typology: The unity and diversity of language*.Thousand Oaks: Sage Publications , Inc.

……○”对称形式呈现,根据完形法则的相似律,有着前述特征的感知对象总是给人以整体感;3)汉语素有长吟韵脚的传统,这无疑有助于前述韵式粘合力的强化;4)根据期待视野(horizon of expectation)理论,对于脚韵业已形成思维定式者,看到先行脚韵总会期待后续脚韵的出现,这亦使得前述韵式的粘合力在心理上被进一步凸显。脚韵粘合力居于连续统之首可以说是情理所使然。头韵、腰韵位居第二和第三,与采用前述韵式的语句具有结构上的对称性不无关系——内含头韵者,上下句以“○……,○……”形式呈现;内含腰韵者,上下句以“…○…,…○…”形式呈现——具有前述特征的语句符合完形法则的相似律,容易被作为整体认知,故而头韵和腰韵在粘合力连续统上排序靠前。头韵粘合力强于腰韵,则因为以头韵为衔接手段的语句,相押音节对应于认知敏感点;而采用腰韵的语句,相押音节与认知敏感点无关。以头脚韵和脚头韵为衔接手段的语句,尽管相押音节与认知敏感点相吻合,但整体结构缺乏对称性,故而在粘合力连续统上位于脚韵、头韵和腰韵之后。脚头韵粘合力不及头脚韵不免让人感到意外。以脚头韵为衔接手段的语句,相押音节前后相继,从修辞学角度看是以“顶针”(anadiplosis)方式出现的。根据完形法则,同一知觉场中具有毗邻关系的双方,由于“接近律”(contiguity)和“连续律”(continuity)的作用,能够产生极佳整合效果。另外,根据可及性理论(accessibility theory),具有照应关系的语言单位,距离越近,可及度越高,粘合力越强。① 但语感测评统计数据显示,脚头韵粘合力不及头脚韵。对此目前只能给予如下解释:1)以脚头韵为衔接手段的语句,押脚韵的音节处于出句末尾;以头脚韵为衔接手段的语句,押脚韵的音节处于对句末尾。按照汉语韵语诵读惯例,在强调程度上出句韵脚弱于对句韵脚。2)相对于脚头韵,头脚韵的押韵方式更符合汉语韵语押韵习惯,语感测评者在心理上对于头脚韵更具亲和力和肯定感。将各种单韵韵式粘合力与

① Givón, T. (1983). Topic continuity in discourse: An introduction. In Givón, T. (Ed.), *Topic continuity in discourse: A quantitative cross language study*. Amsterdam: John Benjamins. Ariel, M. (1990). *Accessing noun-phrase antecedents*. London: Routledge.

其使用率对勘,可知其间存在正比关系,即粘合力越强使用率越高。但也有例外,即腰韵粘合力强于头脚韵和脚头韵,使用率则不及这两种韵式。之所以出现上述反例,或许因为腰韵具有较高的操作难度,导致其使用量受到一定影响。因为头腰韵、脚腰韵、腰脚韵、腰头韵出场率不高,加之这些韵式语感测评难度较大,对其粘合力暂时未作考察。根据粘合力与使用率的前述正比关系,在粘合力连续统上将它们纳入“其他”。鉴于刘大白明确表示,腰韵在“《毛诗》以后,都渐渐被淘汰了”①,且该看法得到学界普遍认同,而笔者以为腰韵仍然健在,为证明持论有据,本文文末展示了在初步调查中发现的主要见于现代汉语的 59 个腰韵用例(参见[附件一])。

对于不同复韵韵式的整体粘合力,笔者亦作了考察,根据多数语感测评者意见,其连续统关系为:

粘合力强　　　　　　　粘合力弱

随韵 > 交韵 > 抱韵

将各自占位与其结构特征对勘,可知不同复韵韵式的整体粘合力主要由相押音节分布方式和相押音节空间距离两方面因素所决定。随韵相押音节为连续分布,即 aabb;交韵和抱韵相押音节为间隔分布和部分间隔分布,前者为 abab,后者为 abba。以连续分布方式呈现的随韵,相押音节空间距离无论怎么看都小于交韵和抱韵。根据认知规律,相互照应的前后成分空间距离越小,则回指信息在内隐记忆中越清晰;而回指信息在内隐记忆中越清晰,则照应成分之间的粘合力越强。随韵的整体粘合力强于交韵和抱韵,原因也就在这里。为什么交韵的整体粘合力强于抱韵?道理在于:交韵中相押音节虽然均以间隔分布方式呈现,但彼此的空间距离均处于内隐记忆可控范围内;抱韵中相押音节虽然并非均以间隔方式呈现,但以间隔方式呈现的

① 刘大白:《中国文学史》,岳麓书社 2011 年版,第 43 页。该书 1933 年初版即已提出此观点。

相押音节,即 abba 中的 a - - a,其彼此的空间距离难以为内隐记忆所承受,也就是说由后 a 所能激活的对于前 a 的回指信息,在内隐记忆中已不大清晰。前面指出,回指信息在内隐记忆中越清晰,则照应成分之间粘合力越强;反之则不然。可见,抱韵整体粘合力不及交韵,主要因为其内部有组相押音节彼此粘合力过低,导致整体粘合力下滑。

第五节　结束语

以上从语篇衔接的角度,对汉语押韵作了较为全面的学术观照。学术观照须以可靠素材为基础,而如何保证素材的可靠性是件颇为踌躇的事情。王力曾经谈到,其《汉语诗律学》用于押韵研究的某些素材并不可靠,因为其中的押韵或许并非源自“有意识地这样做”①。可见在他看来,与自觉意识相联系的押韵用例方属押韵研究的可靠素材。这就带来一个问题:如何鉴别自觉与非自觉。押韵上有着明确规范的文人韵语,其中的押韵自然可以作为自觉行为看待;押韵上没有明确规范的民间韵语,其中的押韵则似乎难以作为自觉行为看待。如果研究押韵只取前者,这貌似合理而其实不然。一直以来的句法研究,它所依据的素材并非源生于自觉意识。另外,近年来颇受关注的汉语并列词语调类排序规律研究(有学者认为这属于“音高衔接规律”研究,参见史有为有关文章②),它所依据的原生态语料,亦并非源于自觉意识。陈望道认为,语言研究者在材料的使用上,无须过分在意自觉与非自觉。③ 美国新修辞学创始人博克(Burke,K.)呼吁,语言学家应重视无意

---

① 王力:《汉语诗律学》(下),中华书局 2015 年版,第 751 页。该书 1958 年初版即已提出此观点。

② 参见史有为:《再续〈汉语文化语音学虚实谈〉》,《世界汉语教学》1995 年第 4 期。

③ 陈望道:《修辞学发凡》,上海教育出版社 1979 年版,第 7 页。该书 1932 年初版即已提出此观点。

识言语行为的研究。① 我们认为,学术研究旨在寻找规律,规律出现在哪里学术探讨就应当延伸到哪里。复呈性和有效性乃规律的基本特征。前者决定了研究的可能性,后者决定了研究的必要性。本文有关押韵类型的发掘和认定始终以此为根据。具体地说,考察某种韵式是否客观存在,主要看它能否模式化;考察某种韵式是否可以作为语用规律加以总结,主要看在维持原义的前提下,解除押韵关系的话,语篇连贯性是否随之减弱,亦即看它是否具有不可替代的语用功能。在语料采集上,我们既开放又封闭。不拘泥自觉与非自觉,不区分文人韵语和民间韵语,体现了开放的一面;将是否可以模式化以及是否不可替换作为语料筛选标尺,对押韵与押声、押调、押音节加以严格区分,把可能引发争议的材料剔除在外,如元曲中因不同断句而可作不同分析的用例便没有采用——体现了封闭的一面。本文有关押韵研究的所有结论,均建立在据此采集的大量语料的基础上,在审读本文结论之前,可首先审查本文语料采集标准以及语料样品。最后想要补充说明的是,汉语韵式的多样性由语用需要的多样性所决定,但韵式再多,所反映的语用机理都只有一条,这就是在组织韵语的过程中,为增强话语的连贯性,对于母语中蕴藏的语音资源,汉语使用者总是自觉不自觉地尽量加以利用。或许不仅汉语如此,其他语言亦不例外。

[附件一]在近年来随见随录中发现的腰韵用例(总计59例)

(一)民间韵语中的腰韵(16例)

1.鸟无翅不能飞,人无知不成才。2.茶水越泡越浓,人情越交越厚。3.岁寒知松柏,患难见交情。4.吃饭须知耕种苦,着丝应记养蚕人。5.吃饭应知牛马苦,穿衣应记养蚕人。6.大路不平众人踩,行事不正旁人说。7.灯不拨不明,话不说不透。8.患难见知交,烈火现真金。9.家

① Burke, K. (1969). *A Rhetoric of Motive*. Oakland, CA: University of California Press.

无读书子，官从何处来。10.粒粒黄沙堆成山，滴滴清水汇成河。11.跑出去的马好抓，说出去的话难追。12.谦虚的人常思己过，骄傲的人只议人非。13.失落黄金有处找，失落光阴无处寻。14.天道循环，丝毫不爽。15.一根针缝千线，一张嘴通四方。16.饱暖生淫欲，饥寒起盗心。

（二）民间韵语中兼押脚韵的腰韵（8 例）

1.矮子踮踮脚，长子弯弯腰。2.坐卧不迎风，走路要挺胸。3.打狗不死不丢棒，捕鱼不着不收网。4.打架不能劝一边，看人不能看一面。5.大树砍不倒，小草站不牢。6.害得性命，玷不得清名。7.香不过猪肉，亲不过姑舅。8.写字不描，拉屎不瞧。

（三）民间韵语中尾部兼押同字音节的腰韵（22 例）

1.半大小子，吃死老子。2.唱歌练嗓子，打铁练膀子。3.出门看天色，进门看脸色。4.……快乐愿兮，信息转兮，幸福传兮……5.唇是软的，话是转的。6.豆腐莫烧老了，大话莫说早了。7.打铁观火色，说话看眼色。8.读书不离案头，种田不离田头。9.儿子疼小的，媳妇疼巧的。10.跟上好人学好人，跟上老虎学咬人。11.话是酒赶的，兔是狗赶的。12.好朋友好不了三年，好亲戚恼不了三年。13.拉弓要膀子，唱曲要嗓子。14.路是人开的，树是人栽的。15.人要心好，树要根好。16.说出来道出来，养个孩子抱出来。17.一日不读口生，一日不写手生。18.有粉擦在脸上，有钱花在眼上。19.有药敷在疼处，有话说在明处。20.有话说在面上，有菜切在案上。21.鱼吊臭了，猫叫瘦了。22.嘴是蜜罐子，心是蒜瓣子。

（四）文人韵语中的腰韵（9例）

1.白也诗无敌，飘然思不群。（杜甫《春日忆李白》）2.北辕就泾渭，官渡又改辙。（杜甫《自京赴奉先县咏怀五百字》）3.闭眼难见三春景，出水才看两腿泥。（《增广贤文》）4.古时丧乱皆可知，人世悲欢暂相遣。（杜甫《清明》）5.人作殊方语，莺为故国声。（王维《晓行巴峡》）6.万顷湖天碧，一星飞鹭白。（皮日休《秋江晓望》）7.问姓惊初见，称名忆旧容。（李益《喜见外弟又言别》）8.云出三边外，风生万马间。（谢榛《榆河晓发》）9.云掩初弦月，香传小树花。（杜甫《遣意》其二）

（五）文人韵语中兼押脚韵的腰韵（4例）

1.虏塞兵气连云屯，战场白骨缠草根。（岑参《轮台歌奉送封大夫出师西征》）2.柳屯云护城两岸黄金嫩，杏酣春映山村万树胭脂喷，草铺茵绕湖滨一片绿绒新，不闲游是蠢。（汤舜民《正宫·醉太平·重九无酒》）3.草儿卧风儿暖和，坎上坐鸥儿戏波；叶儿裹腌鸡卤鹅，调儿左他弹我歌。……（萧自熙《那吒令》）4.有弥济盈，有鷕雉鸣。（《诗经·国风·匏有苦叶》）

［附件二］韵式粘合力调查表

语感调查（一）

院系________班级________姓名________性别________年龄________

（一）你认为以下五种不同说法哪一种连贯性最好？选中后在其后面的方框内打上“√”号。

1.盈招损，谦受益。□

2.倨招损，谦受益。□

3.满招损，谦受益。□

4.傲招损，谦受益。□

5.骄招损，谦受益。□

（二）你认为破折号两边不同表述哪一种连贯性最好？选中后在其后面的方框内打上"√"号。

1a.路见不平，拔刀相助。□——1b.路见不平，拔刀相帮。□

2a.两虎相斗，必有一伤。□——2b.二虎相斗，必有一残。□

（三）你认为题1和题2上下两种不同表达哪一种连贯性最好？选中后在其后面的方框内打上"√"号。

1a.一天哭三回，三天哭九回，
铁石的心儿也变软。□

1b.一天哭三回，三天哭九转，
铁石的心儿也变软。□

2a.骑在人民头上的
人民把他摔倒；
给人民当牛马的
人民永远记住他！□

2b.骑在人民头上的
人民把他摔垮；
给人民作牛马的
人民永远记住他！□

语感调查(二)

院系________班级________姓名________性别________年龄________

以下韵语的加点处存在押韵关系,根据押韵音节分布位置的不同,它们被分别称为"脚韵""头韵""腰韵""头脚韵""脚头韵"。押韵能够加强话语连贯性,但不同韵式在加强连贯性方面的能力有强有弱。请根据语感直觉,对以下韵语连贯性加以测评。首先找出连贯性最强和最弱的,然后找出连贯性次强和次弱的,剩余的作为连贯性居中处理。连贯性最强的标 A;连贯性最弱的标 E;连贯性次强的标 B;连贯性次弱的标 D;连贯性居中的标 C。

韵式	不同韵式组成的韵语	内部连贯性等级
脚韵	常喝茶,少烂牙。 雪多霜足,年岁大熟。 打铁卖糖,各干一行。 人生如花开,各自等时来。	
头韵	满招损,谦受益。 休恋故乡生处好,受恩深处便为家。 窗下休言命,场中莫论文。 少壮不努力,老大徒伤悲。	
腰韵	人作殊方语,莺为故国声。 患难见知交,烈火现真金 天道循环,丝毫不爽。 万顷湖天碧,一星飞鹭白。	
头脚韵	将相本无种,男儿当自强。 离了红萝卜,照样办酒席。 娼妓百家转,赌博十里香。 兵马未动,粮草先行。	
脚头韵	积谷备荒,养儿防老。 张飞不服马超,曹操偏遇蒋干。 不是撑船手,休来弄竹竿。 荣华花上露,富贵草头霜。	

语感调查(三)

院系________班级________姓名________性别________年龄________

以下三组韵语分别采用了“随韵”“交韵”“抱韵”押韵方式，所谓随韵是指“韵集”(相押音节集合体)以相继方式呈现(即“aabb<cc……>”);所谓交韵是指“韵集”以交叉方式呈现(即“abab”);所谓抱韵是指“韵集”以包含方式呈现(即“abb”)。以上韵式均能起到加强话语连贯性的作用，但不同韵式在加强连贯性方面的能力有强有弱。请根据自己的语感直觉，对以下三组韵语连贯性加以测评。连贯性最强的标A;最弱的标C;居中的标B。

1.采用随韵的韵语

a.水面落花慢慢流，/水底鱼儿慢慢游。//啊！燕子你说些什么话？/教我如何不想她？//枯树在冷风里摇，/野火在暮色中烧。//啊！西天还有些儿残霞，/教我如何不想她？(刘半农《教我如何不想她》)

b.心口呀莫要这么厉害的跳，/灰尘呀莫把我眼睛挡住了……//手抓黄土我不放，/紧紧儿贴在心窝上。//……几回回梦里回延安，/双手搂定宝塔山。//千声万声呼唤你，/——母亲延安就在这里！(贺敬之《回延安》)

c.花样小酒天天有，整完白酒整啤酒;强中自有强中手，不全撂倒誓不走;酒过三巡情飞扬，谁也不扶就扶墙;酣然一梦似断肠，醒来一看是茅房！(顺口溜)

内部连贯性□

2.采用交韵的韵语

a.拖着一大车夕阳的黄金，/骡子摇摆着踉跄的脚步，//穿过无边的

疏落的荒林，/无声的扬起一大阵黄土。……（卞之琳《大车》）

b.总得叫大车装个够，/它横竖不说一句话，//背上的压力往肉里扣，/它把头沉重地垂下！（臧克家《老马》）

c.海茫茫觅知音，/互联网上巧相逢。//千言万语说不尽，/相见恨晚泪泉涌。（手机短信）

内部连贯性□

3.采用抱韵的韵语

a.身体有节像根竹，/削去青皮见白肉，//刀砍斧劈去两头，/只吃生来不吃熟。（谜语）

b.游人冒着料峭的寒意低回，/漫空里不见一丝云彩，//漫空里画出无限阴霾，/青鸦也跨着萧凉的海天飞。（蹇先艾《雨晨游龙潭》）

c.你是远山中的轻烟，/在我心里弥漫成淡淡的悲喜。//每次想靠近你，/却发现天地如此之远。（手机短信）

内部连贯性□

［附件三］语感测评操作说明

1.时间和地点

2017 年 11 月 2 日、3 日、7 日，安徽大学博学南楼教室。

2.参加人员

安徽大学 2017 级本科生，其中有的来自文科院系，有的来自理科院系，因接受素质教育集中到文学院有关课程班。参加本次测试的学生主要来自：a.《普通话训练与测试》；b.《大学语文》周四下午班；c.《大学语文》周二下午班。实际到场人数为 242 人。

3.测评方式

根据测评内容，设计便于理解和回答的三份问卷；课上发给学生；学生拿到问卷后,教师就如何答卷给予简要说明;然后在禁止讨论的情况下当堂完成;答卷当场收回,由班干部进行统计;所有统计结果均经教师严格复核。

[附件四]测评统计结果

A.单韵测评结果

a.脚韵:对其粘合力加以肯定的人员总数为 222 人,占 91%。

b.头韵:对其粘合力加以肯定的人员总数为 160 人,占 66%。

c.腰韵:对其粘合力加以肯定的人员总数为 117 人,占 48%。

d.头脚韵:对其粘合力加以肯定的人员总数为 105 人,占 43%。

e.脚头韵:对其粘合力加以肯定的人员总数为 87 人,占 35%。

B.复韵测评结果

a.随韵:对其粘合力加以肯定的人员总数为 231 人,占 95%。

b.交韵:对其粘合力加以肯定的人员总数为 33 人,占 13%。

c.抱韵:对其粘合力加以肯定的人员总数为 27 人,占 11%。

第十章　汉语中的谐音类型以及谐音衔接

第一节　引　言

汉语中的“谐音”是一种使用频率极高的修辞格。对此似可给予如下定义：“谐音是指以音同音近为基础，通过将非特定位置上的不同语言单位纳入同一语音认知范畴，以满足特定表达需要的修辞格。”前述定义之所以明确“以音同音近为基础”，是为了与兼顾语义的谐音双关相区别；之所以加上“非特定位置上”这一限定语，是为了与总是同特定位置相联系的押韵、押音节等拉开距离；之所以没有像某些工具书那样，将其限定于“字”“词”层面[①]，是因为随着语用生活的新发展，如今的谐音早已超越“字”“词”范围；之所以强调“以满足特定表达需要”，是为了与谐音造词、谐音译词以及谐音训诂（即所谓“音训”）划清界限。下面基于前述定义讨论两个问题，一是汉语中的谐音类型，二是汉语中的谐音衔接。

① 如《现代汉语规范词典》认为，谐音是指“字词的读音相同或相近”。（外语教学与研究出版社2010年版，第1453页。）

第二节　汉语中的谐音类型

俄国学者普罗普(Propp,V.)认为:“正确的分类是科学描述的初阶之一。下一步研究的正确性有赖于分类的正确性。”①这观点无疑是经得起检验的。自然科学史和人文科学史都充分表明,科学实践始于分类。没有适当的分类就不可能明确研究范围,形成适当概念,进行有效论证,得出可信结论。故此,本文有关谐音的研究从分类开始。分类可以依据单一标准逐层进行,这样做是为了建立层级系统;分类亦可依据不同标准混层进行,这样做则是为了揭示对象特征的综合性。汉语谐音极其复杂,为了充分而完整地认识其真实全貌,这里的分类以后一种方法为基础。② 据此,本文将其分为 37 种类型。

一、本体—谐体对应型和谐体—谐体对应型

谐音之“谐”总是表现在不同结构单位之间,这就决定了任何谐音总是涉及两个乃至两个以上的结构单位。这里所说的结构单位本文称之为“构素”。根据构素之间的发生学关系,可以将其分为以下两类,即“本体—谐体对应型”和“谐体—谐体对应型”。且看有关用例:

(1)同学甲:“什么叫声母?”
同学乙:“笨蛋!‘生母’就是你的母亲。”
同学甲:“什么叫韵母呢?”
同学乙:“草包!‘孕母’就是你妈怀孕的时候。”

(宋君悦《笑话一箩筐》)

---

① [俄]弗拉基米尔·雅可夫列维奇·普罗普著,贾放译:《故事形态学》,中华书局 2006 年版,第 3 页。

② “混层分类法”又称“综合分类法”,它在地质学、植物学、药理学、管理学等学科中乃为不可或缺的分类方法。

(2) 石榴开花红彤彤，郎妹结交莫漏风，燕子抬泥嘴要稳，春蚕有丝在心中。（歌曲《脸上就像火烧山》）

例(1)中，作为谐音构素的“声母”“韵母”与“生母”“孕母”存在发生学上的先后关系；例(2)中，作为谐音构素的显在的“丝”与隐在的“事”亦有着同样关系。产生于前的文本称之为“本体”，产生于后的称之为“谐体”。从学理上讲，所谓本体也就是作为谐音基础的构素，所谓谐体也就是存在于谐音之中且与本体有对应协调关系的构素。由本体和谐体构成的谐音，属于“本体—谐体对应型”。

(3) 在此提出一句容我的办学理念、校训、校风、学风、教风、领导作风为一体的新校训——“敬、净、静、竞、进、精”。（刘焯铿等《深圳创新教育在行动》）

(4) 唧唧鸡，鸡唧唧。几鸡挤挤集机脊。机极疾，鸡饥极，鸡冀己技击及鲫。机既济蓟畿，鸡计疾机激几鲫。机疾极，鲫极瘠，急急挤集矶级际。继即鲫迹极寂寂。继即几鸡既饥即唧唧。（赵元任《饥鸡集机记》）

例(3)中“敬”“净”“静”“竞”“进”“精”相继以谐音构素身份出现，例(4)中从第一个字眼到最后一个字眼亦相继以谐音构素身份出场。这类谐音无法鉴别其中哪个构素与哪个构素之间有着发生学上的源流关系，很难对其进行本体与谐体的区分，因而只能说其中各个构素都是作为谐体而存在。完全植根于谐体基础之上的谐音，属于“谐体—谐体对应型”。

二、构素同显型、构素同隐型和构素显隐型

任何表达皆为意识投影，作为谐音构素的本体和谐体总是首先出现于意识之中。根据含意本体论，①意识中的认知单位并非全部进入话语，就其

① 参见徐盛桓：《含意本体论研究》，《外语教学与研究》1996 年第 3 期。

显隐表现看，本体和谐体存在“同显”“同隐”“此显彼隐”等情况。且看有关用例：

(5)我没有跟随四川队回四川，而是留在了青岛，赋闲在家，在qq上对外宣称在加里顿大学物理系深造，实际上是家里蹲大学屋里系。(孙飞《帅哥射门》)

(6)一片青草地，又一片青草地，来了一群羊，又来了一群狼。(打4种植物)(常桦《开发孩子智慧的500个思维游戏》)

(7)杨柳青青江水平，闻郎江上唱歌声，东边日出西边雨，道是无晴却有晴。(刘禹锡《竹枝词》)

(8)王子肃学士躯干魁硕，而眉宇秀朗。尝盛暑入馆，方下马，流汗浃衣。刘攽见而笑之曰：“君真所谓汗淋学士也。”(魏泰《东轩笔录》)

例(5)中，“家里蹲大学屋里系”为本体，“加里顿大学物理系”为谐体，二者同时呈现，该例属于“同显型”谐音。例(6)中，“没花”“也没花”“草没”“羊没”为本体，“梅花”“野梅花”“草莓”“杨梅”为谐体，二者只是存在于意识之中，该例属于“同隐型”谐音。例(7)中，见于话语的“晴”为本体，未见于话语的“情”为谐体；例(8)中，没露面的“翰林学士”为本体，露面的“汗淋学士”为谐体，两例同属“显隐型”谐音。同显型、同隐型、显隐型的划分只与“本体—谐体对应型”谐音有关，而与“谐体—谐体对应型”谐音无涉，后者不会出现谐音构素有隐无显的情况。

三、构素同系型与构素异系型

通过例(1)至例(8)不难看出，本体和谐体多半源自同一符号系统。但这并非谐音构成的必要条件。且看有关用例：

(9)有人买车，牌号为00544(动动我试试)，大喜，行车于市，忽被

撞，大怒，然下车细看，顿觉哑口无言，对方车号为44944(试试就试试)！(网络语料)

(10)小时候把English读为“阴沟里洗”的哥们，后来成了卖菜的，读为“硬给利息”的成了银行职员，读成“因果联系”的成了哲学教师，读成“硬改历史”的成了领导同志。(网络语料)

本体和谐体植根于相同符号系统的，如例(1)至例(8)，属于“构素同系型”；植根于不同符号系统的，如例(9)和例(10)，属于“构素异系型”。

四、构素同音同字型与构素同音异字型

如果本体和谐音来自同一符号系统，且同时在自洽文本中呈现，则自然涉及书写形式同与异的问题。例如：

(11)人类失去联想，世界将会怎样?(联想电脑广告)

(12)都尉……问随从应读何种兵书，随从回答：“最好先读《孙子兵法》。”他听了甚为不悦：“要我读孙子兵法？荒唐！为何不要我读老子兵法?”随从忙说：“老子的书没谈兵法的。”都尉勃然大怒：“既然老子没谈兵法，孙子还谈什么兵法！”(饭牛《老子与孙子》)

(13)评奖评奖，无人开腔；评奖评奖，越评越僵；评奖评奖，轮流坐庄，评奖变成了平奖。(蒋子龙《人事厂长》)

(14)再如有一个专心致志为社会主义服务，政治上懂得少一些，但是两年把导弹搞出来了，对国家有贡献；另外一个人，天天谈政治，搞了五年也没把导弹搞出来，你投票赞成哪一个人？我投票赞成第一个人。第二人只好请他去当政治教员，他不能在导弹部门工作，他只能在导弹部门“捣蛋”。(周恩来《在文艺工作座谈会和故事片创作会议上的讲话》)

例(11)中，“联想”身兼二职，一方面以本体身份出现，表示“由于某人或某

事物而想起其他相关的人或事物，由于某概念而引起其他相关的概念”；一方面以谐体身份出场，表示“联想”牌电脑。彼此读音相同，书写形式相同。例(12)中，“最好先读《孙子兵法》”中的“孙子”以本体身份呈现，“要我读孙子兵法”中的“孙子”以谐体身份登场；“为何不要我读老子兵法”中的“老子”作为本体露面，“老子的书没谈兵法的”中的“老子”作为谐体现身。前一个“孙子”读作“Sūn zǐ”，指春秋末期齐国的孙武；后一个“孙子”读作“sūn zi”，意思是儿子的儿子。前一个“老子”读作“lǎo zi”，意为父亲；后一个“老子”读作“Lǎo zǐ”，指春秋末年陈国李耳。该例中的本体和谐音读法相近，写法相同。例(13)中，“评奖”为本体，“平奖”为谐体，二者读音相同，写法局部相异。例(14)中，“导弹”为本体，“捣蛋”为谐体，二者读音相同，书面表现完全相异。根据书写形式，以上四例大致分为“构素同音同字型”与“构素同音异字型”两类。例(11)和例(12)隶属前者，例(13)和例(14)隶属后者。通过以上归类可知，这里所谓“同音”包括读法完全相同和大体相同，这里所谓“异字”包括写法局部相异和完全相异。

五、构素整—零对应型与构素零—整对应型

在谐音结构中，本体与谐体之间有的存在化整为零关系，有的存在聚零为整关系。例如：

(15)嗯——“拖拉撕”、“拖拉撕”……不雅！拖进来，拉进去，不听话就撕成两半儿，倒好像是绑票儿撕票儿，不雅！(老舍《茶馆》)

(16)这煤气，眼睛看不见，耳朵听不清，用手摸不着。刚才听人说，外国人叫它“哇—嘶”，意思就是只要沾上一点，“哇呀”叫一声便死了。全中国都没法救哩！(叶林、徐孝鱼《没有门牌的小院》)

例(15)中表示高级垄断组织的“托拉斯”(即文中所谓“拖拉撕”)为本体，表示动作行为的“拖”“拉”“撕”为谐体；例(16)中表示煤气的“瓦斯”(即文中

所谓“哇—嘶”）为本体，表示叫声的“哇呀”和表示丧命的“死”为谐体。以上两例本体与谐体为化整为零关系，属于“构素整—零对应型”。

（17）文盲农妇给丈夫写信，画着树、乌龟、布，还有只乌龟、毛毛虫、大枣和一个人。丈夫大悟：速归，不归重找人。（网络语料）

（18）从前有一姑娘叫乔妮娜，她和一个叫沙德的相爱了，他们在一起看星星。当流星划过天空时，他们将这颗流星命名为：乔妮娜沙德星。（网络语料）

（19）福娃是五个可爱的亲密小伙伴，每个娃娃都有一个朗朗上口的名字：“贝贝”“晶晶”“欢欢”“迎迎”和“妮妮”。在中国，叠音名字是对孩子表达喜爱的一种传统方式。当把五个娃娃的名字连在一起，你会读出北京对世界的盛情邀请——“北京欢迎你”。（李昕等《实用口语表达与播音主持》）

例（17）中与图形相对应的示意词“树”“龟”“布”“龟”“虫”“枣”“人”为本体，“速归，不归重找人”为谐体；例（18）中姑娘“乔妮娜”与男友“沙德”以及一起眺望的“（流）星”为本体，“瞧你那啥德性”为谐体；例（19）中五个福娃“贝贝”“晶晶”“欢欢”“迎迎”“妮妮”为本体，“北京欢迎你”为谐体。以上三例本体与谐体为聚零为整关系，当属“构素零—整对应型”。

六、构素单向延伸型与构素双向延伸型

解释以上分类之前，且看有关用例：

（20）赵德田发出了一个单音：“疼！”“没有藤（疼）哪有瓜呀，熬一下，坐正，抓紧！”伤科医生重复了一下自己的命令，那声调是不容分辩的。（陆文夫《圈套》）

（21）邢大舅就喝了一杯，便说道：“……那土地道：‘这墙砌的不结

实。'众神将道:'你瞧去。'土地一看,果然是一堵好墙,怎么还有失事?把手摸了一摸,道:'我打量是真墙,那里知道是个"假墙"!'"众人听了,大笑起来。贾蔷也忍不住地笑,说道:"傻大舅!你好!我没有骂你,你为什么骂我?快拿来罚一大杯!"(曹雪芹《红楼梦》)

(22)画上荷花和尚画,书临汉帖翰林书。(蒙智扉等《奇诗怪联趣谈》)

(23)废话多时多话费,闲人少处少人嫌。(黄细细等《妙联趣对拾趣》)

例(20)和例(21)为"构素单向延伸型",例(22)和例(23)为"构素双向延伸型"。根据用例与类型匹配可知:前者是指无论表达者先呈示本体还是先呈示谐体,接受者阅读时都只能沿着从左到右的方向展开。后者是指因为表达者按照顺读方式设计本体,按照倒读方式设计谐体,接受者要想领悟本体与谐体的对应关系,阅读时则须先从左到右读,后从右到左读。

七、构素叠合型与构素相继型

先看具体用例,再谈有关分类:

(24)滔滔风急浪潮天,情郎拔桩要开船。挟绢做裙郎无幅(福),屋檐种菜姐无园(缘)。(山歌《别》)

(25)俺是者哥史街伤嘴惯信泥地任,椰是嘴向年泥地任,腰吻俺邮夺矮泥,约粮呆标俺地信。俺腰窄虾耶孔种嘴命粮地猩猩松泥。(俺是这个世界上最关心你的人,也是最想念你的人,要问俺有多爱你,月亮代表俺的心。俺要摘下夜空中最明亮的星星送你。)(网络语料)

(26)方书记跳上岸,一边笑一边说:"大家把枪扛回去,放到我的办公室,还要举行个授枪仪式,你们不要高兴得太早,我要考考你们,考不上的就不发枪。"阿洪嫂说:"我的妈哟,还没考到我身上,把我的汗都烤

出来了！要是考到我，非把我烤焦了不可！”（黎汝清《海岛女民兵》）

(27) 齐耆七妻。其妻弃漆器。齐耆气，弃其七妻，骑骐起。七妻泣，乞其栖齐。齐耆凄凄憩气栖齐。（赵元任《齐耆妻》）

例(24)和例(25)为构素叠合型，例(26)和例(27)为构素相继型。据此可知，前者是指作为谐音构素的本体与谐体，以叠合分布的方式同时出现在语流中的同一位置上；后者是指作为谐音构素的本体与谐体或各个谐体，以相继分布的方式先后出现在语流中的不同位置上。

八、一底一面型、一底两面型、一底多面型

从内外对勘角度看，谐音结构存在“底”“面”之分。这里所谓“底”是指音底，所谓“面”是指字面。且看有关用例：

(28) [合肥方言听力考试] 甲：吾情宝掉得吃。乙：离真不顶龙！问：乙的意思是？（A.甲不属龙；B.甲不开窍）（网络语料）

(29) 最近还好吗，我在音乐电台为你点了一首歌叫《好想好想》，希望你能够喜欢。收听的方法是：将电饭锅扣在你头上，然后用大铁锤狠敲锅底，你就会听到……好响好响了。（网络语料）

(30) 侯宝林先生接着谈起了一些青年演员急于求成的倾向。他说：我讲三个 chéng：首先是学习的过“程”，不学真本事不行；第二个是要观众、听众“承”认，说你的艺术有造诣，最后才谈得上“成”名：程——承——成，表明了艺术高峰的攀登，是无捷径可走的。（孙惠弟《侯宝林的“一、二、三、四”》）

在例(28)谐音结构里，为“吾情宝掉得吃”和“离真不顶龙”所记录的方音为音底，用于记录前述方音的文字为字面。在例(29)谐音结构里，“hǎo xiǎng-hǎo xiǎng”为音底，“好想好想”和“好响好响”为字面。在例(30)谐音结

构里,chéng 为音底,"程""承""成"为字面。例(28)属于一底一面型,例(29)属于一底两面型,例(30)属于一底多面型。

九、有距相谐型与无距相谐型

这是从谐音构素之间是否存在其他单位的角度对谐音类型加以划分:

(31)《娱乐明星:从偶像到呕像的退化》。(《邢台传媒》2006 年 11 月 5 日)

(32)当哩个当,当哩个当,你先叫我入了你那个裆,我就叫你入了我这个党。(王朔《玩的就是心跳》)

(33)漪姨倚椅,悒悒,疑异疫,宜诣医。医以宜以蚁胰医姨。医以亿弋弋亿蚁。亿蚁殪,蚁胰溢。医以亿蚁溢胰医姨,姨疫以医。姨怡怡,以夷衣贻医。医衣夷衣,亦怡怡。噫!医以蚁胰医姨疫,亦异矣;姨以夷衣贻医,亦益异已矣!(江涛初稿、赵元任添改《"漪姨"的故事》)

例(31)和(32)属于"有距相谐型"谐音,例(33)属于"无距相谐型"谐音。缘上可知,前者是指彼此相谐的同音近音单位,为非毗邻呼应关系;后者是指彼此相谐的同音近音单位,为毗邻呼应关系。

十、语素相谐型、语词相谐型、语句相谐型、段落相谐型、篇章相谐型

这是从所涉语言层级角度对谐音加以分类:

(34)"认识跟不上形势","计划跟不上变化",明确点出了事物发展的复杂性和变化性。(霍然《新编大学应用写作》)

在例(34)中,"认识"的"识"与"形势"的"势"、"计划"的"划"与"变化"的"化"相谐,谐音以最小音义结合体为基础,属于"语素相谐型"。

(35)刚才孙尚清同志说了,有人说怪话,什么规划,“规划”就是“鬼话”。(李荣《全国语言学学科规划会议开幕词》)

在例(35)中,“规划”与“鬼话”相谐,谐音以最小造句单位为基础,属于“语词相谐型”。

(36)为了GDP,你们不计后果地在破坏着优美的环境,直至天空雾霾重重、河水浑浊不堪、山坡绿被尽除。现在,你们整天呼吸着雾霾,还美其名曰:“喂人民服雾。”(常州市医学会《防病知识专家谈》)

例(36)中,“喂人民服雾”与“为人民服务”相谐,谐音以最小表达单位为基础,属于“语句相谐型”。

(37)一个乡里开会,村长说:“兔子们,虾米们,不要浆瓜,咸菜太贵了。”(同志们,乡民们,不要讲话,现在开会了。)主持人说:“咸菜请香肠浆瓜。”(现在请乡长讲话。)乡长说:“兔子们,虾米们,今天的饭狗吃了,大家都是大王八。”(同志们,乡民们,今天的饭够吃了,大家都使大碗吧。)(网络语料)

例(37)中,“兔子们……”与“同志们……”相谐,谐音关系主要建立在成段话语基础上,属于“段落相谐型”。

(38)暗梅幽闻花,卧枝伤恨底。遥闻卧似水,易透达春绿。(俺没有文化,我智商很低。要问我是谁,一头大蠢驴。)(网络语料)

例(38)中,显在文本与潜在文本相谐,谐音关系建立在整个文本基础上,属于“篇章相谐型”。

(39)乙:什么山不能爬?

甲:衬衫(山)不能爬。

乙:什么店不能住?

甲:雷电(店)不能住。

乙:什么尺不能量短长?

甲:牙齿(尺)不能量短长。

乙:什么井不出水?

甲:交通警(井)不出水。(李瑞进《我们说给你们猜》)

也有的谐音发生在非同级语言单位之间。譬如例(39),作为谐体的“衬衫”的“衫”、“牙齿”的“齿”、“交通警”的“警”性属语素,作为本体的“山”“尺”“井”性属语词。类似用例应当属于混合型。

十一、自觉创造型与误解导致型

谐音的形成有的源于自觉,有的源于误解。且看有关用例:

(40)“好一个胡彪!你——你——你不是……”“什么我的不是?”杨子荣在这要紧关头摸了一下腰里的二十响,发出一句森严的怒吼,把话岔到题外,“我胡彪向来对朋友讲义气,不含糊,不是你姓栾的,当初在梨树沟你三舅家,我劝你投奔三爷,你却硬要拉我去投蝴蝶迷,这还能怨我胡彪不义气?如今怎么样?”(曲波《林海雪原》)

(41)菊咬金的老婆说:“她坐在灶脚底下,花言巧语,说一大套。左一声‘嫂嫂’右一声‘嫂嫂’,又说小龙什么的,怕风吹雨打。小龙不就是蛇吗?蛇怕什么风吹雨打?”菊咬金:“我说你糊涂,话都听不懂。她说的是小农经济,怕风吹雨打。”(周立波《山乡巨变》)

例(40)中“你不是”为半截子话,完整形式为“你不是胡彪”。栾平没想到杨子荣冒充胡彪打入匪窟且被委以重任,因无比吃惊以致舌头打结,话都说不周全。杨子荣反应敏捷,机智地将栾平表示身份判断的半截子话转变为表示人格评价的完整表述,就势发起反击。利用同音条件,将否定副词与判断动词组合的“不是”变换为否定副词与性质形容词组合的“不是”,乃通过清醒意识控导下的自觉处理完成。例(41)中菊咬金老婆所谓“小龙什么的”,诚如菊咬金所言是指“小农经济”;菊咬金老婆因从未接触过“小农”“经济”等概念,以致将“小农”听成了“小龙”。从谐音角度看,其中“小农”为本体,“小龙”为谐体,二者得以建立对应联系,除了与音同音近有关,更与错误理解有关。以上二例,前者属于“自觉创造型”,后者属于“误解导致型”。

十二、顺势而为型与曲意构造型

谐音建构有的基于借坡下驴,顺势而为;有的基于无中生有,曲意构造。先看以下两例:

(42)说得滑稽一点的话,历史研究是“实事求是”,史剧创作是“失事求似”。(郭沫若《历史·史剧·现实》)

(43)应该说,上级部门对下属单位的检查验收,有一些是必要的。但在一些地方和单位,这项工作却变了味、走了样,将“验收”变成“宴收”。(谢良宏《“验收”莫变“宴收”》)

在例(42)中,表示从实际出发按规律办事的“实事求是”为本体,表示超越历史尊重艺术法则的“失事求似”为谐体;在例(43)中,表示按标准查验和接收的“验收”为本体,表示将宴请频次和档次作为查验接收标准的“宴收”为谐体。以上两例属“顺势而为型”。此类谐音数量庞大。之所以如此,除了因为就发生学角度看,旧有事实总是先于新生事实,同时因为就谐音建构规律看,对应于旧有事实的本体总是先于对应于新生事实的谐体;与发生先后以及建构规律高度吻合的顺势而为型，操作起来比较容易。再看下面两例：

(44)伊拉克战争期间最流行的三个词：和平 peace、战争 war、发现 found。把这三个(英文)单词连起来大声朗读三遍你会发现个惊天秘闻——屁是我放的。(网络语料)

(45)狮子和熊分别在果树旁便便，一月后发现狮子便便的树比熊的那棵长得粗壮。随后熊说了句饱含沧桑的哲寓：狮屎胜于熊便啊！(网络语料)

例(44)中，本体为以连读形式呈现的“peace”“war”“found”，谐体为“屁是我放的”；例(45)中，本体为“狮屎胜于熊便”，谐体为“事实胜于雄辩”。以上两例属“曲意构造型”。此类谐音为数不多。究其原委，除了因为其内容安排有违历史真相，如例(44)将本来并不存在的所谓伊拉克战争期间最流行的三个英文单词 peace、war、found 视为之前已有的语言事实，将早已存在的说法“屁是我放的”视为之后产生的语言事实；同时因为其关系设计有违谐音认知次序，如例(45)将之后进入意识的“狮屎胜于熊便”作为本体处理，将之前进入意识的“事实胜于雄辩”作为谐体处理。在改变历史真相颠倒认知次序的基础上建构谐音关系，不仅要有独出心裁的创造精神，同时要有凭空杜撰的想象能力，这绝非人人可以胜任，故而这类谐音出现频率相对较低。

十三、文化规约型与场合引发型

先看“文化规约型”用例：

(46)广东为富庶之区，重在洋物。民间凡有喜事，莫不斗丽争华。昔有大宪生辰，官绅士商，各献奇珍，迎合趋奉。洋商某，思内地宝物衔中都有,唯以洋货为重,遂出重资巨万,购得西洋自鸣钟,高五尺,机关灵动,八音克谐,按时呈牌,不爽毫发。至期呈送,为显者寿。斯时僚案毕见,和容愉色。忽见家人手持红柬曰:“洋商送钟,请谒拜寿。”大宪失色,怫然大怒曰:“吾位极人臣,欲享期颐之寿;他物俱可送,何独送我以钟?钟与终,字不同而音同,使我心惊肉战,是该商明假此以咒我也,情殊可恨。”即令人将钟携至大堂,用铁杵击碎,将商发县讯问,亦不排宴享客矣。洋商挽人求饶,不准;后情与面俱到,乃已。(慵讷居士《咫闻录》)

在以上用例中,广东某“大宪”(旧时府吏对上司的称谓)之所以为某洋商馈赠西洋自鸣钟而“失色”“怫然大怒”,原因在于“钟与终,字不同而音同”,进而使得“送钟”与“送终”有了谐音关系;生辰之日馈赠折寿之品,等于借物咒人,着实“情殊可恨”。汉人送礼除了忌讳送“钟”,还忌讳送“伞”、送“梨”,因为“伞”与“散”读法相同,“梨”与“离”语音无别,馈赠前述礼品每每引发不祥联想,让人担心会因此带来家庭散架、夫妻离分的厄运。缘上以观,所谓“文化规约型”是指与传统文化关系密切且有着明显约定俗成性的谐音。

再看“场合引发型”用例:

(47)清代学者纪晓岚与和珅同朝为官,纪晓岚为侍郎,和珅为尚书。一次同饮之际,恰好一条狗从旁跑过,和珅指着狗问:“是狼是狗?”此话问得蹊跷,纪晓岚立即听出了弦外之音,答道:“垂尾是狼,上竖是狗。”(宿文渊《有一种口才叫幽默》)

(48)一次服装展销会上,一位营业员正在向众多的顾客介绍服装的式样,突然听到有个顾客说:“式样不错,老点。”这位营业员一听,马上机灵地说:“这位同志说得对,我们设计的服装式样好,又是老店,质量保证,价格公道……”(舒志《谈判与口才》)

在例(47)谐音结构中,“是狼”“上竖”为本体,“侍郎”“尚书”为谐体。在例(48)谐音结构中,“老点”为本体,“老店”为谐体。以上谐音都是急中生智的产物。即此可知,所谓“场合引发型”是指由特定交际情境所触发且具有明显因地制宜性的谐音。

十四、实用型与游戏型

语言具有多种功能,有学者认为其类型包括“表达功能”“交流功能”“记忆功能”“发展、构建、延伸、自我审视、自我检验和调整的功能”“审美功能”“政治功能”“心理调节功能”“哲学和神学的功能”“游戏功能”“编码和解码功能”等,多达两位数。① 根据与语言功能的对应关系,可以将谐音大致分为“实用型”和“游戏型”两类。

例(49)至例(51)只是为了娱乐,别无其他目的:

(49)[小姐小姐别生气,明天带你去看戏。看什么戏?看你爸爸流鼻涕。]涕,剃光头;头,投到海;海,海龙王;王,王八蛋;蛋(方言中“蛋”读如“荡”),荡秋千;千,千万万;万,万万岁;岁,睡午觉;觉,叫你起来上学校。(台湾童谣)

(50)你带 5 个朋友去饭店,落座后你说:茶!店员没领会就查:123456。你感到好笑:倒茶!店员倒着查:654321。你大怒:你数啥啊?店员害羞:俺属猪!(网络语料)

(51)岳:《不怕不怕》通过这首歌告诉你一个小秘密——蚂蚁牙是什么颜色的。

孙:蚂蚁牙什么颜色啊?

岳:黑色的!这歌词里有啊!

① 参见王蒙:《语言的功能和陷阱——在复旦大学“文史讲堂”的演讲》,《书城》2008 年第 4 期。

孙：您来一遍！

岳：看见蟑螂我不怕不怕啦，我神经比较大，我不怕不怕不怕啦，嘛咦呀嘿！嘛咦呀嘿！嘛咦呀嘿嘿！（岳云鹏、孙越相声《歌曲漫谈》）

例(52)至例(54)除了帮助记忆、推销商品、抨击不正之风等务实需求，没有其他意图：

(52)山巅一寺一壶酒(3.14159)，尔留吴山吾把酒(2653589)；悤就山耳三百诗(7932384)，乐而乐斯姗姗罢(6264338)。(《作文通讯》1994年第12期)

(53)精彩广告语：

骑乐无穷(某摩托车广告)；

无胃不至(某胃药广告)；

饮以为荣(某饮品广告)；

咳不容缓(某咳嗽药广告)；

牙口无炎(某牙膏广告)；

千里音缘一线牵(中国电信广告)；

触幕惊新(亚细亚电脑三维动画系统广告)；

大石化小　小石化了(胆舒胶囊广告)。(网络语料)

(54)蹉跎岁月嘛，总离不开一个“蹉”字，“文革”下乡时搓麻绳，后来混去搓麻将，搓麻将搓得都驼了背，乃是真正的蹉跎意义的体现。(韩寒《三重门》)

前者属于“游戏型”，后者属于“实用型”。根据以上归类可知，这里的“实用型”是包容性极大的概念，与娱乐目的无关的用例均在其覆盖范围之内。

十五、口头型与书面型

首先看“口头型”谐音用例：

(55)赵本山：请听题——树上 qi 个猴，地上一个猴，加一起几个猴？

范伟：8 个猴！

赵本山：错！

高秀敏：俩猴！（小品《卖车》）

(56)白茹在崇敬的眼光里射出了探问的神色。“王团长！生了吗？”战士们出神地静等着王团长答复这句摸不着头脑的话。王团长心里明白，嘴上却有趣地反问着白茹：“哎！你这个小白鸽，我和你这么亲热，你还说我生了！真不讲理！”“不！”白茹急切地加重语气，“我问你我们的指导员生了宝宝没有？”（曲波《林海雪原》）

(57)小小月琴七个音，月琴面上画观音；观音画成妹模样，越弹琴来越称心。（歌曲《郎爱凤凰妹爱郎》）

“口头型”谐音包括三种情况：一是其存在以口语为条件，形诸文字则不再成为谐音，如例(55)；二是其存在以口语为条件，但形诸文字无损其谐音品格，如例(56)；三是其存在以口语为条件，虽然形诸文字不致改变其谐音秉性，但书面上通常只显示本体，如例(57)。需要注意的是，“口头型”谐音对于口头语境有很强的依赖性，如果基于某种原因而被形诸文字，阅读时仍须将其置于说听场景中品味。

再看“书面型”谐音用例：

(58)溪西犀喜戏，囿右鼬悠游。（刘定清《对联辞话》）

(59)下面是当今社会上流传的一些改造了的成语：

某些作家——投笔从“融”；

某些历史学家——谈“股”论“金”；

某些书法家——玩物丧“字”；

官倒——坐以待“币”；

银行人员——持“资”以“横”；

某些记者——言为“薪”生；

某些教师——谆谆“叫悔”；

某些演员——多“财”多艺；

出版商——添“资”加“页”；

受贿干部——据“礼”力争；

家庭教师——因“财”施教。（高万云《浅谈成语的谐音改造》）

通过以上用例不难看出，“书面型”谐音倘若完全诉诸口耳，则要么说者如念绕口令，听者如堕五里雾中，如例(58)；要么说者自得其乐，听者无以共鸣，如例(59)。概言之，所谓“书面型”谐音是指以目治为前提的谐音。

十六、独用型与兼用型

先看有关用例：

(60)你常说：“汤、糖、躺、烫，容易长胖，是演员的四忌。”你严格地限制自己的饮食，吃得那么少，使我目不忍睹。（谌容《错，错，错！》）

(61)敬净静三者，乃修身之根本。持己以敬，持身以净，持心以静。待人省己，恭恭敬敬；处事立身，干干净净；问道修心，安安静静。（九思《三平斋省思录》）

(62)于瑜欲渔，遇余于寓。语余：“余欲渔于渝淤，与余渔渝欤？”余语于瑜：“余欲鬻玉，俞禹欲玉，余欲遇俞于俞寓。”余与于瑜遇俞禹于俞寓，逾俞隅，欲鬻玉于俞，遇雨，雨逾俞宇。余语于瑜：“余欲渔于渝淤，遇雨俞寓，雨逾俞宇，欲渔欤？鬻玉欤？”于瑜与余御雨于俞寓，俞鬻玉与余禹，雨愈，余与于瑜踽踽逾俞宇，渔于渝淤。（杨富森《于瑜与余欲渔遇雨》）

（63）悟空厉声高呼道：“你这个老儿全没眼色！唐人是我师父，我是他徒弟！我也不是甚糖人、蜜人，我是齐天大圣。你们这里人家，也有认得我的。我也曾见你来。”（吴承恩《西游记》）

见于例（60）至例（62）中的“汤”“糖”“躺”“烫”、“敬”“净”“静”以及“于瑜欲渔……”等，仅仅用到谐音辞格而没有用到其他辞格；例（63）中的“糖人”除了用到谐音辞格还用到了仿拟辞格，亦即以固有词语“唐人”为模因（meme），通过同音语素的部分性置换，创造出“糖人”这个随机词。例（60）至例（62）属于“独用型”，例（63）属于兼用型。即此可知，所谓“独用型”是指不涉及其他辞格的谐音，所谓“兼用型”是指涉及其他辞格的谐音。

第三节　汉语中的谐音衔接

通过多角度、多层次的观照，对于汉语谐音我们已经有了较为充分的了解，继而也就可以胸有成竹地转入有关谐音衔接作用的考察了。我们曾给衔接下过这样的定义：“衔接是指利用先行语言单位和后续语言单位的信息相合相似相关，在毗邻语片或近邻语片之间建立起有助于题旨传释的照应联系。这里所谓‘语言单位’，除了包括音义结合体，还包括句法形式、语音形式、字符形式等；所谓‘毗邻语片或近邻语片’，除了包括毗邻或近邻语句（含分句），还包括毗邻或近邻词语。”①认同以上定义，则必然会注意到，衔接现象不仅存在于小句之间，亦存在于小句之内。譬如下例——“冰冻兵船，兵打冰，冰开兵走；泥泞尼鞋，尼洗泥，泥净尼归”——其小句内部显然存

① 曹德和、黎洪：《语音节奏与并列结构语音组织原则》，《语言与翻译》2016年第4期。

在语音上的衔接关系。关于衔接现象同样存在于小句内部的问题，拙文《广义语篇观立论基础考察》作过专门讨论，①这里不再重述。不过以上有关衔接的定义是广义的，与此相对的狭义的定义，则是通过对毗邻或近邻语句衔接关系的审视而确立。对于语篇建构来说，尤需注意的是句际衔接而非句内衔接。因为本文是从语篇建构角度考察谐音衔接，故而以下论及谐音衔接仅限于狭义衔接，亦即只是出现在句与句之间的与谐音有关的照应联系中。

鉴于在所划分出的诸多谐音类型中，最能全面体现谐音衔接功能的是“独用型谐音”和“兼用型谐音”，接下来的考察以此为基础。

一、依托于独用型谐音的谐音衔接

不涉及其他辞格的谐音文本称为独用型谐音，这类谐音具有衔接作用吗？先看一段引文：

(64)从上幼儿园的孙儿的口中，得知了现时幼儿们流行的一句俏皮话：“爱跟不跟，板蓝根。”……“爱跟不跟，板蓝根”……两者被两个同音字“跟”与“根”联结了起来。莫名其义的同音连接产生了一种幽默感。(王蒙《符号的组合与思维的开拓》)

上文中“跟”与“根”这两个同音字之间的关系也就是本文论及的谐音关系。“爱跟不跟”与“板蓝根”，语义上八竿子也打不到一块，只是凭借“同音连接”，便被“联结了起来”，面对眼前这鲜活的事实，应当如何回答前述问题不言而喻。

对于证明谐音的衔接功能，以上例子可谓极具说服力，然而它缺乏普遍性。尽管前面提到的例(49)，以及笔者曾经提到过的成语接龙——“临危不

① 参见曹德和：《广义语篇观立论基础考察》，《殷都学刊》2013年第4期。

惧→巨龙腾飞→蜚短流长→怅然若失→石破天惊……”①——无不表明它并非绝无仅有，不过以谐音为唯一衔接手段，一般只见于语言游戏。在日常言语生活中，谐音衔接作用的发挥大多离不开语义联系的支持。例如：

(65)她是“博士”，我什么也不是，“不是”见了博士，自然很惭愧。(苏叔阳《安娜小姐和杨同志》)

(66)天天坐在电脑面前瞎掰、瞎想、剽窃、下载，那样是闭门造车、瞎子摸象、坐井观天，这样坐在办公室里叫“坐士”，不是在“做事”，最后是叫“作死”，这样的工作方法，不仅害了公司，也害了别人，更害了自己。(杨斌《有料：舌尖上的智慧》)

作为日常交际的一般文本，如果在语篇衔接上只看到谐音的运用而看不到语义联系的存在，最终组成的文本不过是一堆令人困惑莫名的言语碎片。例如：

(67)有人露出金牙，千万不要惊讶，嘻哈正在发芽，别拔它假牙。(歌曲《快乐崇拜》)

(68)人生……只剩下高的笑点低的哭点却没成熟点。(歌曲《干杯》)

例(67)中依次出现的“金牙”“惊讶”“发芽”“假牙”，例(68)中接踵呈现的“笑点”“哭点”“成熟点”，其间存在整体或局部的同音近音关系，亦即以上两例均运用到谐音衔接手段，但因为音接义不接，以致组成的文本不仅显得支离破碎，而且给人如坠云雾之感，即便语言学大师朱德熙，面对这类言语

---

① 曹德和、王卫兵：《汉语押韵衔接的形式描写、功能验证以及理据探讨》，《语言与翻译》2018 年第 1 期。

碎片亦不免发出“我真是一点也不懂”的感慨。[①] 通过以上考察似可得出以下结论，即独用型谐音具有衔接作用，不过其前述作用相当有限。

这里有必要补充说明的是，独用型谐音有时以相继型谐音的形式出现，有时以叠合型谐音的形式出现，前面所说的独用型谐音的衔接作用只是反映在前者身上。有学者认为以下用例——

(69)诊向喇着逆的瘦，给命道路亦气揍，耐腰怎么舍出扣，补腰纤饿丈得臭。（真想拉着你的手，革命道路一起走，爱要怎么说出口，不要嫌我长得丑。）（网络语料）

亦反映了谐音的衔接作用，此认识恐怕有失偏颇。为什么这样说呢？原因在于语篇衔接属于组合轴（syntagmatic）的范畴，聚合轴（paradigmatic）上的任何联系同语篇衔接对不上号；而前述例(69)，其谐音关系是发生在聚合轴上，这样的谐音绝不可能具有衔接作用。讨论至此，对于前面所谓独用型谐音具有衔接作用的结论无疑需要加以修正，亦即需要给它加上限制条件，指出：作为独用型谐音只是当其谐音关系是在组合轴上发生它才具有衔接作用。

按道理讲，对于任何发生在组合轴上的独用型谐音，修正后的结论应当具有普遍解释力，但事实并不是这样。

(70)石室诗士施氏，嗜狮，誓食十狮。施氏时时适市视狮。十时，适十狮适市。是时，适施氏适市。氏视是十狮，恃矢势，使是十狮逝世。氏拾是十狮尸，适石室。石室湿，氏使侍拭石室。石室拭，氏始试食是十狮。食时，始识是十狮尸，实十石狮尸。试释是事。（赵元任《施氏食狮史》）

① 参见马东风：《歌词不通的通俗歌》，《音乐周报》1990 年 1 月 5 日。

将前述结论用于无距相谐型谐音，如以上展示的例(70)，很可能会遭遇质疑。原因在于无距相谐型谐音的结构形式与绕口令颇多相似之处，甚至有过之而无不及。众所周知，绕口令因为难以畅读总是给人连贯性不好的印象，而例(70)读起来疙疙瘩瘩，连贯性比起绕口令更逊一筹。衔接手段的运用与连贯性的生成通常呈正比关系，完全建立在同音近音呼应基础上的例(70)，连贯效果如此差，自然不免使人对于谐音是否真的具有衔接功能产生怀疑。我们的想法是：这问题需要从生理和心理两方面看。从生理方面看，谐音衔接手段的大量运用，事实上往往并不会带来语篇连贯性的"水涨船高"。道理在于"把语音特征过于接近以至于完全相同的音节放在一起，一个发音动作才结束，发音器官就又要回到原先动作的姿态上，容易使发音器官活动困难，严重的还会造成器官活动的僵硬而无法顺利发音"①。——难以上口，断断续续，这样的语篇自然谈不上有什么较好的连贯性。综上，从生理角度看，对于连贯性的生成和增强，谐音手段的运用有时未必能够产生积极效果。从心理角度看，诸如例(70)这类无距相谐型谐音，其语音层面的统一性和完整性正是通过把读音相近乃至相同的音节放在一起而获得的。可以做个实验：选择一个无距相谐型谐音文本，然后以义同音异的其他字眼对其中任一字眼加以替换，这时便会发现，其原先的统一性和完整性则因此而被严重破坏。连贯性从某种意义讲也就是统一性和完整性，从以上角度看前述破坏其实也就是破坏了该文本的连贯性。概言之，从心理角度看，对于连贯性的生成和增强，谐音手段的运用有时确实能够产生积极效果。以上冲突看似势同水火，其实不然。我们注意到，前述冲突既是作者所需要的，也是作者特意营造的。例(70)实际上带有游戏性，而游戏性的生成正是以生理与心理上的冲突为基础。当然，前述冲突如果不是出现在语言游戏中而是出现在其他语类中则另当别论。对此，朱泳燚已有精当论析，②这里就不去论述了。

---

① 邵敬敏主编：《现代汉语通论》，上海教育出版社 2001 年版，第 300—301 页。

② 参见朱泳燚：《协调音节　上口顺耳——鲁迅语言修改艺术学习札记》，见北京市语言学会编《语文知识丛刊》第六辑，地震出版社 1983 年版，第 16—23 页。

二、依托于兼用型谐音的谐音衔接

据上已知,本文所谓兼用型谐音是指与其他辞格结合为用的谐音。从衔接角度考察这类谐音,主要看它对于前后句的连贯是否有所贡献。考察中发现,汉语有32种兼用型谐音,在句际联系的建立上都能起到“铺路架桥”的作用。以下引例中,斜线“/”表示与谐音衔接有关的前言后语之分界线,下划线“_”表示在谐音衔接上起到穿针引线作用的谐音构素。鉴于本文为行内交流,无须费辞的解释统统从略。下面且看结合实例的具体说明。

1.谐音与对偶兼用

(71)浇花要浇根,/教子要教心。(谚语)

2.谐音与排比兼用

(72)祝你:羊年喜气洋洋,/满面阳光灿烂,/爱情扬眉吐气,/事业洋洋得意,/晦气扬长而去,/万事阳关大道!(羊年祝福短信)

3.谐音与反复兼用

(73)猫咪被老虎舔毛,老虎:你感动吗?/猫咪:不敢动不敢动!(网络语料)

4.谐音与复辞[①]兼用

(74)蔺相如,司马相如,名相如,/实不相如。魏无忌,公孙无忌,/

① “复辞”是指间隔性地或连续性地重复使用能指相同而所指不同的字词。(陈望道:《修辞学发凡》,大江书铺1932年版,第306页。)

你无忌,我也无忌。(朱恪超《古今巧联妙对趣话》)

5.谐音与回文兼用

(75)围绕钱先生还有些人靠剽窃、抄袭、侵权、编造而发财和发迹,名曰“热爱钱钟书”,/实则“热爱书中钱”,这种人正如钱先生所说是执十戈求贝者——乃富中之贼也。(舒展《论赚钱——读钱钟书札记》)

6.谐音与回环兼用

(76)人人喂我,/我为人人。(垃圾箱宣传语)

该例貌似回文其实不然。因为其循环往复不是以字符或字音为单位,而是以语块为基础,例如前后小句中两次出现的“人人”,它始终以语块身份出现,始终保持着原先的整体性和同一性。

7.谐音与顶真兼用

(77)荔浦芋,誉农瀛,/赢来巨利;柳州柑,甘人类,/累得丰财。(蒙智扉等《古今妙联征对》)

8.谐音与承转①兼用

(78)鲁侍萍:(大哭)这真是一群强盗(走至周萍前面),你是萍……/凭……凭什么打我的儿子?(曹禺《雷雨》)

① “承转”是指为了掩饰失言临时顺承上半句把话题转向别处。(浙江省修辞研究会编写:《修辞方式例解词典》,浙江教育出版社1990年版,第39页。)

9.谐音与比喻兼用

(79)亚特拉姆告诉他的两件事又浮现在拉蒙心中,特别是那个神秘老太太的事,如丝般地缠着拉蒙本已不安的心。([美]大卫·艾丁斯著,帅冰斓译《软体》)

10.谐音与借代兼用

(80)大人物的不同凡响,往往托之以梦。据说张居正诞生的前夕,他的大父东湖公(祖父张镇)梦见"大水骤至,流溢庭下。大父大惊,问奴属所以来。奴属口对状,言水自张少保纯地中流出者。是夜会怀葛公(曾祖父张诚)亦梦有月坠水瓮中,流光发色,化为白龟浮水上"。结果,张诚为他的曾孙起了个谐音的名字,/叫白圭。(白寿彝《中国通史》)

11.谐音与别称①兼用

(81)他有个内兄,姓查,号珊丹,大家叫顺了嘴,/都叫他为"查三蛋"。/这查三蛋现在居官刑部额外主事,在京城前后混了二十多年。(李宝嘉《官场现形记》)

12.谐音与用典兼用

(82)还有一个传说。某天,秦观在苏轼家做客,朋友们拿秦观的胡

① "别称"为"指称同一对象,不使用常见的或标准的称谓而使用其他称谓的一种修辞方式"。(谭学纯、濮侃、沈孟璎主编:《汉语修辞格大辞典》,上海辞书出版社2010年版,第13页。)

子开玩笑，秦观也以自己的胡须为美，/便对大家说："君子多乎哉！"（于洋《名人轶闻呈异趣》）

13.谐音与序换①兼用

（83）黄宏：现在这个女同志啊，是怎么实惠怎么来，婚前婚后两张牌。结婚之前要彩礼，/结婚之后要理财呀！（小品《开锁》）

14.谐音与断取②兼用

（84）以后，每次催他写约，吕来总是一退六二五，/今天推明天，明天推后天，一直推到十月里。（马烽《张初元的故事》）

15.谐音与仿拟兼用

（85）若恺的这位嫂子从那时起，就表现得精明。她不是恋爱，/而是练爱，非把若恺练得一点脾气都不敢有，练到俯伏在地，举手投降为止。（李国文《小事》）

16.谐音与镶嵌（及对偶或别解或离合）兼用

（86）红娘子恨杀槟榔（宾郎），/半夏无茴香（回乡）消息；/白头翁

① "序换"是指在同一语流中将某合成词中的语素或某词组中的语词调换次序后再次使用。（谭学纯、濮侃、沈孟璎主编：《汉语修辞格大辞典》，上海辞书出版社 2010 年版，第 252 页。）在例（83）中，被调换次序的不是语素或语词，而是相同相近音节，这是"序换"的新发展。

② "断取"是指在形式上使用某一完整的词语而在意义上只截取其中一部分所表达的内容。（谭永祥：《修辞新格》，福建教育出版社 1983 年版，第 89—97 页。）

喜得蕲艾(新爱),/人参(人生)有续断姻缘。(王泽友《对中觅趣》)

(87)我先乘洛杉矶,/又骑巴拿马、罗马,/然后换上由北冰洋、太平洋、大西洋、印度洋这四头羊拉的雪橇,/一上新加坡、吉隆坡就到家了。/这就是多米尼加、马达加斯加、牙买加。(马季相声《说地名》)

(88)郑庄好客,容我尊前先堕帻。落笔生风,籍籍声名不负公。/高山白早,莹骨冰肌那解老。从此南徐,良夜清风月满湖。(苏轼《减字木兰花·赠润守许仲涂》)

镶嵌"大致可分为嵌句、嵌词组和嵌词这三大类型"①,例(86)和(87)为嵌词,例(88)为嵌句。镶嵌未必非得借助谐音,但有时则不然。像前述诸例离开谐音支持则镶嵌无以完成,且其他语用设计亦无以实现。如例(86),若不是在对偶配合下借助一系列谐音联系——指称人物的"红娘子""白头翁"与指称中药的"红娘子""白头翁"的谐音联系,指称人物的"宾郎""新爱"与指称中药的"槟榔""蕲艾"的谐音联系,指称时间的"半夏"与指称中药的"半夏"的谐音联系,指称过程的"人生"与指称中药的"人参"的谐音联系,指称行为的"回乡"与指称中药的"茴香"的谐音联系,指称状态的"续断"与指称中药的"续断"的谐音联系——则"红娘子""白头翁""槟榔""蕲艾""半夏""人参""茴香""续断"等8种中药无以融入语篇,作为上联的前两句与作为下联的后两句无以构成对仗,依次呈现的4个句子无以建立联系。例(87),离开谐音辞格(以及别解辞格)的作用,则"洛杉矶""巴拿马""罗马""北冰洋""太平洋""大西洋""印度洋""新加坡""吉隆坡""多米尼加""马达加斯加""牙买加"等地名无以嵌入文本,文本中的语句无以结为一体。例(88),离开谐音辞格(以及离合辞格)的支持,潜在文本"郑容落籍,高莹从良"无以嵌入显在文本,嵌入的8字两句无以建立联系,通过"话中有话"形式传递的核心信息无以落实。

① 谭汝为:《嵌字诗漫谈》,《文史杂志》1988年第3期。

17.谐音与离合(及镶嵌)

(89)暗窦养泉容决决,/明园护桂放亭亭(葶)。/历(苈)山居处当天半,/夏里松风尽足听。晓景半和山气白,/薇香清净杂纤云。/实头自是眠平石,/脑侧空林看鹿群。(皮日休《怀锡山药名离合二首》)

该例中显在的"决/明""半/夏""白/薇""云/实""石/脑"与潜在的"决明""半夏""白薇""云实""石脑"同字相谐,显在的"亭/历"与潜在的"葶苈"异字相谐,通过同音对应关系的建立以及先离后合方式的运用,在诗句交接处植入"决明""葶苈""半夏""白薇""云实""石脑"等6种药名。该例不仅运用了谐音辞格,而且运用了离合辞格和镶嵌辞格。离合与镶嵌每每相伴而行,但彼此分属不同辞格。前者的确立是通过组合轴考察,后者的确立是通过聚合轴审视。

18.谐音与双关兼用

(90)太后面色沉郁,俄顷不语,转而笑道:"碎了就碎了吧,/岁岁平安嘛。是吉兆啊。"(甘桂芬《宋都传奇》)

(91)婚礼主持人:我们的新郎新娘是天配的一对,地连的一双。新郎有才华也有财产,新娘好容貌又懂礼貌,这才是真正的郎"cái"女"mào"!(高万云《并重双关和复义比喻》)

谐音双关存在"侧重双关"和"并重双关"的区别。例(90)属于前者,例(91)属于后者。通过有关用例不难看出,前者是指在同时关顾多层意思的情况下被关顾者有主有次;后者是指在同时关顾多层意思的情况下被关顾者难分伯仲。

19.谐音与用歧①兼用

(92)甲:我再考你一个,李字去了木。

乙:哪个李啊?

甲:姓李的李,十八子,上边一个木字,底下一个子字。

乙:这个字念子啊!

甲:不对了,念“一”。

乙:怎么念一呀?这个李字不是一个木字底下一个子字吗?您把那个木字去了,不就念“子”吗?

甲:念“一”。我说李字去了木,是去了那了和上边那个木,可不就剩一道吗?

乙:连那个了字都去了,可不就剩一了吗?(侯宝林相声《猜谜》)

20.谐音与别解②兼用

(93)妇人唐朝咸通年间,优人李可及滑稽谐戏,巧智敏捷。一次,有人问他:“你自称博通三教、那么释迦如来是什么人?”李可及答:“妇人。”问者大惊:“为什么是妇人?”李说:“《金刚经》中说:‘敷坐而坐。’/不是妇人,/为什么夫坐而后坐?”又问:“太上老君是什么人?”李答:“也是妇人。”“怎么也是妇人?”“《道德经》中说:‘吾有大患,为吾为身,及吾无身,吾有何患。’倘若不是妇人,为什么担心有身孕?”问者大笑,又问:“文宣王是何人?”李可及说:“也是妇人。”问:“怎么也是妇人?”答:“《论语》中:‘沽之哉,待贾者也。’/如果不是妇人,为什么待嫁呢?”

① “用歧”是指利用语言单位理解上的多种可能性,在对方按某种可能性理解时,选择另一种可能性给予解释。(谭永祥:《修辞新格》,福建教育出版社1983年版,第171—175页。)

② “别解”是指运用词汇、语法或修辞等手段,临时赋予一个词语原来不曾有的新义。(谭永祥:《修辞新格》,福建教育出版社1983年版,第194—202页。)

众人为之倾倒。(高怿《群居解颐》)

21.谐音与闪避[①]兼用

(94)特务甲:(抱住玉锁)小孩,你看见有一个八路军的同志没有?/玉锁:(假装)什么筒子,/我家的筒子都捣烂了,就剩下这一个,你看!(从锅台上拿起一个洋铁筒给特务甲看)(独幕剧《打得好》)

22.谐音与避讳兼用

(95)赵本山:"传呼141414,挺不吉利啊!"/小偷:"什么不吉利啊。我是学音乐的,要是按照音乐上来念呢,我这是都发都发都发。"/赵本山:"我给你念,就是要死要死要死。"(小品《瞎搅和》)

23.谐音与会意

(96)众弟子来到颜回家门口,只见破烂的门上写着一副对联,上联是"二三四五",下联是"六七八九",横批:"南北"。众弟子一看都笑了,偷着议论:"这是什么对联?老师还说他有学问?……"众弟子见了孔子就说起颜回家写的对联,并嘲笑一番。孔子说:"你们不理解呀,这副对联道出了颜回家境。二三四五是缺一(衣)呀,六七八九是少十(食)呀,只有南北是没有'东西',/合起来叫做缺衣少食没东西。"众弟子听罢,肃然起敬。(何青志《东北文学五十年:1949—1999》)

---

① "闪避"是指躲闪回避别人的正面提问而从不相关的侧面给予回答。

24.谐音与借对①兼用

(97)谈笑有鸿儒,/往来无白丁。(刘禹锡《陋室铭》)

水春云母碓,/风扫石楠(男)花。(李白《送内寻庐山女道士李腾空二首》之一)

白首为迁(千)客,/青山绕万州。(郑谷《寄南淮谪官》)

25.谐音与拈连兼用

(98)船到岸边,霜泗又问老山头:"兄弟!是骑马来的?"/老山头噗嗤地笑了,说:"不,是骑鹿(路)来的!"(梁斌《播火记》)

26.谐音与对比兼用

(99)以身作则,是指领导者以自己的行动为群众做出榜样,/而以声作则,是指只说不做,靠发号施令来指挥别人如何行动。(周鸿德《课余笔耕录》)

27.谐音与衬托兼用

(100)授人以鱼,/不如授人以渔。(谚语)

有学者认为该例隶属"独用型谐音",其实该例除了用到谐音辞格还用到了

① "借对"又称"假对",是指利用一词多义或字与词的复杂关系构成对仗。(王锳:《古典诗词特殊句法举隅》,语文出版社2014年版,第104页。)

衬托辞格。①

28.谐音与飞白兼用

(101)(韦小宝)问道:"皇上,'鸟生鱼汤'到底是什么东西?"康熙笑道:"还在鸟生鱼汤?你这家伙可真没半点学问。/尧舜禹汤是古代的四位有道明君,大圣大智,有仁德于天下的好皇帝。"(金庸《鹿鼎记》)

29.谐音与存真(及双关、对偶)兼用

(102)儒生又指着玉茗堂后的宝塔道:"宝塔七八层,中容大鹤。"这联乍看平淡无奇,实是利用抚州方言"容"与"庸","鹤"与"学"的谐音,暗藏了《中庸》《大学》两本书名。"四才子"一时都被难住了,游目四顾,恰见一书童在翻看一本通书《皇历》。"四才子"灵机一动,答道:"通书十二页,里记春秋。"通书记载四时节令,而《礼记》《春秋》又包含其中,这下联对得十分妥帖。儒生见难不倒四位才子,这才亮明身份,原来是新任抚州知府因慕汤显祖和四大才子之声名,所以在玉茗堂前出联试探。(倪振泷《游遍江西·抚州卷》)

"存真"乃杨树达创设的辞格。② 它颇似"飞白"但有别于"飞白"。二者相同之处有三:一是"存真"与"飞白"都涉及两个表达者;二是表达者2的措辞皆以表达者1的语言表现为基础;三是表达者2只关注表达者1的语用特点,至于表达者1的语言常态则不在兴趣之内。二者不同之处亦有三:一是"存真"对于表达者1的语言表现不作正误评价,而"飞白"则否;二是"存真"不

① 参见谭学纯、濮侃、沈孟璎主编:《汉语修辞格大辞典》,上海辞书出版社2010年版,第56页。

② 参见杨树达编著:《中国修辞学》,科学出版社1954年版,第138—149页。

以语病为构成基础，而“飞白”则不然；三是“存真”不把方音表现以及方言词语运用视为语言错误，而“飞白”则不是这样。

30.谐音与空设①兼用

(103)甲：我是学生出身，扶轮学校出来的学生！

乙：扶轮学校？

甲：哎！

乙：这我可知道，北京崇文门内，福轮中学，好学校！

甲：你说那是铁路局的，铁路局工作人员的后辈子弟都送到福轮中学念书。

乙：对啊。

甲：我们跟那个不一样，我们在和平门外，前孙公园，我们那叫仁和，仁和扶轮中学，掌柜的姓刘，刘四爷。（马三立相声《文章会》）

31.谐音与层递兼用

(104)因为矮，/故没了爱，/故有了癌。（高万云《中国修辞术》）

32.谐音与析数②(及双关)兼用

(105)(杲之)清贫自业，食唯有韭薤、瀹韭、生韭杂菜。/或戏之曰：“谁谓庾郎贫，食鲑常有二十七种。”言三九也。（萧子显《南齐书·庾杲之传》）

---

① “空设”是指基于语用需要临时杜撰一个现实生活中并不存在的专用词语。（中国文学语言研究会、郑颐寿、诸定耕主编：《中国文学语言艺术大辞典》，重庆出版社1993年版，第1024页。）

② “析数”是指利用加减乘除等关系把一个数变成若干小数的集合。（浙江省修辞研究会编写：《修辞方式例解词典》，浙江教育出版社1990年版，第249—251页。）

通过以上考察可知,兼用型谐音是通过以下两条途径实现其衔接作用的:其一,借助相继型谐音各个构素之间的语音联系;其二,借助叠合型谐音各个构素与毗邻或近邻语句之间的语义联系。

根据对谐音衔接作用实现途径的考察,前面提及的多数兼用型谐音,像谐音兼对偶、谐音兼排比、谐音兼反复、谐音兼复辞、谐音兼回文、谐音兼回环、谐音兼顶真、谐音兼承转、谐音兼比喻、谐音兼借代、谐音兼别称、谐音兼用典、谐音兼序换、谐音兼断取、谐音兼仿拟、谐音兼双关、谐音兼用歧、谐音兼别解、谐音兼闪避、谐音兼避讳、谐音兼会意、谐音兼对比、谐音兼衬托、谐音兼飞白、谐音兼存真、谐音兼空设、谐音兼层递、谐音兼析数,等等,其衔接作用的实现大多通过途径一;前面提及的部分兼用型谐音,像谐音兼镶嵌、谐音兼离合、谐音兼借对、谐音兼拈连,等等,其衔接作用的实现大多通过途径二。

第四节　结束语

以上首先对汉语中的谐音类型作了全面描述,继而对汉语中的谐音衔接作了系统论析。尽管本文主旨在后不在前,但因为不厘清前者则无以认识后者,故将二者放在一起谈,在完成谐音类型介绍之后,再转入谐音衔接讨论。

正像谐音在世界语言中乃为普遍现象一样,谐音衔接亦为普遍现象。许多人都知道,美国总统富兰克林(Franklin, B.)在《独立宣言》签字仪式上说过这样一句话:“If we do not hang together, we shall most assuredly hang separately./如果我们不团结在一起,必定会被一个个吊死。”在这句话里,见于前句的 hang 与见于后句的 hang,便处于谐音联系之中。不过,没有哪种语言如同汉语一样,将谐音衔接运用得如此淋漓尽致。

美国语言学家萨丕尔(Sapir, E.)曾指出,任何族语的言语个性都是由其语言上的特点所决定的。[①] 通过谐音以及谐音衔接表现出的言语个性是由族语的何类语言特点所决定的？是“音—义”不对称以及“字—音—义”不对称。这里先说“音—义”不对称。汉语和英语之所以都有谐音以及谐音衔接，是因为它们的语言系统中都存在着前述不对称；而汉语谐音以及谐音衔接表现尤为突出，是因为汉语中的前述不对称尤为突出。汉语绝大多数音节都有意义，英语60%以上的音节也都承载着一定的意义。[②] 音节指数与义位指数呈反比，音节越少则“音—义”不对称越明显。汉语音节为1280个左右；英语呢？有人说有4030左右[③]，有人说有8000多[④]，有人说有10000多[⑤]，有人说有20000左右[⑥]，这里无以判断哪个数字最为可靠，可以肯定的是，在“音—义”不对称上，汉语与英语不是一个等级。接下来再看“字—音—义”不对称。这类不对称包括两种情况：一是在语言系统中存在着以不同书写形式、相同（相近）语音形式表现不同语义内容的情况，如见于例(3)的“敬、净、静、竞、进、精”，以及见于英语的“write”（书写）和“right”（正确）；二是在语言系统中存在着以相同书写形式、相同（相近）语音形式表现不同语义内容的情况，如见于例(12)的“孙子”（历史人物）和“孙子”（儿子的儿子），以及见于英语的“bank”（银行）与“bank”（岸）。考察“字—音—义”不对称的影响可以姑且忽略后一种情况，这不仅是因为以此为基础构成谐音以及谐音衔接难得一见，也因为后一种情况并不是造成差异的主要根源。考察前一种“字—音—义”不对称，亦即以不同书写形式、相同（相近）语音

---

① Sapir, E. (1921). *Language: An introduction to the study of speech* (p. 183). New York: Harcourt Brace Company.

② 参见高汉平、尹斌庸：《音节形式的比较研究》，见倪海曙主编《语文现代化》第一辑，知识出版社1983年版，第72页。

③ 参见高汉平、尹斌庸：《音节形式的比较研究》，见倪海曙主编《语文现代化》第一辑，知识出版社1983年版，第69页。

④ 参见吴文超：《从汉语拼音到拼音中文》，见苏培成、颜逸明、尹斌庸编《语文现代化论文集》，商务印书馆2002年版，第197页。

⑤ 参见潘文国：《字本位与汉语研究》，华东师范大学出版社2002年版，第131页。

⑥ [美]莱因森、利伯曼著，潘悟云译：《计算机言语识别》，见[美]王士元主编《语言与人类交际》，广西教育出版社1987年版，第193页。莱因森、利伯曼1981年即已提出此观点。

形式表现不同语义内容的不对称,方法上可以简化。道理是,对于这类不对称来说,"语音形式"为常量(指数始终为1),"书写形式"和"语义内容"为变量(指数不定),而两种变量之间存在有规律的联系,即语义内容指数与书写形式指数呈正比。例如,根据《普通话水平测试指导用书》,汉语中与音节shì相对应的常用汉字有"士、氏、示、世、仕、市、式、事、势、侍、饰、试、视、拭、是、适、恃、室、逝、舐、嗜、誓、噬、螫"[①],书写形式指数为24;根据《英文易混词词典》,英语中与音节[bai]相对应的书写形式有"buy、bye、by"[②],书写形式指数为3。与此同时,在语义内容指数上,前者≥24,后者≥3。故而可以将"字—音—义"不对称考察简化为"字—音"不对称考察。反映"字—音"不对称的统计数据被称作"语文差异率",有关解释为:"一种语言的语文差异率,即是这种语言的音节书写形式与音节语音形式总数之比。"根据有关统计,汉语语文差异率为5.64∶1,英语语文差异率为1.23∶1。[③] 为什么汉语中的谐音以及谐音衔接表现极其抢眼,而英语中的同类表现不那么醒目,原因也就在这里。

---

① 北京市语言文字工作委员会办公室编写:《普通话水平测试指导用书》,商务印书馆2005年版,第33页。

② [美]德博拉·K.威廉姆斯著,王立德、赵立光译:《英文易混词词典》,中央编译出版社2007年版,第41页。

③ 参见高汉平、尹斌庸:《音节形式的比较研究》,见倪海曙主编《语文现代化》第一辑,知识出版社1983年版,第72—73页。

第十一章　语音节奏衔接以及并列结构组织原则

第一节　引　言

押韵、谐音、停延以及某些语调具有衔接功能，这早已成为学界共识。尽管它们在语篇组织上缺乏自足性①，但对于增强前言后语的连贯性实际上起到重要作用，故而在以往的语篇衔接研究中，它们很早就被纳入考察范围。但多年来学界无疑忽略了如下事实，即语音节奏同样具有衔接功能。本文首先通过具体事实，说明语音节奏具有衔接功能；然后借助有关学理，揭示前述功能的成因；最后以语音节奏衔接功能利用为着眼点，阐述与此有关的并列句法结构组织原则。需要声明的是，本文论及的并列结构组织原则是从散文中总结出来的，并不完全适用于根据特定格律创作的旧体诗词。

第二节　语音节奏具有衔接功能的事实证明

俗话说“事实胜于雄辩”，对于语音节奏具有衔接功能的证明来说，最有

① 关于非语义衔接手段缺乏自足性的问题，可参见第一章“汉语衔接科学研究重要历史钩沉”中黎锦熙、刘世儒的有关论析，以及第十二章“平行句式衔接及其运用研究”中笔者的有关讨论。

说服力的无疑是有关事实。

证明一：服务用语中的有关事实。20世纪末以来，我国许多城市的公交车开始以投币或刷卡方式收取乘车费，而此前都是依靠人工服务。那时乘客上了车，售票员便会高喊：“上车请买票，月票请出示。”根据汉语句法成分排序规律，前述服务用语的本来形式应为：“上车请买票，请出示月票。”但各地售票员都把作为宾语的“月票”从后面移到前面。将“上车请买票，月票请出示”与“上车请买票，请出示月票”加以对比，不难看出前者比起后者无论流畅性还是连贯性都好出许多。不言而喻，售票员们一致选择前者的原因也就在这里。为什么移位后连贯性明显增强？考察表明这无关语义，因为就语义看前者与后者没有什么区别；这亦无关句法，因为移位并没有使前者形成有利衔接的平行句法结构。① 将考察转向语音形式：前者韵律结构为“标准音步+超音步∧标准音步+超音步”（“∧”为逻辑合取符号，表示并列关系），后者韵律结构为“标准音步+超音步∧超音步+标准音步”；前者内部存在节奏关系，后者则否。即此可知，是语音上的变化，即节奏关系的从无到有，使二者连贯性明显不同。以上实例说明，语音节奏能够增强话语连贯性，具有语篇衔接功能。

证明二：宣传标语中的有关事实。近年来在合肥市内多处要道口可以看到如下标语：“驾驶人贪饮一杯酒，亲人悲流两行泪。”该标语采用对比手法，以交通事故给家人造成的痛楚为警钟，告诫开车者不可任性贪杯。从语义表达看修辞是成功的，但该标语前后配合欠和谐，衔接得不是很好。2013年笔者去青海开会，路过西安稍作停留，其间在那里看到了相似的标语：“司机贪饮一杯酒，亲人悲流两行泪。”西安这条标语比起合肥同类标语，前者的和谐性及连贯性显然胜出一筹。西安标语前句主语为“司机”，合肥标语前句主语为“驾驶人”，“司机”也就是“驾驶人”的意思，可见效果差异无关词义；就句法结构看，二者都是“主语+状语+述语+宾语∧主语+状语+述语+宾

① 参见黎洪、曹德和：《平行句式衔接功能及其成因暨语用原则——从朱德熙的一个重要观点说开去》，《安徽师范大学学报》（人文社会科学版）2017年第5期。

语”,不难看出效果差异亦无关句法。将考察转向语音层面,在韵律结构上,西安标语为“标准音步+标准音步+超音步∧标准音步+标准音步+超音步”,合肥标语为“超音步+标准音步+超音步∧标准音步+标准音步+超音步”,前者两句之间具有节奏关系,后者两句之间不具有这样的关系。综上,不是别的原因,而是节奏关系的有无使它们在连贯性上拉开了距离。这一实例亦说明,语音节奏具有衔接功能,是不可忽视的语篇衔接手段。

证明三:外文翻译中的有关事实。匈牙利爱国诗人裴多菲(Petofi,S.)于1847年创作过一首名为《生命与爱情》的诗歌,其英文形式为:Liberty and love / These two I must have / For my love I'll sacrifice my life. / For liberty I'll sacrifice my love.

我国多位学者将其译为中文,1907年著名散文家周作人发表的译文为:“欢爱自由,为百物先。吾以爱故,不惜舍生。并乐蠲爱,为自由也。”

1923年著名小说家沈德鸿(笔名茅盾)推出的译文为:“我一生最宝贵:恋爱与自由。为了恋爱的缘故,生命可以舍去;但为了自由的缘故,我将欢欢喜喜的把恋爱舍去。”

1954年著名翻译家孙用展示的译文为:“自由,爱情!我要的就是这两样。为了爱情,我牺牲我的生命;为了自由,我又将爱情牺牲。”

1986年著名翻译家兴万生给出的译文为:“自由和爱情,我都为之倾心!为了爱情,我宁愿牺牲生命;为了自由,我宁愿牺牲爱情!”

以上译文都未流传开,为我国读者耳熟能详的译文是——“生命诚可贵,爱情价更高。若为自由故,二者皆可抛!”它出自徐柏庭(笔名殷夫、白莽)之手,完成于1929年。从尊重原作思想内容看几种译法并无区别,然而周译、沈译、孙译、兴译皆不及徐译影响大,这是为什么?原因在于:周译只注意到“建筑美”(闻一多语);沈译过于散文化;孙译、兴译虽然不仅注意到“建筑美”同时也注意到“音乐美”,但浅尝辄止;徐译则将前述两种美发挥到极致。从字句形式看,它近似五言绝句;从韵律形式看,它不仅注意到第二句与第四句的押韵,同时注意到音步组织的一致性。因为所有句子均为

“标准音步+超音步”,这使它产生了极强的节奏性和连贯性;又因为具有前述特征的语音组合有助于启动效应(priming effect)的发挥,进而又使它产生有助于记忆和传诵的效果,①最终力挫群雄,脱颖而出。以上实例亦说明,语音节奏是增强语篇连贯性的重要手段,应予以高度重视。

第三节　语音节奏衔接功能成因的学理解释

语音节奏何以具有衔接功能?要弄清这个问题首先得弄清何谓语音节奏,其次得弄清何谓语篇衔接。对于语音节奏,笔者有三点认识:一是音步或音步组合是语音节奏赖以寄身的唯一基础;②二是一次或多次重复先行音步或音步组合是语音节奏得以形成的不二途径;③三是先行音步或音步组合与后续音步或音步组合之间稍加停顿是语音节奏得以形成的必要条件。④据此笔者给出的定义是:语音节奏是指音步或音步组合在略加停顿后通过一次或多次重复而生成的语音复合形式和语音复沓效果。⑤ 这里所谓的“音步”既包括标准音步(双音节音步)和超音步(三音节音步),亦包括蜕化音

① Berry, D. C., & Broadbent, D. E.(1988).Interactive tasks and the implicit-explicit distinction. *British Journal of Psychology*,79,251–272.

② 朱光潜指出,语音节奏以声音上“大致相等的时间段落”为依托。(朱光潜:《诗论》,三联书店 1998 年版,第 174 页。)

③ 雅可布逊(Jakobson,R.)说,“节奏赖以存在的基础,正是靠不断重复同类的单位”。(黄玫《韵律与意义:20 世纪俄罗斯诗学理论研究》,人民出版社 2005 年版,第 52 页。)

④ 凯塞尔(Kayser,W.)认为,在节奏形成过程中原有形式与再现形式之间总是有所停顿,不过停顿时间很短,“最理想的间隔依照实验研究的结果证实为不完全到一秒钟”。([瑞士]沃尔夫冈·凯塞尔著,陈铨译:《语言的艺术作品·文艺学引论》,上海译文出版社 1984 年版,第 95 页。)

⑤ 秒针走动时的停顿并非出现在不断听到的“嘀嗒”声之间,人们之所以误会是心理作用的结果。定义中所谓“停顿”不仅包括客观上的停顿,同时包括前述主观感知的停顿。关于“主观感知的停顿”,可参看 2002 年版《中国大百科全书·心理学》第 387 页“听觉节奏感”(sense of auditory rhythm)词条。

步(单音节音步)。叶嘉莹、陈本益认为蜕化音步不能成为语音节奏构成的基础。① 对此我们既认同又不认同。之所以认同,是因为就典型表现看,标准音步和超音步是语音节奏构成的主要支柱;之所以不认同,是因为无论过去还是当下都存在以蜕化音步为依托构成语音节奏的情况。例如《周礼·地官·大司徒》:"以乡三物教万民而宾兴之。一曰六德:知、仁、圣、义、忠、和;二曰六行:孝、友、睦、姻、任、恤;三曰六艺:礼、乐、射、御、书、数。"其中三次出现上述情况。又如陆游《钗头凤》,上阕和下阕以"错!错!错!"和"莫!莫!莫!"收尾,两次出现上述情况。以上说的是古代汉语。在现代汉语中,以蜕化音步为基础构成语音节奏更为常见。例如,大家都熟悉的原地踏步口令:"1—,1—,1、2,1—/1—,1—,1、2,1—/……"又如朱介凡《中华谚语格律》提到的谚语:"天有三宝:日,月,星;地有三宝:水,火,风;人有三宝:精,气,神。"②再如朱自清在《朱自清中国歌谣》中提到的儿歌"叉、叉、叉,叉到外婆家。外婆留吃茶。妗母懒烧茶,茶盅茶匙别人家。水、水、水,水缸底里结莲花"③,以及鲁迅小说《闰土》中出现的"……兵,匪,官,绅"的表述,等等,都足以说明问题。对于语音节奏的构成来说,重复可以是一次也可以是多次。"上车请买票,月票请出示",是通过对"标准音步+超音步"的一次重复构成节奏;《闰土》中"多子,饥荒,苛税,兵,匪,官,绅",前六个字通过对标准音步重复两次构成节奏,后四个字通过对蜕化音步重复三次构成节奏。考察节奏构成须注意层次性。"生命诚可贵,爱情价更高。若为自由故,二者皆可抛!"它首先通过第二句对第一句音步组合的重复以及第四句对第三句音步组合的重复构成内层节奏;然后通过第三、第四句对第一、第二句音步组合的重复构成外层节奏——附加了押韵特征的外层节奏。

---

① 参见叶嘉莹:《迦陵文集》第八卷,河北教育出版社 1997 年版,第 36—37 页。陈本益:《汉语诗歌形式的"细胞"——兼谈〈诗经〉四言句式的起源》,《中国文学研究》2007 年第 1 期。

② 朱介凡:《中华谚语格律》,见段宝林、过伟、刘琦主编《古今民间诗律》,北京大学出版社 1999 年版,第 101 页。

③ 朱自清:《朱自清中国歌谣》,吉林人民出版社 2013 年版,第 123 页。

关于什么是语篇衔接，学界存在多种表述，目前的基本共识为：1）能够在相邻语片之间建立照应关系；2）作为手段而存在；3）包含多种类型，且每种类型可逐层细分；4）反映语篇内在语义联系，属于语义范畴；5）具有可选择性，不同选择可满足不同语用需求；6）组织原理与语法规则具有共同点，但总体看异大于同；7）任何衔接都离不开语境支持。这七点大多经得起推敲，但第四点不无可商之处。该观点为韩礼德（Halliday, M. A. K.）和哈桑（Hasan, R.）在《英语的衔接》（*Cohesion in English*）中提出，其后得到了学界普遍认同。韩礼德和哈桑认为，语篇隶属语义范畴，因为服务语义表达乃其价值所在；语篇衔接亦属语义范畴，因为表现语义关系乃其唯一存在的理由。① 笔者曾指出，服务语义表达与隶属语义范畴并无必然联系；任何语言单位都是语形—语义结合体，将语篇定性为语义单位有违学理和逻辑。② 在此还需指出的是，将语篇衔接置于语义名下亦失之偏颇。衔接包含多种类型，尽管每一种类型均是为了表现语义而存在，但就其自身构成来说并非都以语义利用为条件。词汇衔接离不开语义利用；而平行句式衔接③、押韵衔接、谐音衔接、停顿衔接、语调衔接，以及本文论及的语音节奏衔接，同语义没有直接关系。笔者不否认语形以语义为服务对象及依存基础，但语形并非概无例外地均为语义所左右。实际上作为衔接手段的语形（包括外部状貌和内部构造），不仅为语言文字特点所制约，同时亦为语言文字使用者的文化传统、审美情趣等所影响。歌德（Goethe, J. W. von）指出："内容人人看得见，涵义只有有心人得之，形式对于大多数人是一秘密。"④语篇形式及其

---

① 原话为："A text is best regarded as a semantic unit: a unit not of form but of meaning." "The concept of cohesion is a semantic one, it refers to relations of meaning that exist within the text." /"语篇应该被视为一个语义单位，它表达的是意义而非形式。""衔接是一个语义概念，是指语篇中存在的意义关系。"（Halliday, M. A. K., & Hasan, R. <1976>. *Cohesion in English*. London: Longman.）

② 参见曹德和：《广义语篇观立论基础考察》，《殷都学刊》2013 年第 4 期。

③ 参见黎洪、曹德和：《平行句式衔接功能及其成因暨语用原则——从朱德熙的一个重要观点说开去》，《安徽师范大学学报》（人文社会科学版）2017 年第 5 期。

④ 宗白华：《常人欣赏文艺的形式》，见《宗白华全集》第二卷，安徽教育出版社 2008 年版，第 315 页。

组织规律极其复杂,在界定语篇衔接手段时,还是应当从事实出发,而不要人为地将它同语义过紧地绑在一起。对于语篇衔接手段的机理探析来说,“语义”这一概念存在以偏概全的缺憾,“信息”这一概念则不然,因为各种语篇衔接手段的构成说到底都是得益于信息利用。如词汇衔接得益于语义信息利用,平行句式衔接得益于句法信息利用,押韵衔接、谐音衔接、停顿衔接、语调衔接、语音节奏衔接得益于语音信息利用,字形以及标点衔接得益于字符信息利用。对于语篇衔接,笔者给出的定义为:语篇衔接是指利用先行语言单位和后续语言单位的信息相合相似相关,在毗邻语片之间建立起有助于题旨传释的照应联系。这里所谓“语言单位”,除了包括音义结合体,还包括句法形式、语音形式、字符形式等等;所谓“毗邻语片”,除了包括毗邻语句(含分句),还包括毗邻词语。

实践证明以上定义不无普适性。例如通过词语的“前指”或“后指”在毗邻语片之间建立照应联系,其衔接机理可用语义信息相合加以解释;通过相同句法结构的并列排布在毗邻语片之间建立照应联系,其衔接机理可用句法信息相似加以解释;通过句间较短停顿在前后分句之间建立呼应联系,以及通过待续语调与非待续语调的相继排布,在问答句中的问句与答句之间以及叙述句中的先行句与收尾句之间建立照应联系①,其衔接机理可用语音信息相关加以解释。

弄清何谓语音节奏何谓语篇衔接之后,关于语音节奏何以具有衔接功能也就不难找到答案了。因为语音节奏的形成以一次或多次重复已有音步或音步组合为前提,而重复总是发生在具有信息相似性的先行语言单位与后续语言单位之间;又因为衔接关系的建立主要依靠先行语言单位与后续语言单位之间信息上的相合相似相关性;故而关于语音节奏何以具有衔接功能问题,也就可以借助下列三段论,从学理上给予合乎逻辑的解释。

凡语言复合体其先行单位与后续单位之间具有信息上的相合相似

① 参见黎锦熙、刘世儒:《联合词组和联合复句》,新知识出版社1958年版,第23—24页。

相关性,即可认为其内部存在衔接关系

具有节奏特征的语言复合体其先行单位与后续单位之间具有信息上的相似性

具有节奏特征的语言复合体其内部存在衔接关系

第四节　与语音节奏有关的并列结构组织原则

语音节奏每每与并列句法结构相联系,因为语音节奏具有组织上的规律性,一个并列句法结构要想表现出较好的语音节奏感,则必须遵守与语音节奏组织规律相协调的句法组织原则。就汉语来说,这样的句法组织原则主要有四:

其一,如果某并列句法结构由三个或三个以上单词、短语或小句组成,且前述位可以以同类音步或音步组合加以表现,那么原则上应当"尽量取齐";如果某并列句法结构由多个单词、短语或小句组成,且其中个别成员与前后成员存在长短出入,那么原则上应当"避免参差"。

且看体现"尽量取齐"原则的用例:

(1)以后,女孩子就学习纺织的全套手艺了:纺、拐、浆、落、经、镶、织。(孙犁《山地回忆》)

(2)每逢初一、十五,她都吃斋、烧香、叩拜。(杨沫《房客》)

(3)她们或梳妆,或洒扫,或奏乐,或歌舞,形态各异。(梁衡《晋祠》)

(4)灰色的树木,灰色的土地,灰色的房屋,都静静地立在灰黄色的天下。(老舍《骆驼祥子》)

对于为什么要"尽量取齐",朱泳燚的解释是:"句内的并列性词语字数匀称,音读就显得流利畅达。”[1]王希杰的意见是：“如果在一连串单音节项目中夹杂一个双音节项目，或者在一连串的双音节项目中夹杂一个单音节或三音节的项目……就显得特别的刺眼不协调。”[2]朱先生是从正面看问题，王先生是从反面看问题，看法都对但都停留于直觉层面。而根据本文开头的讨论不难看出，对于语篇连贯性的追求是推动前述原则产生的主要动力。因为偏离前述原则，会使并列句法结构的语音节奏遭到破坏，会使话语链在语音层面上出现疏离、脱节的现象。

其二，如果某并列句法结构由三个或三个以上单词、短语或小句组成，前述单位分别对应于不同形式的音步或音步组合，同时其分布不受语音以外因素制约，那么最好按照“等长归并，前短后长”的句法组织原则排列。

试看有关例证：

(5)君子爱财取之有道，“道”就是规矩，坑、蒙、拐、骗，偷盗、抢劫，贪污、受贿得来的钱都属于不义之财，都不能取……（牛晓彦《钱氏家训》）

(6)紫竹、刺梅、石榴、绣球、倒挂金钟、四季海棠，真是花团锦簇，千丽百俏，半条街飘满了清淡的花香。（贾大山《花市》）

(7)在旧社会，多少从事科学文化事业的人们，向往着国家昌盛，民族复兴，科学文化繁荣。（郭沫若《科学的春天》）

(8)稻子收好了，麦垄种完了，公粮余粮卖掉了，口粮柴草分到了。（高晓声《陈奂生上城》）

2005年在东方语言学网站上，陆丙甫提出如下讨论题：将a.“马照跑”、b.“舞照跳”、c.“小姐照泡”组合成篇，可以采取哪些排列方式以及何以必须

① 朱泳燚：《协调音节　上口顺耳——鲁迅语言修改艺术学习札记》，见北京市语言学会编《语文知识丛刊》第六辑，地震出版社1983年版，第21页。

② 王希杰：《并列和音节与次序》，见《这就是汉语》，北京语言学院出版社1992年版，第229—230页。

如此？当时参与讨论者一致认为，可以按 a→b→c 或 b→a→c 方式排列，不可按 a→c→b、b→c→a 和 c→a→b、c→b→a 方式排列。为何不可按 a→c→b、b→c→a 方式排列？因为这样排列，组成的并列结构毫无节奏感而让人难以接受。为何不可按 c→a→b、c→b→a 方式排列？因为诚如前文所述，并列句法结构有着“等长归并”“前短后长”的组织原则。

白朝晖曾以唐五代词谱为对象，考察其中并列句法结构的组织规律，结果发现以“3+3+4”“3+3+5”“3+3+6”“3+3+7”形式出现的高达 54 例，以“4+3+3”“7+3+3”形式出现的仅有 7 例，比率约为 8∶1。① 词谱中并列结构内部次序的排布具有很强的主观人为性，并非完全为客观规律所左右，但事实显示，即便如此，其内部次序安排亦不能不考虑对于“等长归并”“前短后长”句法组织原则的尊重。

段宝林指出，对于北京民歌来说，“前边两个四言句，后边两个七言句均为传统形式”。前述“短长格”不仅表现在前双后双组合中，同时表现在前双后单组合中；而前双后单组合，“不只有‘三三七’句式的，而且还有‘七七九’句式的，和‘五五三七’等等结构形式”，“长句子殿后是北京歌谣的常用形式……前面的短句子运动较轻快，最后长句子煞尾殿后，从音律和意义上都比较稳当”。② 即此可知，“等长归并，前短后长”的句法组织原则不仅具有历史延续性，同时具有普遍适用性。这里顺便说一句，无关语义的前短后长原则，不仅存在于汉语中，亦存在于其他语言中。布拉格学派领袖马泰休斯曾在其学术文章中，特地提醒人们注意前短后长原则在捷克语中的客观存在。③

其三，如果某并列句法结构由三个或三个以上单词、短语或小句组成，

① 白朝晖：《三言句式在词中的出现及其词体意义》，《文学遗产》2010 年第 5 期。

② 段宝林：《北京古今民间诗律的立体研究》，见段宝林、过伟、刘琦主编《古今民间诗律》，北京大学出版社 1999 年版，第 117—119 页。

③ 参见[捷克]马泰休斯著，丛林译：《捷克语词序的基本功能》，见王福祥、白春仁主编《话语语言学论文集》，外语教学与研究出版社 1989 年版，第 18—37 页。马泰休斯 1941 年即已提出此观点。

其分布受到逻辑因素的制约，而顺应逻辑要求将有损语音和谐，那么不妨降低逻辑标准而优先考虑语音和谐，即依然按照“等长归并”“前短后长”的句法组织原则排列。例如：

(9)春困，秋乏，夏打盹，睡不醒的冬三月。(谚语)

(10)我们的农村现在面目一新，真是新人、新事、新思想，新地、新村、新产量。(章熊《语言的整齐与变化》)

对于例(9)，陈建民分析道，按照季节交替过程这句谚语的逻辑顺序应当是“春困，夏打盹，秋乏，睡不醒的冬三月”①。之所以“春困”后面接着说“秋乏”，主要是从语音和谐考虑。说“春”说“秋”是双音节，说“夏”是三音节，两个双音夹一个三音听起来不舒服。对于例(10)，章熊指出，它读起来顺畅、听起来自然。② 但仔细推敲会发现，其语序排列不合逻辑。因为“新思想”是“新人”“新事”的前提，“新产量”是“新地”的直接结果，“新村”只有在生产大发展以后才可能出现。但如果改为“新思想、新人、新事，新地、新产量、新村”，逻辑上固然顺了，语音和谐却被破坏了。

深入地看，陈先生和章先生所谓语音和谐其实是就语音节奏而言的。因为忽略乃至破坏语音和谐，不仅会削弱语篇的节奏性，也会损害语篇的连贯性。为避免前述现象的发生，于是就有了这里所说的句法组织原则。③

其四，如果某并列句法结构由两个短语或两个小句组成，组成单位语义对举，但对举语片句法对称而语音不对称，且因此导致其节奏性和连贯性大受影响，那么作为补救措施，原则上应当通过语素增删或语词更换，使不对称的句法形式趋于对称。

试看有关例证：

---

① 陈建民：《汉语口语》，北京出版社 1984 年版，第 73 页。

② 参见章熊：《语言的整齐与变化》，《语文学习》1979 年第 2 期。

③ 人类具有“容错推理”(fault-tolerant reasoning) 能力，在汉语并列结构组织上存在像“其三”这样将语音置于逻辑之上的原则，与此不无关系。

(11)a.原句：又过了不少工夫，才看见仪仗，什么旌旗，木棍，戈，弓弩，黄钺之类；此后是四辆鼓吹车。（鲁迅《眉间尺》，见《鲁迅手稿选集》，文物出版社 1960 年版）

(11)b.改句：又过了不少工夫，才看见仪仗，什么旌旗，木棍，戈戟，弓弩，黄钺之类；此后是四辆鼓吹车。（鲁迅《眉间尺》，1927 年《莽原》第二卷第八期和第九期）

(12)a.原句：正始名士吃药，竹林名士则饮酒。（鲁迅《魏晋风度及文章与药及酒之关系》，1927 年《北新》第二卷第二号）

(12)b.改句：正始名士服药，竹林名士饮酒。（鲁迅《魏晋风度及文章与药及酒之关系》，见《鲁迅全集》第三卷，人民出版社 1981 年版）

(13)a.原句：去找一点点额外的收入，来买几升过冬的小米。（何其芳《一个泥水匠的故事》，1940 年《中国文化》创刊号）

(13)b.改句：去找一点额外的收入，来买几升过冬的小米。（何其芳《一个泥水匠的故事》，见《何其芳文集》第一卷，人民出版社 1982 年版）

(14)a.原句：月光这样的好，地方这样的清静。（郭沫若《虎符》，群益出版社 1946 年版）

(14)b.改句：月光这样的明朗，地方这样的清静。（郭沫若《虎符》，见《沫若文集》第三卷，人民出版社 1957 年版）

例(11)至例(14)的原句和改句出自同一作者不同时期手笔，之所以加以修改，原因在于所涉用例内部存在语义对举关系，虽然对举语片采取了对称句法形式，但语音形式不对称，以致不仅削弱了语音的节奏性，也削弱了语篇的连贯性。后来作者通过语素增删或语词更换，使得语句内部的节奏性和连贯性明显改观。

以下例证无疑更为典型：

(15)a.原句:把生的希望给了扬眉,而把死的威胁留给了自己!(《一次难忘的航行——随同周总理从延安到重庆》,《光明日报》1977年1月9日)

(15)b.改句一:把生的希望让给年轻的一代,把死的危险留给自己。(《一次难忘的航行》,《广西教育》1977年第3期)

(15)c.改句二:b.把生的希望给了革命后代,而把死的威胁留给了自己。(《一次难忘的航行》,人民教育出版社1978年版初中《语文》第四册)

(15)d.改句三:把生的希望让给别人,把死的威胁留给自己。(《一次难忘的航行》,人民教育出版社1979年、1980年版初中《语文》第四册)

(15)a见于《光明日报》记者根据随行人员口述整理出的回忆录;(15)b见于《广西教育》杂志通过对前述回忆录的缩写推出的教学范文;(15)c和(15)d分别见于1978年版和1979年、1980年版初中《语文》第四册课文,课文基本保持回忆录原貌,只是措词上稍作调整。从(15)a到(15)d,同一句话改了又改,所有调整都是在不改变语义对举和句法对称的前提下进行,直到该句由无节奏到有节奏,由连贯性较差到连贯性较好,改动才不再继续。通过例(11)至例(15)不难看出,"避免参差"句法组织原则具有广泛适应性,它不仅适用于由三个或三个以上单词、短语或小句组成的并列结构,有时对于由两个小句组成的并列结构亦不无约束力。

第五节　结束语

沈家煊说,汉语"从组词造句一开始就受韵律支配"[1]。冯胜利认为,

① 沈家煊:《语法六讲》,商务印书馆2011年版,第18页。

“句法不能独立于语音之外”①。陆丙甫指出，并列组合属于较为特殊的句法类型，尽管其内部顺序的排列无关句法限制，但有可能受到韵律以及文化的影响。② 以上见解为本文所印证。论及“尽量取齐”“避免参差”“等长归并”等句法组织原则的形成，③以往人们大多是从审美或便读角度谈原因，当然，也有一些学者别具慧眼，注意到节奏的作用，如刘大魁云：“文章最要节奏。”④曹靖华曰：“不但诗讲节奏，散文也该讲这些。”⑤朱光潜说：“既然是文章，无论古今中外，都离不掉声音节奏。”⑥这无疑是难能可贵的。不过本文没有仅限于此，而是又向前推进一步，将其上升到语篇衔接的高度加以观照。这样做的好处是，它不仅可以与传统文论以及近代文论保持连贯性，同时可以给予有关现象以更为中肯的解释。我们始终认为，对于并列句法结构来说，“尽量取齐”原则的形成主要不是源自审美追求而是源自衔接需要，因为相对于审美，衔接是更为基础的要求。论及并列结构“前短后长”倾向的成因，有人认为主要来自“尾重”之要求⑦，有人认为主要来自“人类信息加工时由简单到复杂”之规律⑧。以上观点笔者没有采纳，不仅因为这些解释与段宝林等学者的看法相去甚远，还因为它们经不起严格推敲。前一种观点认为“形式从简到繁，意义从轻到重”的规律具有广泛解释力⑨，其实前

---

① 冯胜利：《汉语韵律句法学引论（上）》，《学术界》2000 年第 1 期。

② 参见陆丙甫：《从语义、语用看语法形式的实质》，《中国语文》1998 年第 5 期。

③ “等长归并”与“尽量取齐”“避免参差”看似所指重合其实不然。“尽量取齐”属于表达原则，“避免参差”属于修改原则，“等长归并”属于调适原则，“前短后长”属于分布原则。“尽量取齐”和“避免参差”处理的结果是等长集合，“等长归并”处理的结果是长短集合。四条原则立论基础不同，施用场合有别。

④ （清）刘大櫆：《论文偶记》，见申远初选注《元明清文选》，太白文艺出版社 2004 年版，第 336 页。

⑤ 曹靖华：《谈散文》，见黄绳编《当代散文选读》，广东人民出版社 1983 年版，第 96 页。曹靖华 1961 年即已提出此观点。

⑥ 朱光潜：《谈文学》，安徽教育出版社 1996 年版，第 66 页。

⑦ 参见刘丽芬：《俄汉标题对比研究》，商务印书馆 2013 年版，第 165 页。

⑧ 参见马清华：《并列结构多语序运筹的机制》，见北京大学汉语语言研究中心《语言学论丛》编委会编《语言学论丛》第三十二辑，商务印书馆 2006 年版。

⑨ 参见刘丽芬：《俄汉标题对比研究》，商务印书馆 2013 年版，第 165 页。

述规律只是通过对 SVO 语言的考察而提出,且只是根据其中主谓宾结构的语义表现而提出,且不说试用于 SOV 语言难免捉襟见肘,即便试用于 SVO 语言的非主谓宾结构,如具有"辅重"特征的定中结构、状中结构①以及这里所论及的并列结构,亦难免左支右绌。后一种观点认为,"音节少的、长度短的往往是信息量小,音节多的、长度大的往往信息量也大","前短后长"便于信息加工;②但诚如张志公所言,实际情况则是"语言单位越小,意义越模糊;语言单位越大,语义就越明白"③,通过"的(taxi)"与"的士(taxi)"、"立交桥"与"立体交叉桥"、"人大"与"人民大学"以及"人民代表大会"的比较不难看出这一点。根据笔者考察,并列结构的次序安排同内部成分的信息含量并无发生学上的必然联系。"彩电=彩色电视机""冰箱=电冰箱",在两种电子产品相提并论的情况下,一般倾向选择"彩电、电冰箱"或"电冰箱、彩色电视机"的形式,而很少选择"彩色电视机、冰箱"或"电冰箱、彩电"的形式,便是充分证明。关于并列结构前短后长倾向或原则的形成原因,多年前笔者给予了另外的解释,④因观点未变不再重复。

---

① Lu, Bingfu & San Duanmu. (1991). A case study of the relation between rhythm and syntax in Chinese. Paper presented at the 3rd North American Conference on Chinese Linguistics, May 3-5.Lu, Bingfu & San Duanmu. (2002). Rhythm and syntax in Chinese: A case study. *Journal of Chinese Language Teachers Association*, 37 (2), 123-135.

② 参见马清华:《并列结构多语序运筹的机制》,见北京大学汉语语言研究中心《语言学论丛》编委会编《语言学论丛》第三十二辑,商务印书馆 2006 年版。

③ 张志公:《语境对确定语义的作用》,见高更生、谭德姿、王立廷选编《现代汉语资料分题选编》(上册),山东教育出版社 1983 年版,第 434 页。

④ 参见曹德和:《汉语句序排列规律》,[日]《中国语研究》2005 年总 47 期。

第十二章　平行句式衔接及其运用研究

第一节　引　言

这里所说的“平行句式”是指通过将两个或两个以上语法结构相同或相近的句式加以并置而形成的复合型句式。① 在《汉语语法教材》第三编中，论及复句组织方式时，黎锦熙、刘世儒明确表示整齐的以及不甚整齐的平行句式能够起到关联上下文的作用。② 在《语法讲义》一书中，论及复句组织手段时，朱德熙亦表达了这样的看法，并通过例证援引以说明整齐及不甚整齐的平行句式乃为复句组织手段之一。③ 但迄今对于前述观点的说明主要凭据语感，而不是基于事实论证；④另外，关于该句式为什么具有衔接功能，一直未见有人给予学理解释；同时，在该句式的运用上需要注意什么，始终未见有人给予较为全面的探讨。本文拟为这些问题的解决作点尝试。

---

① 参见沈开木：《句段分析（超句体的探索）》，语文出版社1987年版，第151—152页。

② 参见黎锦熙、刘世儒：《汉语语法教材》第三编，商务印书馆1962年版。

③ 参见朱德熙：《语法讲义》，商务印书馆1982年版，第216—217页。

④ 朱德熙在《“加以”和“进行”》（《新闻业务》1961年第3期）中指出，如果“加以”出现在并列复句且充当谓语中心则不可不用。因为它是平行句式的结构成分，而平行句式是并列复句的构成基础，一旦拿掉将严重破坏整个并列复句的连贯性。即此可知，朱先生关于平行句式具有衔接功能观点的形成，在一定程度上是基于正反用例对比考察。

第二节　平行句式衔接功能之事实论证

如今不止汉语学界，即便是外语学界，亦承认平行句式具有衔接功能。例如在2001年出版的《新编大学英语全真课堂》第三册中，可以看到如下说法："平行句式是利用句型的一致连接几个句子，它们在句子结构、句子长短及用词方面保持一致，从而利于保持行文的连贯性。"①不过，尽管有关研究日见精进，但截至目前，关于平行句式具有衔接功能的说明，无论汉语学界还是外语学界，都是以语感直觉为支撑，至于事实论证则始终处于阙如状态。

为什么会这样呢？根本原因在于：句式是建立在特定词类、标志词（或标志字）、分布次序、结构层次以及内部关系等语言要素共同作用的基础上，这些语言要素大多缺乏实在性，由此构成的句式自然也就十分空灵；尽管可以借助语法术语和分析手段在书面上对其加以描述，但其空灵性并未因此而改变。这导致面对高度抽象化的平行句式，很难就其衔接功能进行事实论证。例如，从"谦虚使人进步，骄傲使人落后"之类的用例中，可以析取出"A+使+N+A ∧ A+使+N+A"（"∧"为逻辑合取符号，表示并列关系）这样的平行句式，但很难据此得出如下结论，即如果相继出现的两个语片均为"A+使+N+A"，则其内部必定存在衔接关系。

那么，是不是有关平行句式衔接功能的事实论证问题根本无法解决？当然不是。在我们看来，可以通过如下方法加以解决：首先，找些符合如下要求的用例，即其前后语片不无语义联系，但给人衔接欠佳的印象，而之所以如此乃因为本应采用平行句式而未采用；然后，对其进行变换实验，将毗邻语片的句法结构由非平行转为平行；最后，根据实验结果形成结论——如

① 王长喜主编：《新编大学英语全真课堂》第三册，中国对外翻译出版公司2001年版，第370页。

果衔接效果明显改善，则可认定平行句式具有衔接功能，如若不然，则另当别论。

在论及汉语语用规范的著述中，不难找到符合上述要求的语例：

(1)天上一弯月，地上灯万盏。(张斌《简明现代汉语》)

(2)做笔记有两个好处：一是避免遗忘，二是写作练习。(郑文贞等《学生作文语病浅析》)

(3)被告人于小海与被告人马新秋……窃得人民币四百三十元、侨汇券二十元、粮票四百三十余斤、布票一百三十余尺、购货券一百一十张、八人棉花票券、食油票三斤、葵花牌录音机一台……(高督《我们应当研究语言文字》)

例(1)先行语片的主语为"天上"，后续语片的主语为"地上"，彼此语义对举。语义对举可以帮助毗邻语片建立照应联系，可见其前后语片在语义上不无联系。但它总让人感到衔接上有毛病。问题出在构成该例的两个语片在语义上为并列关系，根据常规遇到这样的组合应当让构成单位在句式上趋于平行；而在该例中先行语片的句法形式为"主语+谓语[定语+中心语]"，后续语片的句法形式为"主语+谓语[主语+谓语]"，句式不平行。而如果对后续语片加以调整，让该例以"天上一弯月，地上万盏灯"的形式出现，则衔接欠佳的毛病不复存在。

例(2)标有着重号的两个语片分别由"一是"和"二是"领起。前述领起语具有整合作用，可见其间不存在缺乏语义照应的问题。然而该例在衔接上亦让人觉得有需要加以改进的地方。该例缺憾同上，即本应让处于并列关系中的毗邻语片在句式上趋于平行，而作者忽略了这一点；与前后领起语相联系的"避免遗忘"和"写作练习"，一为述宾结构，一为定中结构，彼此缺乏平行性；通过调整，让它以"一是避免遗忘，二是练习写作"的形式亦即以平行句式的形式呈现，则衔接方面的缺憾烟消云散。

例(3)标有着重号的八个语片均由名词或名词短语与数量短语结合构成,这些名词或名词短语彼此有着语篇语言学所说的“同现”(collocation)① 关系。同现关系具有照应作用,可见这八个语片语义上并非互不相关。在该例中,处于并列关系中的前述八个语片本应采用相同句法结构,而作者忽略了这一点,八个之中七个为主谓结构,②一个为定中结构,结果导致其整体连贯性严重受损。将前述定中结构改为主谓结构,亦即将“八人棉花票卷”改为“棉花票八张”,则连贯性欠佳的问题迎刃而解。

需要指出的是,我国作家尤其是著名作家,很早就注意到平行句式具有增强语篇连贯性的功能。请看有关例证:

(4)a.原句:最难堪的,自然是妻儿的远离,而且不通消息……(叶圣陶《潘先生在难中》,初版本)

(4)b.改句:最难堪的,自然是妻儿远离,而且消息不通……(叶圣陶《潘先生在难中》,再版本)

(5)a.原句:我回到军部那个土屋顶、土墙壁的客房里,上海的通讯员点燃了洋烛,又送了热茶来。(巴金《军长的心》,初版本)

(5)b.改句:我回到军部那个土屋顶、土墙壁的客房里,上海的通讯员点燃了洋烛,又送来了热茶。(巴金《军长的心》,再版本)

(6)a.原句:这所公馆和别的一样,也有一对石狮子在门口蹲踞着,屋檐下也挂着一对大的纸灯笼。(巴金《家》,初版本)

(6)b.改句:这所公馆和别的一样,门口也有一对石狮子,屋檐下也挂着一对大的红纸灯笼。(巴金《家》,再版本)

(7)a.原句:累累的果实把树枝都压弯了,有的树枝竟然被苹果压断了,而大多数树枝不得不用木杆撑住。(峻青《秋色赋》,初版本)

---

① 何谓“同现”请参见前文第 88 页脚注①。

② 对于“人民币四百三十元”等组合,学界存在不同看法,有人视为“主语+谓语”关系,有人视为“中心语+后置定语”关系,本文姑且采取前一种观点。

(7)b.改句:果实累累,树枝都被压弯了,有的树枝竟然被压断了,大多数树枝不得不用木杆撑住。(峻青《秋色赋》,再版本)

(8)a.原句:度过了讨饭的童年生活,在财东马房里睡觉的少年,青年时代又在秦岭荒山里混日子,他不知道世界上有什么可以叫做“困难”!(柳青《梁生宝买稻种》,初版本)

(8)b.改句:他童年时候讨过饭,少年时候在财东马房里睡过觉,青年时候又在秦岭荒山里混过日子,简直不知道世界上有什么可以叫做困难。(柳青《梁生宝买稻种》,再版本)

以上例(4)至例(8),其“原初形式”引自作品初版本,“修改形式”引自作品再版本。原初形式中标有着重号的地方均存在衔接欠佳的问题。原因在于:出现于该处的语片就语义内容看为并列关系,作为表现形式的句法结构应当具有平行性,而作家们起初忽略了这一点。后来他们意识到问题所在,对影响内部照应的语片加以调整,让有关语片以平行句式形态出现,从而使内部衔接由劣转优。

第三节　平行句式衔接功能之学理解释

《汉语语法教材》第三编论及平行句式的作用时提到以下用例:

(9)东家门里有酒肉,佃户家中无米面!(贺敬之、丁毅《白毛女》)

(10)我是先生,你是学生。(宋文茂《李班长学文化》)

(11)人分等,排号;牛马分等,不排号。(周立波《分马》)

(12)三个多月的发展,比平常状态下的三年还快;三个多月给予人们的教训,比平常状态下的三年还丰富。(《人民日报》社论《不平常的春天》)

(13)两个同志端着蜡烛,其余的同志挤在周围,一个同志弯下腰就地图讲解着沙家店战斗引起的新情况。(柳青《铜墙铁壁》)

其中例(9)和例(10)属于形式整齐的平行句式,例(11)至例(13)属于形式不甚整齐的平行句式。作者以此说明,整齐以及不甚整齐的平行句式都具有"一定的关联作用"①。

例(9)和例(13)的内部衔接其实不仅得到平行句式的支持,亦得到植根于"共轭关系"和"同指关系"的照应词语的支持,但可以肯定,以上例子之所以有着良好的内部连贯性,很大程度上得益于平行句式的运用。

平行句式为什么具有衔接功能?我们以为,从学理上讲以下三个方面因素起到重要作用。

首先是编码过程的模仿性。吴士文指出,建立在平行句式基础上的语段可以认为是由"引导体"和"随从体"两部分组成。② 其中先行语句为"引导体",后续语句为"随从体"。"引导体怎么引,随从体就怎么随。""以 i 代表引导体,以 s 代表随从体,以←代表引导符号,则这类结构的公式为 i←s。"这类语段之所以句法结构高度一致,全因为其编码过程具有模仿性。后续句"模仿"先行句也就是依样画瓢,顺势而为,故而这类语段读起来语气流畅。相对于语义不畅的语段,语气流畅的语段总是表现出更好的连贯性。即此可知,编码过程的模仿性是平行句式具有衔接功能的一个重要原因。

其次是毗邻单位的相似性。完形心理学主要创始人魏特海默(Wertheimer,M.)指出,在某个心理场内存在多个认知单位的情况下,相对于彼此相异的单位,彼此相似的单位更具组合倾向。③ 这里所谓"更具组合倾向"是指更具被视为统一体的可能性。通过上文已知,平行句式是通过后续句"模仿"先行句形成,其毗邻单位之间总是有着较多的相似点。也正因

① 黎锦熙、刘世儒:《汉语语法教材》第三编,商务印书馆 1962 年版,第 164—165 页。

② 参见吴士文:《辞格结构形式初探》,《辽宁师院学报》1979 年第 4 期。

③ 参见[美]克雷奇等著,周先庚等译:《心理学纲要》(下册),文化教育出版社 1981 年版,第 62—66 页。

为如此，在完形规律（gestalt rules）的作用下，人们总是倾向将由多个语片组成的平行句式作为统一体看待。统一体具有以下两个特征：一是内部含有多个要素；二是不同要素相互联系。站在语篇学立场看，这“相互联系”其实也就是“相互衔接”。综上所述，毗邻单位的相似性是平行句式具有衔接功能的又一重要原因。

再次是句式意义的一致性。汉语句式研究历程大体可分四个阶段：一是20世纪20年代至30年代，这一阶段主要从语用功能角度开展研究，以考察句式语用类型及其语用特征为侧重；二是20世纪40年代至60年代，这一阶段主要从语法形式角度进行考察，以说明句式语法类型及其语法特征为侧重；三是20世纪70年代至90年代上半叶，这一阶段转向从显性句法结构与隐性句法结构结合的角度加以观照，以揭示句式下位类型为侧重；四是20世纪90年代末至目前，这一阶段引入“构式语法”“三维语法”等理论，以解释“句式义”构成为侧重。① 借助平行句式组织起来的语篇，其组成单位有着句式义上的高度一致性。心理学指出，人类的信息处理过程中存在启动效应（priming effect），亦即如果之前接受的信息与之后接受的信息彼此高度一致，则信息处理趋于“易化”（facilitation），从而有助于前后信息单位的顺利对接。② 由此可见，句式意义的一致性亦为平行句式具有衔接功能的重要原因之一。

综上所述，平行句式之所以具有衔接功能，是“编码过程的模仿性”“毗邻单位的相似性”“句式意义的一致性”三个方面因素共同作用的结果。

---

① 参见范晓：《关于句式问题——庆祝〈语文研究〉创刊30周年》，《语文研究》2010年第4期。

② Meyer, D. E., & Schvaneveldt, R. W. (1971). Facilitation in recognizing pairs of words: Evidence of a dependence between retrieval operations. *Journal of Experimental Psychology*, Vol.90, 227–234. Berry, D. C., & Broadbent, D. E. (1988). Interactive tasks and the implicit-explicit distinction. *British Journal of Psychology*, 251–272.

第四节 平行句式语用原则之探析

语篇衔接手段存在基本衔接手段和辅助衔接手段的区别,建立在词汇基础上的衔接手段属于前者,建立在语法、语音基础上的衔接手段属于后者。上述区分以能否独立发挥衔接作用为根据。平行句式尽管具有衔接功能,但缺乏衔接功能上的自足性。黎锦熙、刘世儒很早就注意到了这一点,指出“劳动创造世界”“我们爱祖国”,尽管句法关系相同,但并不足以帮助它们组成合格语篇。① 就是否具有衔接上的自足性来看,平行句式弱于词汇;但换个角度看,平行句式又具有自己的优长。且看以下用例:

(14)头发长,见识短。(谚语)

(15)喝孔府宴酒,做天下文章。(某酒广告)

(16)红灯停,绿灯行。(交通规则)

(17)爱弥耳生下来的时候是体重六磅半,不太大,也不太小,正合适。(老舍《新爱弥耳》)

(18)文不文,武不武。(口语)

(19)你大柜子,他小柜子。(陈满华《体词谓语句研究》)

以上用例显示,对偶性平行句式“具有独特的语法功能”,②它可以让本无瓜葛的表现内容在因果认知框架内建立联系(如例<14>和例<15>),可以为不

① 参见黎锦熙、刘世儒:《汉语语法教材》第三编,商务印书馆 1962 年版,第 7 页。

② 参见刘丹青:《对称格式的语法功能及表达作用》,见北京市语言学会编《语文知识丛刊》第三辑,地震出版社 1982 年版,第 109—114 页。
刘丹青 1982 年发表的《对称格式的语法功能及表达作用》以及张国宪 1993 年发表的《论对举格式的句法、语义和语用功能》,均已注意到平行句式具有衔接功能,但所论仅限于二元平行句式,且仅限于整齐的平行句式。

能独立使用的句法结构创造使用环境（如例<14>、例<16>和例<17>），可以使非法语片合法化（如例<18>和例<19>）。对于前述第一点——亦即可以让本无瓜葛的语义内容建立联系——雅可布逊和钱锺书有过专门评述。雅氏认为它犹如“硬切”（一种电影剪辑手法），能够帮助语言单位在语义上实现跳跃性组接；[1]钱锺书认为它如同媒人，能够让本无关系甚至远如“胡越”的语义单位在“不类为类”的基础上“配成眷属”[2]。对偶性平行句式除了具有上述优点，还具有其他功能。通过例（14）、例（16）、例（18）、例（19）与其展开形式的对比，可知它还具有“浓缩”功能；根据律诗中颔联、颈联总是比首尾两联更为抢眼，散文中整句总是比散句更为醒目，可知它还具有“凸显”功能；从以经验传承为旨归的谚语倾向以平行句式为载体，可知它还具有“便于记诵”的功能。正因为具有上述多方面优点，对偶性平行句式不仅使用场合广泛，出现频率还极高。

不同的句式在语用上有着不同的运用原则，充分认识平行句式的语用原则，无论对于掌握语篇组织规律还是提高语言表达效果都具有不可小视的意义。以往的成功经验和失败教训表明，在该句式的运用上需要注意把握好以下原则：

首先是“服从需要”。常言道：“一样话，百样说。”同一意思有多种说法可供选择。例如，论述知识与实践的关系，既可说“实践出真知”，也可以说“要想知道梨子的味道，就得亲口尝一尝”，还可说“养花知花性，养鸟懂鸟音”。即同样的意思，既可用单句表达，也可用复句陈述。在采用复句形式时，既可选择非平行句式，也可选择平行句式，而到底如何选择主要取决于语用需要。[3]

其次是“表里和谐”。表里和谐是成功说写的重要前提。在平行句式的

---

① Jakobson, Roman. (1958). Linguistics and poetics. In Stephen Rudy (Ed.), *Selected writings Ⅲ: Poetry of grammar and grammar of poetry* (pp.18-51). Hague: Mouton.

② 钱锺书：《谈艺录》（补订本），中华书局1984年版，第185页。

③ 参见曹德和、黎洪：《可变与不可变规范的区分及其学术意义——从语用与规范关系的对立观点说起》，《学术界》2011年第7期。

运用上它主要表现为:1)如果作为表达内容的语义结构先设地呈平行态势,那么作为表达形式的句式结构需向其靠拢,亦呈平行态势。2)如果作为表达形式的句式结构先设地呈平行态势,那么作为表达内容的概念结构需向其靠拢,亦呈平行态势。上述第一点,通过例(1)至例(8)原初形式与修订形式的对比可以看得很清楚。上述第二点,通过四六骈文写作规律不难体悟。

再次是"兼顾韵律"。有些言语组合,其概念结构呈平行态势,句式结构亦呈平行态势,可总让人觉得内部照应有问题。试看以下三例(请注意标有着重号的地方):

(20)a.正始名士吃药,竹林名士则饮酒。(鲁迅《魏晋风度及文章与药及酒之关系》,初版)

(21)a.去找一点点额外的收入,来买几升过冬的小米。(何其芳《一个泥水匠的故事》,初版)

(22)a.驾驶人贪饮一杯酒,亲人悲流两行泪。(合肥市交通管理局宣传标语)

以上三例虽然符合前面所说的"表里和谐"原则,却给人衔接欠佳的印象,原因何在?再看三例:

(20)b.正始名士吃药,竹林名士饮酒。(鲁迅《魏晋风度及文章与药及酒之关系》,修订版)

(21)b.去找一点额外的收入,来买几升过冬的小米。(何其芳《一个泥水匠的故事》,修订版)

(22)b.司机贪饮一杯酒,亲人悲流两行泪。(西安市交通管理局宣传标语)

与前三例相比,后三例无论就概念结构看还是就句式结构看都没有多大差异,但读起来不再疙疙瘩瘩,让人感到衔接得很好。区别在于:(20)b 把(20)a 中的"则"字给删掉了;(21)b 把(21)a 中的"一点点"节缩为"一点";(22)b 没有像(22)a 那样采用"驾驶人"说法而是使用"司机"这个词。之所以稍许调整便使衔接效果变化显著,乃因为前三例没有注意到这样一条规律,即当相邻语片的概念结构和句式结构均呈平行态势,尤其是前后语片在语义上表现为对举关系的情况下,前后语片的语音节律应尽可能采取对称形式。语音节律对于语篇衔接的影响,笔者在另文中有详细论述,①此处从略不赘。总之,在平行句式的使用上还需兼顾韵律上的要求。

最后是"合体适量"。平行句式与语体类型之间存在倾向性对应联系。对于该句式来说,最能让它"大显身手"的场合是韵体文学作品。例如在以排律形式创作的诗歌中,除了首尾两联以外,其他各联都是采用平行句式。而非韵体文学作品,尤其是应用型散文,则不是它"尽情驰骋的原野"。有位上岗不久的青年记者,撰写体育新闻短讯,竟然将整个语篇完全建立在平行句式基础上,结果读起来味同嚼蜡。② 以上教训说明,在平行句式的使用上不可没有语体意识。平行句式的使用还有"适量"的要求。前面指出,韵体文学作品是平行句式充分发挥作用的最佳场所,但同一句式反复使用,不仅令人乏味,还会让读者产生厌倦心理。排律之所以不如五律、七律受欢迎,四六骈文之所以昙花一现地成为历史过客,与平行句式使用过度不无关系。有人认为,"适量"就是"当用则用,不当用则不用"。这话虽有道理,但何谓"当用"、何谓"不当用"有时很难判断。还有人认为,"适量"就是"整散结合",就是平行句式与非平行句式"交互为用",这话尽管失之机械,但相对来说具有较强的可操作性。在"适量"的把握上,笔者以为不妨将上述两种意见一并纳入考虑范围,一并作为操作根据。

① 参见曹德和、黎洪:《语音节奏与并列结构语音组织原则》,《语言与翻译》2016 年第4 期。
② 参见章熊:《语言的整齐与变化》,《语文学习》1979 年第 2 期。

第五节　结束语

与词汇结合为用的平行句式，因为形态显目、功能独特早已为学界所注意。但以往的研究大多是从对偶、排比角度切入，亦即总是把它同语义搅和在一起，站在纯语法立场上对其加以独立审视是从黎锦熙、刘世儒的《汉语语法教材》第三编开始，而朱德熙的《语法讲义》[①]则给予了强化。近年来随着现代语篇学的兴起，针对平行句式衔接作用的研究不断升温，然而令人遗憾的是，不少论析明显存在将平行句式与对偶句或排比句混为一谈的问题。但愿本文能够为促进有关研究的精密化和科学化多多少少发挥一点作用。

① 参见朱德熙：《语法讲义》，商务印务馆1982年版。

第十三章　汉字字形衔接

第一节　引　言

字形衔接是指通过将有着字形信息联系的字符巧妙地安排在前言后语中,从而使得有关语篇形成植根于字形信息基础上的相互照应。使用表意文字的汉民族在建构或加强语篇衔接上,除了注意语义信息、语法信息以及语音信息的利用,还注意字形信息的利用。字形信息的利用主要反映在字谜创作中,以及主要反映在游戏性对联和幽默话语的创作中。基于创作前者时字形信息的利用是在语言隐显结合层面上展开,创作后者时字形信息的利用是在语言显性层面上实现,因此,本文首先考察语言隐显结合层面上的字形衔接,然后考察语言显性层面上的字形衔接。

第二节　语言隐显结合层面上的字形衔接

真正的字谜是以字形为着眼点的字谜,一直以来仅为汉民族所独享。原因在于,字谜的创作主要借助于整字与构件的字形信息联系,只有拥有丰富多样的整字和丰富多样的构件,才可能具备创作字谜的条件,而汉民族所使用的表意文字,是世界范围内唯一能够满足前述条件的文字。①

创作字谜时的字形信息利用集中体现在隐性语言与显性语言的结合上,具体地说,集中体现在谜底汉字与谜面汉字字形的隐显对应上。从事有关研究,首先需要做好字谜的分类工作。考虑到谜底不仅是猜射对象更是创作根据,下面的分类以谜底的不同为基础。

一、以单个汉字为谜底

(1)走在上边,坐在下边,堆在左边,挂在右边。(打一字)

例(1)谜底为“土”。对“走”来说它出现在上边,对“坐”来说它出现在下边,对“堆”来说它出现在左边,对“挂”来说它出现在右边。没有“土”的支撑,该例则成为不知所云的一盘散沙。可见正是前述谜底的存在,以及谜底汉字与谜面汉字字形对应关系的存在,为其语篇衔接的建构创造了条件。

(2)左边來,少两人;右边往,少两人。(打一字)

例(2)谜底为“柱”。“左边來,少两人”意为从“來”(“来”的繁体)中去除构件“从”,“右边往,少两人”意为从“往”中去除构件“彳”;将余留的“木”和“主”加以合并,结果即为谜底。离开“柱”的牵线搭桥,例(2)前两句与后两句则成为八竿子打不到的关系。可见谜底汉字的存在,以及谜底汉字与谜面汉字字形对应关系的存在,对于例(2)语篇衔接的建构起到决定作用。

(3)要想不饿把食找,要想削平快用刀。要想快走足胜任,要想搂紧手代劳。(打一字)

① 根据傅永和统计,1979年版《辞海》共收录规范汉字11834个,其中含构件648个。(傅永和:《汉字的部件》,《语文建设》1991年第12期。)

例(3)也是以单个汉字为谜底。根据字谜猜射规律，该字同谜面四句话均有联系。哪个字能够承担这以一总多的重任呢？答案是“包”字。“食”与之组合得“饱”，可以“不饿”；“刀”与之组合得“刨”，可以“削平”；“足”与之组合得“跑”，意近“快走”；“手”与之组合得“抱”，意近“搂紧”。正是“包”这个谜底汉字的背后使劲，以及相应谜面汉字的暗中配合，使得组成该例的四句话得以“拧成一股绳”。

(4)上有一半，下有一半，中空一半，除去一半，还有一半。(打一字)

例(4)的“上有一半”，意为上取“有”字的一半，即“ナ”；“下有一半”，意为下取“有”字的一半，即“月”；“中空一半”，意为中取“空”字的一半，即“工”；“除去一半”，意为将“除”字去掉一半，得“阝”；“还有一半”，意为将“还”字保留一半，得“辶”。把这些“一半”拼合到一起，组成的那个字即为谜底。该例谜底为“随”(“随”的繁体)。例(4)中的五句话之所以能够天衣无缝般地结为一体，毋庸置疑，是得益于谜底汉字与谜面汉字对应关系的利用。

(5)重山复重山，重山向下悬；明月复明月，明月在两边。上有可耕之田，下有长流之川；一家共六口，两口不团圆。(打一字)

例(5)谜底为“用”。以该字为猜射对象的字谜存在多种谜面形式。如流行于宋朝的“重山复重山，重山向下悬。明月复明月，明月两相连”，“一月复一月，两月共半边。上有可耕之田，下有长流之川。六口共一室，两口不团圆”①；流行于金朝的“三山自三山，山山皆倒悬。一月复一月，月月还相连。左右排双羽，纵横列二川。阖家都六口，两口不团圆”②。例(5)展示的谜面

① (宋)周密撰，黄益元校点：《齐东野语》，上海古籍出版社2012年版，第217页。
② 薛瑞兆、郭明志编纂：《全金诗》第四册，南开大学出版社1995年版，第362页。

形式,见于明代著作《诗禅》①。"重山复重山,重山向下悬"是说,如果将"出"视为山上有山(所谓"重山"),那么谜底"用"可以看作部分叠合的两个"出"字的倒写(所谓"向下悬");"明月复明月,明月在两边"是说,如果将谜底"用"视为由部分叠合的两个"月"组成,那么这叠合的两个"月"一个在左一个在右。"上有可耕之田,下有长流之川"是说,如果将谜底"用"上下二分,那么它的上部是个"田"字,下部是个"川"字。"一家共六口,两口不团圆"是说,谜底"用"可以视为六个"口"的组合,不过其中有两个"口"不封底(所谓"不团圆")。该例谜面由"一二""三四""五六""七八"四组句子构成,四组句子分别从不同角度给予谜底似明还暗的提示。不难看出,例(5)的语篇衔接建构亦是以字形信息联系为支撑,因为没有谜底汉字与谜面汉字对应关系的存在,与该谜有关的一切设计皆如沙上建塔。

另外,以"碧"字为谜底的"王婆娘,白婆娘,一起坐在石头上";以"搂"字为谜底的"一棵树来不算高,两只鸟儿站树梢,树下有位姑娘坐,一只手还扶着腰";以"画"字为谜底的"一块豆腐,分成四块,放在锅里,盖上锅盖";以"安"字为谜底的"发髻冲着天,乌云遮两边。两脚盘腿坐,烟袋手上端"等,这些脍炙人口的字谜的创作,以及其内部语篇衔接的建构,概无例外地都是以隐显层面上字形的整散对应为基础。

二、以成串汉字为谜底

(6)渔父屈节,水潜匿方;与时进止,出寺施张。吕公矶钓,阖口渭旁;九域有圣,无土不王。好是正直,女回于匡;海外有截,隼逝鹰扬。六翮不奋,羽仪未彰;蛇龙之蛰,俾也可忘。玟璇隐曜,美玉韬光。无名无誉,放言深藏;按辔安行,谁谓路长。(打六字语)

① 参见(明)李开先著,路工辑校:《李开先集》(下册),中华书局1959年版,第1014页。

例(6)出自汉末孔融之手,题为《离合作郡姓名字诗》,属于诗体形式的字谜。[①] 谜底为"鲁国孔融文举"(孔融字文举)。"渔父屈节,水潜匿方",意为取"渔"去"水"得"鱼";"与时进止,出寺施张",意为取"時"("时"的繁体)去"寺"得"日";"鱼""日"组合,得"鲁"。"吕公矶钓,阖口渭旁",意为取"吕"去一"口"留一"口";"九域有圣,无土不王",意为取"域"去"土"得"或";留下的"口"与"或"组合,得"國"("国"的繁体)。"好是正直,女回于匡",意为取"好"去"女"得"子";"海外有截,隼逝鹰扬",意为取"乪"("截"的异体)去"隹"得"乚";"子""乚"组合,得"孔"。"六翮不奋,羽仪未彰",意为取"翮"去"羽"得"鬲";"蛇龙之蛰,俾也可忘",意为取"蛇"去"它"得"虫";"鬲""虫"组合,得"融"。"玟璇隐曜,美玉韬光",意为取"玟"去"王"得"文"。"无名无誉,放言深藏",意为取"譽"("誉"的繁体)去"言"得"與";"按辔安行,谁谓路长",意为取"按"去"安"得"手";"與""手"组合,得"擧"("举"的异体)。该例除了"玟璇隐曜,美玉韬光"为两句对一字,其余皆为四句对一字。二十二句共得"鲁""国""孔""融""文""举"六字。不言而喻,没有作为谜底而存在的前述成串汉字,没有前述汉字与谜面汉字字形上的隐显对应,这首离合诗就无从问世,其中的语篇连贯性也无以生成。

例(6)作为谜底使用的成串汉字是以短语形式出现的,与此不同的是,有些见于谜底的成串汉字则以其他性质语言单位为联系对象。且看以下用例:

(7)寺边一只牛,二人抬木头,西下有一女,火烧因家楼。(打四字句)

传说有个旅行者途中想抽烟,可苦于身上没有。途径某村落,他欲求助于

① 参见俞绍初辑校:《建安七子集》,中华书局2005年版,第1—2页。

人,但又羞于直言,于是以字谜形式将其意图作了含蓄表达。村里人通过猜射,明白所谓“寺边一只牛”以“特”为所指,“二人抬木头”以“來”(“来”的繁体)为所指,“西下有一女”以“要”为所指,“火烧因家楼”以“烟”为所指,连在一起为“特來要烟”。村里人当然知道这不仅是谜底之所在,更是制谜意图之所在,于是爽快地满足了他的愿望。从旅行者的角度看,他之所以能够成功实现意图信息的含蓄传递,主要得益于“拆分法”的运用,亦即将组成谜底的合体字分解为谜面中的独体字,而村里人之所以能够成功破解字谜传递的意图信息,主要得益于对“并合法”的运用,亦即将谜面中某些独体字还原为谜底中的合体字,并通过化零为整,顺利揭示既为谜底又为语旨之所在的特定语句。① 在该例中,与作为谜底的成串汉字相联系的不是短语而是句子。再看一例:

(8)天鹅湖边鸟飞尽,良无一点双人行;心上相连是何人?您若无心自在飞。(打四字句)

随着电脑使用的普及化和频繁化,过去流通范围有限的字谜成为网络语言中的常见形式。有不少网络字谜是以恋人示爱话语为谜底,如“我很爱你”“不能没有你”“等我亲自说爱你”“我爱你一生一世”,等等。以上例(8)即为其中之一。该例谜底为“我很想你”。为了让对方能够通过字谜猜射的方式明了自己的含蓄表达,作者以谜底四字为基础,设计了由四句话组成的谜面。第一句意为把“鹅”字中的“鸟”去除;第二句意为把“良”字中的一点拿掉,然后加上双人旁;第三句意为在“心”字的上面加上“相”;第四句意为把“您”字中的“心”省略。在该例中,与作为谜底的成串汉字相联系的,亦不是语言备用单位而是语言使用单位。通过对例(6)与例(7)、例(8)的异同考察可知,无论成串汉字以何种语言单位为记录对象,只要它是以谜底的身份出现,只要它与谜面存在字形上的对应联系,都有可能成为字谜创作的基

① 参见陈晓平:《论拆字的特点》,《湘南学院学报》2006年第3期。

础和语篇衔接的根据。①

第三节　语言显性层面上的字形衔接

通过前文诸例与后文诸例的比较可知，在语言隐显结合层面上对字形信息联系加以利用，是为了建构语篇衔接；而在语言显性层面上对其加以利用，有的是为了建构语篇衔接，有的是为了加强语篇衔接。以下实验足以证明这一点，即将前文诸例的书写形式由汉字改为拼音，则其间的语篇连贯性顷刻荡然无存；而将后文诸例的书写形式作同样变换，则有些用例的语篇连贯性不复存在，②如例（14）和例（15）；而有些用例的语篇连贯性依然存在，只不过有所弱化而已，如例(9)至例（13）。也正因为如此，论及隐显结合层面上字形信息联系的利用，其目的之一在于建构语篇衔接；而论及显性层面上字形信息联系的利用，其目的之一在于建构或加强语篇衔接。③

显性层面上利用字形信息联系，主要以前后句字形关系为基础。这里所谓的字形关系，包括如何对应和多大范围对应两方面。基于显性层面上利用字形关系建构或加强衔接，往往还辅以适当说明，故以下分类描写，除

---

① 2020年开春后，新冠疫情肆虐，如何防范成为关注热点。是年4月5日，在某学术网站上，香港语言学家田小琳教授给大家出了个字谜："一山更比一山高，闲来无月静悄悄，栽树无木有田共，田中无物多逍遥，四张桌子腿锯掉。"（猜五个字）澳门语言学家程祥徽教授迅速作答："出门戴口罩。"该例可以说不仅为字形衔接研究提供了新例证，同时给语言学家们留下了难忘的印象。田教授及时通过字形利用基础上的字谜创作，提醒同仁做好防护，传递了关爱。

② 著名翻译家钱歌川明确指出，建立在字形信息基础上的字形衔接不可译。（《翻译的基本知识》，北京联合出版公司2015年版，第66—67页。）例如："人曾为僧，人弗可以成佛。女卑是婢，女又何妨称奴。"如照字面译为：The man who has been a monk cannot become a Buddha. The girl who is a bond maid may be called a slave.则妙处全失。

③ 之所以说利用字形信息建构或加强语篇衔接只是目的之一，是因为对于游戏性对联以及幽默话语创作来说目的是多方面的，根据绝大多数用例来看，其最主要的目的在于表现聪明才智，增强语用字用的情趣性。

了注意如何对应和多大范围对应，同时注意是否兼有适当说明。

一、只是利用字形信息不加任何说明

1.整字全篇形合

(9)长长长长长长长，长长长长长长长。（重庆某豆芽菜销售店门联）

例(9)是副对联。尽管其中的组织单位写法没有区别，但读音不尽相同，意义不尽一致。上联二、四、七字和下联一、三、五、六字读“zhǎng”，其他读“cháng”。前者表示“生长”的“长”，后者表示“长短”的“长”。该联宛如形体无别、色泽一致的玉珠串成的项链，给人以强烈的整体感。有无整体感是衡量语篇衔接效果的重要根据。可见“整字全篇形合”能够通过提升的整体感而强化语篇的内部连贯性。①

2.整字局部形合

(10)云朝朝，朝朝朝，朝朝朝散；潮长长，长长长，长长长消。（温州江心寺对联）

例(10)亦属对联。其中的上下联虽然多字写法无异，但读音不尽相同。用拼音表示，上联为“[云]zhāocháo，zhāozhāocháo，zhāocháozhāo[散]”，下联为“[潮]chángzhǎng，chángchángzhǎng，chángzhǎngcháng[消]”。另外，写法相同的汉字意思亦不尽一致。上联中读作“zhāo”的表示“早晨”，读作“cháo”的表示“朝拜”。下联中读作“cháng”的乃为通假字，原字为

---

① 例(9)直至后面的例(13)，相继运用了“同字”“联边”“同位联边”等修辞手法，从而使得其中结构单位在组合轴或聚合轴上表现出不同程度的相似性。它们之所以在形式上给人以强烈的整体感，乃因为“彼此相似的刺激物比不相似的刺激物有较大组合倾向”。（[美]克雷奇等著，周先庚等译：《心理学纲要》<下册>，文化教育出版社 1981 年版。）

"常",表示"经常";读作"zhǎng"的亦为通假字,原字为"涨",表示"上涨"。在该例中,无论上联还是下联,其前后句交接处都可看到"顶针"①运用。这里的顶针不是依托于相同语言单位的前后蝉联,而是依托于相同文字形式的前后蝉联。前述文字衔接法即"整字局部形合"法的运用,使得上下联中相继出现的语句,形式上前递后续,一环扣一环,从而有力加强了语篇内部结合的紧密度。

3.构件全篇形合

(11)湛江港清波滚滚,渤海湾浊浪滔滔。(对联)

例(11)同样是以对联身份出现。上联叙湛江波清,下联述渤海浪浊,全篇非"氵"旁汉字不取。从聚合轴角度看,该例将能指与所指的协调臻至佳境;从组合轴角度看,该例将"联边"②效果发挥到极限。植根于"构件全篇形合"基础上的该例,无论语义层面还是形式层面,都表现出令人叹为观止的整体性和连贯性。

4.构件局部形合

(12)烟锁河堤柳,炮镇海城楼。(广东虎门对联)

例(12)这副对联的创作兼顾五行。上联五字依次以"火、金、水、土、木"为偏旁,下联五字亦不例外。以上字的用法被称之为"同位联边"③,前述方法的巧妙运用,不仅使该例上下联有着高度的和谐感,亦使该例前后句表现出

① 顶针(anadiplosis)是指用前一句结尾之字(或结尾之词)作为后一句开头之字(或开头之词),从而使前后语句蝉联。它是一种比较常见的修辞手法,又称顶真、联珠。

② 《文心雕龙·练字》曰:"联边者,半字同文者也。"《汉语修辞格大辞典》云:联边者"连用三个或更多的相同偏旁部首的字以增强语力"。

③ 所谓"同位联边"亦即在对联前后句相同位置上使用偏旁相同的汉字以加强上下文的呼应联系。

极强的连贯性。

(13)寄寓客家,牢守寒窗空寂寞;远避迷途,退还莲迳返逍遥。(郭小亭《济公传》)

根据传说,见于例(13)的这副对联由济公和刘素素共同完成。刘素素本为莲罗汉转世,投错胎成了凡间姑娘,许配给济公为妻。济公出家后,刘素素以11个宝盖头汉字撰写了上联,以表坚守寒舍之志。济公出家心意已决,不打算回到刘氏身边,他以11个走之底汉字撰写了下联,劝刘氏尽快走人,出家为尼。① 该例虽然不是全篇"联边",但前述手法的局部运用,既彰显了两位人物各自所要表达的主题,又增强了不同主题支撑下的上联和下联的内部衔接。

5.独体—合体局部形合

(14)张俊民道:"胡子老官,这事凭你作法便了。做成了,少不得言寸身。"王胡子道:"我那个要你谢……"(吴敬梓《儒林外史》)

例(14)前文中的"言寸身"与后文中的"谢"相呼应,这呼应是建立在前文独体字与后文合体字字形契合的基础上。没有后文"谢"的存在,前文"言寸身"无从谈起;而没有前文"言寸身"的同现,后文"我那个要你谢"则失去了前提。以上形合对于相应语篇的前后衔接可谓起到了云梯、桥梁的作用。

(15)那种腐败恶劣的政治空气,造就了许多"奉"系评论家。要么只会"捧"杀,要么只会"棒"杀。(苏恒《要百家争鸣,不要八面讨好》)

例(15)中的独体字"奉"与合体字"捧""棒"相照应。没有前述照应的存在

① 参见曹石珠:《汉字修辞研究》,岳麓书社2006年版,第7页。

也就没有该语篇内部前后连贯性的存在，即此可知，“独体—合体局部形合”亦为汉字衔接的重要手段。

6.合体—独体局部形合

(16)麂触槐，死作木边之鬼；豫让吞炭，终为山下之灰。(对联)

(17)墙上挂珠帘，你说是王家帘、朱家帘；半夜生孩儿，我管他子时乎、亥时乎。(对联)

例(16)上联前文合体字“槐”与后文独体字“木”和“鬼”相呼应，下联前文合体字“炭”与后文独体字“山”和“灰”相呼应；例(17)上联前文合体字“珠”与后文独体字“王”和“朱”相呼应，下联前文合体字“孩”与后文独体字“子”和“亥”相呼应。前述文字形体上的相契相合亦起到加强句际衔接的作用。

7.独体—合体局部形合兼合体—独体局部形合

(18)或入园中，拖出老袁还我国；余行道上，不堪回首问前途。(对联)

例(18)下联，前文“余”与后文“途”相照应，体现了“独体—合体局部形合”的独立为用；而该例上联，一方面前文“或”与后文“国”相呼应，另一方面前文“园”与后文“袁”相契配，则体现了“独体—合体局部形合”与“合体—独体局部形合”的结合为用。不难看出，在加强语篇内部衔接上，两种形合法的结合为用比某种形合法的独立为用效果更胜一筹。

8.整字局部形合兼独体—合体局部形合以及合体—独体局部形合

(19)女子好是非，非是好女子；人言信可恶，恶可信人言。(对联)

这里所谓“整字局部形合”，是指例(19)上联前文收尾的“非”与后文开头的

“非”蝉联，下联前文收尾的“恶”与后文开头的“恶”蝉联。该例中的两个“非”和两个“恶”形同实异：前一个“非”为形容词，表示“错”的意思；后一个“非”为副词，表示否定。前一个“恶”读“wù”，为动词，表示“讨厌”“憎恨”的意思；后一个“恶”读“wū”，为疑问代词，古同“乌”，表示“哪”“何”等意思。综上可知，前述蝉联是植根于文字而非植根于语言。本文将其纳入文字衔接范畴加以讨论，原因也就在此。这里所谓“独体—合体局部形合”，是指该例上联前句“女”“子”与后句“好”相呼应，以及下联前句“人”“言”与后句“信”相呼应。这里所谓“合体—独体局部形合”，是指该例上联前句“好”与后句“女”和“子”相契合，以及下联前句“信”与后句“人”和“言”相契合。三种形合方法的综合运用，几近将该例的字形衔接导向极致。

9.整字与构件局部形合

(20)冻雨洒窗，东两点，西三点；切瓜分客，上七刀，下八刀。(对联)

例(20)中上联前文“冻”与后文“东”和“冫”相对应，前文“洒”与后文“西”和“氵”相契配；下联前文“切”与后文“七”和“刀”相对应，前文“分”与后文“八”和“刀”相契配。“冫”和“氵”不成字，无法以“合体—独体局部形合”进行解释，故而有必要建立“整字与构件局部形合”这类型。此处所谓“整字”，是指汉字系统中包括合体字和独体字在内的具有独立使用功能的字符；此处所谓“构件”，是指汉字系统中作为基本构形单位而存在的结构元素，因为它由笔画组成，一般情况下大于笔画，不过有的时候也重合于笔画。①

① 参见王宁：《汉字构形学讲座》，上海教育出版社 2002 年版，第 43 页。
对于汉字构件是否“下限必须大于笔画”，学界存在不同看法，在这个问题上笔者认同王宁先生的意见。但本文所谓“构件”兼顾民俗学立场，在外延的把握上同王宁先生所说的范围不尽相同。

(21)人坐滩头，难分汉水淮水；鸟鸣楷旁，皆落枇枝柏枝。(对联)

例(21)中上联前文“滩”与后文“难”“汉”“淮”相对应，下联前文“楷”与后文“皆”“枇”“柏”相对应。因为“滩”由“氵”与“难”组成，而非由“汉”与“隹”或“淮”与“又”组成；“楷”由“木”与“皆”组成，而非由“枇”与“白”或“柏”与“比”组成。加之不仅“滩”为合体字，“汉”“淮”“皆”“枇”“柏”亦为合体字，该例无法以“合体—独体局部形合”进行解释。因为已经建立“整字与构件局部形合”这一类型，该例也就有了合宜的去处。需要说明的是，建立前述类型不仅是为了让例(20)和例(21)有所依傍，也是为了让例(1)至例(5)有所归属。科学研究要求考察无缺口、概括无遗漏，建立前述类型体现了对该原则的尊重。以上例(20)和例(21)表现出的内部连贯性，与“整字与构件局部形合”法的运用有着难以移易的关系。

二、除了利用字形信息同时辅以适当说明

1.合体—独体局部形合并辅以适当说明

(22)四口兴工造嚣成，口多工少；二人抬木归來晚，人短木长。(对联)

例(22)除了涉及“合体—独体局部形合并辅以适当说明”的运用，还涉及“独体—合体局部形合”的运用，但涉及后者的形合——即上联前句“口”“工”与“嚣”(“器”的异体)的形合以及下联前句“人”“木”与“來”(“来”的繁体)的形合——见于句内，无关衔接，故未被纳入讨论范围。即此可知，从字形对应角度研究语篇衔接，本文关注的只是见于句际的字形对应，就例(22)来说，关注的只是上联前句“嚣”与后句“口”和“工”的对应，以及下联前句“來”与后句“人”和“木”的对应，故此，论及例(22)，本文认为它只涉及“合体—独体局部形合”的运用。与例(9)至例(21)有所不同的是，例(22)

的语篇衔接，就方法而言，是字形对应和字形说明相结合，因为其中的“多”“少”“短”“长”等，均属对于有关字形的说明，包括数量上的说明以及形体上的说明。鉴于前述说明立足字形，加之在加强语篇衔接构成上起的不可小视的作用，故亦纳入本文讨论范围之内。

2.整字与构件局部形合辅以适当说明

(23)刁大使使刀，撇上撇下；厍主管管库，点有点无。(对联)

该例上联前句中的“刁”和“刀”与后句中的“撇上”和“撇下”相对应；下联前句中的“厍”和“库”与后句中的“点无”和“点有”相对应。以上对应均为“整字与构件局部形合”之体现。在该例中，所谓“撇上”“撇下”是说明某种笔画的走向，所谓“点有”“点无”是说明某种笔画的有无。对于该例来说，没有字形对应法和字形说明法的结合为用，就没有语篇衔接的构成。①

3.相近字形形合辅以适当说明

(24)日对曰说：“哟，我说朋友，几天不见，胖这么多？该减肥了。”

(25)呆对束说：“兄弟，傻点不要紧，可不能把脑袋掖到裤带里干那些悬事啊！”

(26)比对北说：“夫妻一场何必闹离婚呢？”

(27)凸对凹说：“小样儿，你把脑袋缩回去我就不认识你了？”

(28)柒对染说：“你是老九吧，我是你七哥呀！”

(29)由对甲说：“这样练一指禅挺累吧？”

---

① 根据语篇衔接基础的不同似可将对联分为“语言联”“语字联”“字语联”三类。所谓“语言联”即其语篇衔接只涉及语言信息利用而不涉及文字信息利用，如鲁迅笔下的“横眉冷对千夫指，俯首甘为孺子牛”之类。所谓“语字联”即其语篇衔接既涉及语言信息利用又涉及文字信息利用，但以语言信息利用为主，如本章例(9)至例(12)。所谓“字语联”即其语篇衔接既涉及文字信息利用又涉及语言信息利用，但以文字信息利用为主，如本章例(17)至例(23)。第三类通常缺乏集中的主题和符合常规的语境，与字谜的谜面表现颇多相似之处。

(30) 胃对胄说:“快做手术吧,胃都穿孔了。”

(31) 申对电说:“心情不错呀,小尾巴摇得挺欢哪!”

(32) 乒对乓说:“你我都一样,一等伤残军人。”

以上诸例取自网络。之所以将例(24)至例(32)与例(22)例(23)归入同一大类,主要因为其间具有共同点,即其语篇衔接都是建立在字形形合加辅助说明的基础上。但例(24)至例(32)与例(22)例(23)之间又有着诸多不同点。其一,例(22)例(23)的字形形合主要植根于合体与独体或整字与构件的整散契配,而例(24)至例(32)主要植根于相关字形的整体相近,即主要植根于“A 对 B 说”中“A”和“B”字形上的整体相近。① 其二,例(22)例(23)中的说明多为直言说明,而例(24)至例(32)多为比喻说明。另外,前者没有用到比拟手法,而后者则不然,其中的“A 对 B 说”是建立在拟人修辞法基础上。其三,例(22)例(23)中的说明只涉及篇内汉字,而例(24)至例(32)未必总是这样,如例(32)实际上联系到了篇外汉字。其四,例(22)例(23)中的说明只涉及有关汉字的整体形式或局部形式,而例(24)至例(32)有时还涉及有关汉字整体形式或局部形式的意义表现,如例(25)中的“傻点不要紧”,涉及有关汉字(即篇内汉字“呆”)整体形式的意义表现;例(28)中的“你是老九吧,我是你七哥呀!”涉及有关汉字(即篇内汉字“柒”和“染”)局部形式的意义表现;例(32)中的“军人”,涉及有关汉字(即篇外汉字“兵”)整体形式的意义表现。② 但鉴于前述说明是以凸显相近字形同中之异为目的,加之没有前述说明的支持相近字形比较无以进行,故此,我们认为,即便像例(25)例(26)以及例(32)这样的用例,其语篇衔接的建构也还是得益于

① 由“A 对 B 说”领起的“汉字幽默对话”,有的是以“A”与“B”字形上的包含关系为基础,如驴对马说:“大兄弟,跑得快没用,赶紧把户口上了吧!”丙对两说:“你家啥时多了一人,结婚了?”但基于前述用例,同业已讨论过的植根于字形整散对应关系的语篇衔接并无根本区别,加之所占比率不大,故只是放在这里给予补充说明。

② 这里所说的“意义表现”当从民俗立场加以理解。因为它大多建立在望文生义的基础上,缺乏汉字构形史的证明。

字形信息联系的利用；同时，像例(25)例(26)以及例(32)之类用例，可以视为语篇衔接建构上字形信息利用的新发展。

第四节 结束语

由前面提到汉末孔融创作的著名字谜可知，在汉语发展史上，利用字形信息联系建构或加强语篇衔接，迄今至少已有近2000年历史。美国语言学家萨丕尔(Sapir, E.)曾经说过这样的话："Language is the medium of literature as marble or bronze or clay are the materials of the sculptor. Since every language has its distinctive peculiarities, the innate formal limitations——and possibilities——of one literature are never quite the same as those of another. The literature fashioned out of the form and substance of a language has the color and the texture of its matrix. /语言是文学作品的媒介，正如青铜、黏土、大理石是雕塑家的创作材料一样。任何语言都有其独特之处，某一文学作品与生俱来的形式限制——和可能性——从来不会和另一文学作品相同。在某种语言质料和形式基础上创作的文学作品，总是镌刻着色彩上的和结构上的母体印记。"①以上说法可谓中肯之论。毫无疑问，关注汉字字形在汉语语篇衔接中的作用，并就此开展专题研究，不仅对于深刻认识其中的语用字用规律，而且对于深刻认识汉语语用字用的文化特征，都有着不可低估的意义。近年来随着人文学科朝着本体和应用兼重的方向发展，语篇衔接和汉字字用业已成为语言学和文字学高度关注的新热点。然而与字形信息利用有关的语篇衔接迄今尚未受到应有的重视。撰写本章乃为弥补不足，但愿能够起到抛砖引玉的作用。

---

① Sapir, E. (1921). *Language: An introduction to the study of speech* (p. 183). New York: Harcourt Brace Company.

第十四章　语篇推进研究范式回顾与新探

第一节　引　言

因为衔接和连贯是语篇能否成为有机整体的主要条件，故而学界一直将有关研究视为现代语篇学核心课题，又因为衔接和连贯总是在语篇推进(discourse progression)过程中实现，故而学界一直将对于前者的研究与对于后者的研究紧密结合在一起。现代语篇学诞生以来，语篇推进研究可谓硕果累累。鉴于从事任何学术研究都需要不断进行总结与前瞻，本文拟就此谈谈个人思考。

第二节　语篇推进研究的两种范式

功能语言学与结构语言学在资源对象的选择上存在一个重要区别，即前者以语篇(discourse/text)为基础，后者以言语(speech)为根据。对于结构语言学来说，资源对象是否具有语用自足性并不重要，关键在于是否客观存在；对于功能语言学来说，资源对象大小不是问题，关键在于是否具有独立表达功能。也正因为如此，基于“三个充分”(即观察充分、描写充分、解释充分)的要求，功能语言学在语篇界定上将具有语用自足性的单句乃至独词句亦纳入其中。[①] 但前述单位即便有理由被作为语篇看待也不过属于边缘成员，因为典型语篇总是以语句集合体的形态出现。从第一句到第二句，从第二句到第三句……直至完成语篇建构，这个过程学界称之为语篇推进。[②] 当前对此的研究主要采用以下两种范式：一是“主位结构”（thematic structure）与“信息结构”（information structure）对勘，二是“话题结构”（topic-comment structure）与“信息结构”对勘。在 20 世纪 80 年代以来中国大陆出版的有关著述中，黄国文的《语篇分析概要》[③]、李棣华的《法语章法研究》[④]、胡壮麟的《语篇的衔接与连贯》[⑤]、刘辰诞的《教学篇章语言学》[⑥]、郑贵友的《汉语篇章语言学》[⑦]、张德禄、刘汝山的《语篇连贯与衔接理论的发展及应用》[⑧]、徐赳赳的《现代汉语篇章回指研究》[⑨]，等等，均以前者为依托；而王福祥的《俄语话语结构分析》[⑩]、沈开木的《句段分析》[⑪]、陈平的《汉语中结构话题的语用解释和关系化》[⑫]和《汉语双项名词句与话题—陈述结构》[⑬]、郑庆君的《汉语话语研究新探——〈骆驼祥子〉的句际关系和话语结构研究》[⑭]、许余龙的《篇章回指的功能语用探索——一项基于汉语民间故事和报刊语料的

---

① 参见曹德和：《广义语篇观立论基础考察》，《殷都学刊》2013 年第 4 期。

② Jef Verschueren.(1999).*Understanding pragmatics* (p.143).London:Arnold.

③ 参见黄国文编著：《语篇分析概要》，湖南教育出版社 1988 年版。

④ 参见李棣华编著：《法语章法研究》，上海外语教育出版社 1993 年版。

⑤ 参见胡壮麟编著：《语篇的衔接与连贯》，上海外语教育出版社 1994 年版。

⑥ 参见刘辰诞：《教学篇章语言学》，上海外语教育出版社 1999 年版。

⑦ 参见郑贵友：《汉语篇章语言学》，外文出版社 2002 年版。

⑧ 参见张德禄、刘汝山：《语篇连贯与衔接理论的发展及应用》，上海外语教育出版社 2003 年版。

⑨ 参见徐赳赳：《现代汉语篇章回指研究》，中国社会科学出版社 2003 年版。

⑩ 参见王福祥：《俄语话语结构分析》，外语教学与研究出版社 1981 年版。

⑪ 参见沈开木：《句段分析（超句体的探索）》，语文出版社 1987 年版。

⑫ 参见陈平著，徐赳赳译：《汉语中结构话题的语用解释和关系化》，《国外语言学》1996 年第 4 期。

⑬ 参见陈平：《汉语双项名词句与话题—陈述结构》，《中国语文》2004 年第 6 期。

⑭ 参见郑庆君：《汉语话语研究新探——〈骆驼祥子〉的句际关系和话语结构研究》，湖南教育出版社 2003 年版。

研究》①、屈承熹的《汉语篇章语法》②,等等,皆以后者为支撑。

第三节　两种范式的异同考辨

“主位结构”又称“主述结构”“主位—述位结构”等,是指由“主位”(theme)成分与“述位”(rheme)成分共同构成的语用单位,其中“主位”对应于语句中的表达出发点,“述位”对应于与前述出发点相关的表达内容。“话题结构”又称“题述结构”“话题—述题结构”“话题—陈述结构”等,是指由“话题”(topic)成分与“述题”(comment)成分共同构成的语用暨语法单位,其中“话题”对应于语句中的表达对象,“述题”对应于与前述对象有关的叙述内容。“信息结构”是指由“已知信息”与“未知信息”共同构成的传讯单位。“已知信息”又称“旧信息”,“未知信息”又称“新信息”。

以上两种范式同出一源,都是受启于布拉格学派马泰休斯(Mathesius, V.)倡导的句子实义切分法(theory of actual division of the sentence),③亦即首先从语用角度对句子进行“表述出发点”和“表述核心”的划分,然后通过以上成分与不同信息类型对应关系的考察,探悉前述关系对于语篇推进的影响。二者区别在于:前一种范式在基本术语使用上沿袭德国学者博斯特(Boost, K.)的做法,以“主位”和“述位”取代“表述出发点”和“表述核心”称谓,④在有关成分鉴定上承续布拉格学派的传统,将语用功能作为主要根

① 参见许余龙:《篇章回指的功能语用探索——一项基于汉语民间故事和报刊语料的研究》,上海外语教育出版社2004年版。

② 参见屈承熹著,潘文国等译:《汉语篇章语法》,北京语言大学出版社2006年版。

③ 参见[捷克]马泰休斯著,张惠芹等译:《关于句子的所谓实际切分》,见王福祥、白春仁主编《话语语言学论文集》,外语教学与研究出版社1989年版,第10—17页。马泰休斯1939年即已提出此观点。[捷克]马泰休斯著,丛林译:《捷克语词序的基本功能》,见王福祥、白春仁主编《话语语言学论文集》,外语教学与研究出版社1989年版,第18—37页。马泰休斯1941年既已提出此观点。

④ 参见戚雨村:《布拉格学派和马泰休斯的语言理论》,《外国语》1993年第5期。

据；而后一种范式在基本术语使用上承继美国结构主义语言学大师萨丕尔（Sapir, E.）[①]、霍凯特（Hockett, C.F.）[②]、赵元任[③]的做法，以“话题”（或译“主题”）和“述题”（或译“陈述”“说明”）取代“表述出发点”和“表述核心”称谓，[④]在有关成分研判上既秉承布拉格学派重视功能的传统又融入美国结构主义立足形式的特点，也就是说后者实际上是在兼顾功能与形式的基础上开展有关研究。上面说前一种范式同布拉格功能学派关系密切，这并非是说它重功能轻形式，事实上时至今日，在语言研究上固守一隅的情况已基本不复存在。

就世界范围看，欧陆功能语言学倾向采用“主位结构”与“信息结构”对勘的范式，北美功能语言学倾向采用“话题结构”与“信息结构”对勘的范式。就国内情况看，服膺欧陆功能语言学尤其是青睐韩礼德（Halliday, M.A.K.）系统功能语法的研究者，普遍是在“主位结构”与“信息结构”对勘的基础上开展语篇推进研究；而深受北美功能语言学影响尤其是认同以李讷和汤姆森（Li, C.N. & Thompson, S.A.）为代表的功能语言学的研究者，则大多是在“话题结构”与“信息结构”对勘的基础上开展有关研究。

第四节　取舍之前的权衡与反思

面对以上两种范式，作为语篇研究者自然有个何去何从的问题。前文指出学术理论认同上的差异对于范式抉择不无影响，其实除此以外，治学背

① 参见［美］爱德华·萨丕尔著，陆卓元译，陆志韦校订：《语言论——言语研究导论》，商务印书馆1985年版。该书1921年初版既已提出此观点。

② 参见［美］霍凯特著，索振羽、叶蜚声译：《现代语言学教程》，北京大学出版社1986年版。该书1958年初版既已提出此观点。

③ 参见赵元任著，丁邦新译：《中国话的文法》，中文大学出版社1980年版。该书1968年初版既已提出此观点。

④ 参见邱雪玫、李葆嘉：《论话说结构的研究沿革》，《南京师大学报》（社会科学版）2013年第6期。

景的不同亦起到很大作用。在我国大陆将前一种范式作为首选的大多来自外语学界,将后一种范式作为首选的大多来自汉语学界。当然,汉语学界看中后一种范式,与其研究多以汉语为对象有很大关系。英语为主语突出型语言(subject-prominent language),汉语为话题突出型语言(topic-prominent language)。① 对于英语语篇推进研究来说,与主语有关的句际照应乃为考察重点;而对于汉语语篇推进研究来说,与话题有关的句际照应需要给予更多关注。② 笔者为汉语学界出身,从事语篇推进研究主要以汉语为对象,照理说将"话题结构"与"信息结构"对勘范式作为不二之选乃属自然之举,但我们无意如此。为什么呢? 原因首先在于,汉语学界在如何鉴别话题的问题上一直存在争议,③这就意味着在"话题+述题"基础上开展语篇推进研究,有关操作和结论缺乏共识基础。原因其次在于,多数学者都认为话题总是与已知信息和定指信息相联系,④这就决定了在"话题+述题"基础上开展语篇推进研究,往往难以做到"三个充分"。因为有时汉语语篇中某些起始句或后续句的开头成分并不具备"已知""定指"特征(详见后文),对于这类言语单位以及与其有关的言语段落,无法运用"话题+述题"模式加以分析。

不过,笔者亦无意将"主位结构"与"信息结构"对勘的研究范式作为不二之选。原因在于它存在三大硬伤。硬伤之一,它无法合理解释某些语篇的内部信息关系。例如,有位学者认为:杜牧的《清明》,从语用结构角度看,"清明时节""路上行人""借问""牧童"为主位,"雨纷纷""欲断魂""酒家何处有""遥指杏花村"为述位。从信息结构角度看,除了"清明时节"(因标题

① Li,C.N.,& Thompson,S.A.(1976). Subject and topic: A new typology of language. In C.N. Li(Ed.),*Subject and topic*(pp.457-489).New York: Academic Press.

② 曹逢甫著,谢天蔚译:《主题在汉语中的功能研究——迈向语段分析的第一步》,语文出版社 1995 年版。曹逢甫 1979 年既已提出此观点。

③ 如邱雪玫指出:"迄今为止'话题'尚未有一个确切的定义,其性质、特征、功能等众说纷纭,莫衷一是,甚至针锋相对。"(《现代汉语话题语—说明语结构研究》,南京师范大学博士学位论文 2011 年,第 1 页。)

④ 如石毓智认为,话题主要语义特征有二:"代表的是已知信息"和"指示的是有定的事物"。(《汉语的主语与话题之辨》,《语言研究》2001 年第 2 期。)

已提示)为旧信息,其余主位均为新信息,并认为“这种主位传递新信息的信息结构在诗歌中十分常见”。[①] 文炼、胡附多年前即已指出:“如果说出的话全是新信息,那么,人家什么也听不懂了,等于白说。”[②]前述分析显然有违常理。其实在这首诗中,“借问”不是主位而是述位组成部分,相应语句的主位是省略了的“路上行人”。同时根据笔者所认同的“后景+前景”信息结构理论,这首诗的内部信息关系实际是:在第一层次上,第1、第2句与第3、第4句,前者为后景,后者为前景。在第二层次上,第1句与第2句,前者为后景,后者为前景;第3句与第4句,前者为后景,后者为前景。在第三层次上,“清明时节”与“雨纷纷”,前者为后景,后者为前景;(形诸文字的)“路上行人”与“欲断魂”,前者为后景,后者为前景;(承前省略的)“路上行人”与“借问酒家何处有”,前者为后景,后者为前景;“牧童”与“遥指杏花村”,前者为后景,后者为前景(“路上行人”乃诗人自指,“借问”预设被问者的存在,“路上行人”和“牧童”都不是什么不可意会的全新信息)。硬伤之二,将功能成分位置绝对化。例如,有位学者批评说,张伯江、方梅把“是谁啊,那女孩子?”分析为“述位+主位”殊为不妥,该句仍属“主位+述位”,只不过不够典型而已。原因在于该学者始终坚信“主位是句子或小句开始的第一个成分”。[③] 将分布位置作为功能成分鉴定依据并非该学者首创,事实上自打以“主位”和“述位”对译“theme”和“rheme”那天起,当时的译者就已把前述功能成分与特定位置死死地绑在一起。[④] 但诚如吕叔湘所言,在成分鉴别上,将位置作为决定性根据,干脆倒干脆,但使得有关分析失去意义。[⑤] 硬伤之三,将配套术语孤立化、松散单位一体化。主位结构理论认为,话语中存在由“语篇主位”(textual theme)、“人际主位”(interpersonal theme)、“话题主

---

① 黄国文:《从语篇功能的角度看〈清明〉的几种英译文》,见钱军编《语言学:中国与世界同步》,外语教学与研究出版社2003年版,第173—174页。

② 文炼、胡附:《扩大语法研究的视野》,见吕叔湘等著,马庆株编《语法研究入门》,商务印书馆1999年版,第68页。

③ 参见郑贵友:《汉语篇章语言学》,外文出版社2002年版,第111—112页、第102页。

④ 参见王福祥:《话语语言学概论》,外语教学与研究出版社1994年版,第82页。

⑤ 参见吕叔湘:《汉语语法分析问题》,商务印书馆1979年版,第71页。

位”(topical theme)共同构成的“多重主位”(multiple theme)。“主位”与“述位”相对而言,就像汉语语法所谓“中心语”与“附加语”相对而言一样。汉语有三种中心语,即“定语中心语”“状语中心语”“补语中心语”,分别与定语、状语、补语相对而言。① 如果说“话题主位”与“话题述位”相对而言,那么“语篇主位”“人际主位”与什么相对而言? 事实上这两种主位并不存在相对成分。主位结构理论认为多重主位的构成是有规律的,一般总是以“语篇主位∧人际主位∧概念主位”的组合方式出现,②其实正像徐烈炯、刘丹青指出的,所谓“语篇主位”和“人际主位”也就是通常所说的“关联性状语和插入语等”。③ 前述三种主位之间并不存在语法和语义上的内在联系,不可作为具有统一性的功能结构体看待。④

第五节　必然选择:博采基础上探索新范式

针对主位结构理论在术语命名上的不当,王福祥曾建议,或者放弃“主位”“述位”命名而代之以不含位置规范的其他名称,或者干脆直接使用“theme”和“rheme”这两个外文词语。⑤ 笔者以为,在学术著述中直接使用外文词语不失为可以考虑的选项,但在普及性读物中这样做无益于知识推广;与其使用缺乏公约性的其他称谓,不如重新起用马泰休斯创建句子实义

① 参见黄伯荣、廖序东主编:《现代汉语(增订五版)》(下册),高等教育出版社 2011 年版,第 76—77 页。

② Halliday, M. A. K., & Matthiessen, C. M. I. (2004). *An introduction to functional grammar* (*3rd ed*) (pp.52-56). London: Edward Arnold.

③ 徐烈炯、刘丹青:《话题的结构与功能》,上海教育出版社 1998 年版,第 15 页。

④ 王寅(《主位、主语和话题的思辨——兼谈英汉核心句型》,《外语研究》1999 年第 3 期)和姜望琪(《主位概念的嬗变》,《当代语言学》2008 年第 2 期)曾就“主位结构”理论先后作过客观而中肯的评论,可参看。

⑤ 参见王福祥:《话语语言学概论》,外语教学与研究出版社 1994 年版,第 82 页。

切分理论时的提法,即“表述出发点”和“表述核心”,或“表述基础”和“表述核心”。① 因为有关实践充分表明,前述提法最为贴近言语实际。综上,以往在“话题结构”和“主位结构”名下予以观照的现象,在笔者有关语篇推进研究中将被置于“表述结构”名下加以考察。这里所谓“表述结构”由“表述基础”和“表述核心”组成,其中“表述基础”与叙述起点相对应,“表述核心”与由叙述起点引发的叙述内容相对应。为方便行文,前者简称“表基”,后者简称“表核”。通常情况下,“表基”在前、“表核”在后,但它们的位置并非固定不变,诚如张伯江、方梅所言,在分布上有时也会出现易位现象。

随着语篇推进研究的深入,切夫(Chafe,W.L.)②、普林斯(Prince,E.F.)③、布朗和尤尔(Brown,G.& Yule,G.)④、徐盛桓⑤、彭宣维⑥等学者注意到,话语中客观存在的信息类型并非仅限于“未知信息”和“已知信息”两种,那种认为“信息结构”就是“已知+未知”的观点失之简单化。我们以为,二元框架是最为合理的操作框架,在“已知+未知”难以胜任信息结构解释基础的情况下,可取的做法不应是更换框架类型,而应是通过信息组合新模式的植入,使原先组合模式存在的缺憾——既不能体现信息组合实际又不能与话语结构相吻合的问题——得以根本解决。

近年来有些学者开始尝试采用以“后景+前景”为内容的信息结构模式,通过将“后景信息”作为可以统摄“共知信息”“已激活信息”“可推知信息”等信息类型的上位概念,将“前景信息”作为可以统摄“非共知信息”“未激

① 参见[捷克]马泰休斯著,丛林译:《捷克语词序的基本功能》,见王福祥、白春仁主编《话语语言学论文集》,外语教学与研究出版社 1989 年版,第 18—37 页。马泰休斯 1941 年既已提出此观点。

② Chafe, W. L.(1976).Givenness, contrastiveness, definiteness, subjects, topics, and point of view.In C. N. Li (Ed.), *Subject and topic*(pp.25-55).New York:Academic Press.

③ Prince, E. F. (1981).Toward a taxonomy of given-new information. In P. Cole (Ed.), *Radical pragmatics*(pp.223-256).New York:Academic Press.

④ Brown, G., & Yule, G.(1983).*Discourse Analysis*(pp.179-189).Cambridge, London: CUP.

⑤ 参见徐盛桓:《再论主位和述位》,《外语教学与研究》1985 年第 4 期。

⑥ 参见彭宣维:《英汉语篇综合对比》,上海外语教育出版社 2000 年版,第 85—118 页。

活信息”“不可推知信息”等信息类型的上位概念，以及通过将“后景+前景”作为可以统摄有关对称组合的上位模式，以解决拘泥和滥用“已知+未知”信息结构带来的问题。

如何界定“后景信息”和“前景信息”，目前学界看法基本一致，但对于句首名词性成分的信息归类，则存在着认识上的分歧。有的学者，如高卫东①、埃利斯(Ellis，D.G.)②，根据“图形—背景”(figure-ground)理论，将其归于前景信息范畴；有的学者，如陈忠③、张滟④，根据“线性增量”(linear modification)理论，将其归于后景信息辖域。从逻辑上讲，前一种处理不无可商之处，因为“图形—背景”理论源于空间关系感知，对于以时间关系为基础的线性话语的解释力有多大，迄今未见有人给出明确说法。而根据实际操作看，对于话语信息类型分布规律的解释，以“线性增量”理论为根据每每更为有效。⑤ 这无疑因为该理论是建立在对于线性话语直接考察的基础上。

毋庸讳言，新范式的探索并非一帆风顺，但初步实践显示，在“后景+前景”信息结构与“表基+表核”话语结构对勘基础上开展语篇推进研究，不仅可以解释现行范式无以解释的现象，而且可以拓展研究的深度和广度(参见后文)，既然如此，我们不应因噎废食，而应努力排除种种困难以将有关探索不断推向前进。

笔者注意到，三十多年前出版的《朗文语言教学及应用语言学辞典》(*Longman dictionary of language teaching and applied linguistics*)，就已在“设景”(grounding)词目下，将“后景信息”(background information)和“前景信

---

① 参见高卫东：《语篇回指的功能意义解析》，上海交通大学出版社2008年版，第171—175页。

② Ellis, D.G.(1999).*From language to communication*(p.107). Mahwah: Lawrence Erlbaum Associate.

③ 参见陈忠：《认知语言学研究》，山东教育出版社2006年版，第482—487页。

④ 参见张滟：《话题链的句法—话语界面研究——汉语话语导向类型特征的一个表现》，《现代外语》2012年第2期。

⑤ “主席团坐在台上”和“台上坐着主席团”，按照高卫东等学者的观点，两句主语均对应于前景；按照陈忠等学者的观点，两句主语均对应于后景。不难看出，后者比起前者更能在不同场合与其理论基础保持自洽性。

息”(foreground information)作为学术用语写入专业辞书。[①] 且看以下摘引:

An aspect of the information structure of a sentence in which in an act of communication, speakers assume that some information is more important than other information. Information which is needed for the listener to understand new information is background information, and information which is new or considered more important is foregrounded or foreground information.

这里有三处值得注意:第一,编著者有关“前景信息”的阐释运用了直接定义法,而有关“后景信息”的诠解则采用间接定义法,从而睿智地回避了后者难以正面解释的难题。第二,编著者界定“前景信息”时,明确指出其特点在于“新”和“重要”;界定“后景信息”时,只说它是理解“前景信息”的基础,而没说它不可能具有“新”的属性,从而使得有关解释对于似乎完全植根于“新”信息之上的话语结构亦不乏包容性。第三,编著者在“后景信息”和“前景信息”界定上,不像某些学者将其与叙事性或进程性挂钩,即不像他们采用的是狭义的定义,这就使得有关解释能够将各种语类(genre)中的话语结构都涵括在内。

第六节　新范式能够解释以往无法解释的现象

对于语篇推进来说,建立在“后景+前景”基础上的新型信息结构模式不仅极富包容力同时极富解释力。为什么这样讲呢?要讲清“为什么”得从言说的基本要求讲起,因为语篇推进实际上反映了语篇建构者是以编码者身

---

① Richards, J.C., Platt, J., & Platt, H.(1992).*Longman dictionary of language teaching and applied linguistics*(p.233).Harlow: Longman.

份在言说。基于言语行为具有互动合作性,任何言说至少需要满足以下两个要求:一是不说让解码者觉得毫无价值的话;二是不说让解码者感到莫名其妙的话。

根据要求一,编码者得注意所言必须具有信息量,即不管说什么或怎样说其中都应含有新信息。寒暄(如看到熟人外出打招呼说“出去啊?”)、回声问(如当别人告诉你“房价还在涨”,你回问“房价还在涨?”)、连续反复(如《中国人民解放军军歌》中“向前”的三次迭现)、既不改变成分又不改变结构关系的倒序重复(如将“屡战屡败”改成“屡败屡战”)、语义上的“叠床架屋”(如“凯旋归来”“未开垦的处女地”),等等,这些语用现象或结构形态,看似存在信息冗余的情况,其实不然。至少在解码者看来,它们并不是什么含有骈拇枝指性废话的表达。检验是否具有信息量或者说是否负荷新信息,有个非常简单且极其管用的办法,就是看接受反应,倘若接收者对其兴味索然且显得很不耐烦,如同鲁镇人面对祥林嫂“反复地向人说她悲惨的故事”,则可视为信息冗余或信息不足的表达;反之则否。言语交际所传递的新信息并非只是由句子表述核心承担,但表述核心总是负载着新鲜信息,则是毋庸置疑的。

根据要求二,编码者应注意所言不能让解码者有不知从何说起的感觉。为此,编码者需要通过对解码者的认知评估而将表述起点建立在解码者可以大体把握的基础上。过去总是认为表述起点必须同已知信息或定指信息相联系,于是将“已知”和“定指”视为信息结构唯一先导。前述认识每每为事实所否定,因为在言语交际中以未知信息或非定指信息为表述起点的情况并不罕见。已有多位学者指出,在新闻作品、科技作品以及小幽默、小故事之类的文艺作品中,以非定指信息充当始发句表述起点的占了相当大的比重,例如“八千名运动员正在美国洛杉矶争夺奥运会的金牌”①,“一个英国人和一个中国人去扫墓”,“下午我在家写作时,一个陌生的女人来访

① 范继淹:《无定 NP 主语句》,《中国语文》1985 年第 5 期。

了”[①],等等;同时亦有多位学者指出,在现代小说作品中,以未知信息充当始发句即表述起点的,亦达到一定比率。例如“老通宝坐在塘路边的一块石头上”[②],“赵安和李珊是一对恩爱夫妻”,“刘慧芳一上车就注意到了那个男人在盯着她”[③],等等。吕叔湘曾指出“由‘熟’而及‘生’是我们说话的一般的趋势”[④],赵元任亦曾指出,汉语“有一种强烈的趋势,主语所指的事物是有定的”[⑤],那么为何还会出现有违前述倾向的情况呢?这一方面是因为,编码者有时只需告诉解码者某事件的发生同某个或某些事主有关,而无须具体交待并不至于影响事件进程的事主身份;有时编码者为设置悬念制造陌生化效果,而有意将解码者只知其为文学作品主人公而不知其具体面貌的对象当作解码者的熟人加以介绍。另一方面也是因为,确保言语交际顺利进行的前提之一是解码者能够体悟编码者“从何说起”,而解码者基于语体知识和阅读经验,对于编码者在某些场合将表述起点建立在未知信息或非定指信息基础上通常都能心领神会,从而对其设置的表述起点都能准确把握。其实能否成为表述起点,关键不在于已知未知或有定无定,而在于是否具有“可别度”或者说在于是否具有“能识性”。[⑥] 前些年陆丙甫在吕叔湘、赵元任等学者有关论述启发下,提出具有极高概括性的“可别度领先原则”(the identifiability precedence principle)[⑦]。他指出以下相对单位的句法分布,之所以“旧信息”倾向前置而“新信息”倾向后置,“高指称性”倾向前置而“低

---

① 王灿龙:《制约无定主语句使用的若干因素》,见中国语文杂志社编《语法研究和探索》第十二辑,商务印书馆2003年版,第224—239页。

② 方经民:《有关汉语句子信息结构分析的一些问题》,《语文研究》1994年第2期。

③ 王红旗:《汉语主语、宾语的有定与无定》,见北京大学中国语言学研究中心《语言学论丛》编委会编《语言学论丛》第五十辑,商务印书馆2014年版,第73—95页。

④ 吕叔湘:《从主语、宾语的分别谈国语句子的分析》,见《吕叔湘全集》第二卷,辽宁教育出版社2002年版,第452页。吕叔湘1946年既已提出此观点。

⑤ 赵元任著,吕叔湘译:《汉语口语语法》,商务印书馆1979年版,第46页。该书1968年初版既已提出此观点。

⑥ 罗海臣、胡友信主编:《汉英科技大词典》,科学技术文献出版社1998年版,第2236页。

⑦ 陆丙甫:《语序优势的认知解释:论可别度对语序的普遍影响》,《当代语言学》2005年第1—2期。

指称性”倾向后置，“高生命度”倾向前置而“低生命度”倾向后置，“大部分”倾向前置而“小部分”倾向后置，“大数目”倾向前置而“小数目”倾向后置，全因为前者比起后者具有更高的敏感性，从而具有更高的能识性。一旦深刻领会“可别度领先原则”所反映的规律，在语篇推进研究上也就能够打破成见，不再将“已知”“定指”作为语篇推进起始和过渡的必要条件，而将“可别度”或“能识性”作为根本依据。

以言说基本要求以及“可别度领先原则”为量尺，建立在“后景+前景”基础上的信息结构与建立在“已知+未知”基础上的信息结构相比，无疑更为可取，因为它能够充分体现前述要求和原则，能够卓有成效且令人信服地解释以往无法解释的现象。

第七节　新范式能够在广度和深度上将研究向前推进

我们之所以最终决定以新型信息结构取代现行信息结构，除了前述理由，还因为现行信息结构一般只能用于主位与述位或话题与述题之间的信息关系分析，①新型信息结构则不然。作为新型信息结构组成单位的后景和前景，可以出现在话语的不同层次以及不同位置上；与此相应，作为新型话语结构组成单位的表基和表核，亦可出现在话语的不同层次以及不同位置上。考察显示：信息推进与话语推进之间不仅存在着互动关系同时存在着并行关系。② 基于本文目的在于理论梳理，加之篇幅约束，建立在新型研究

① 参见石毓智：《汉语的主语与话题之辨》，《语言研究》2001 年第 2 期。

② 在“表述出发点”和“表述基础”两种提法中我们倾向选择后者，原因在于前述成分有时出现于非起首位置上，此时可以称为“表述基础”不宜称为“表述出发点”。当然，这与笔者将“表基”视为一个覆盖面较宽的概念有着直接关系。本文所谓“表基”，可以是表述起点，也可以是表述对象；可以是重动结构中的前动，也可以是连谓结构中的前谓；可以是主从复句中的从句，也可以是句群中的前句（如“清明时节雨纷纷，路上行人欲断魂”）。总之，在信息结构层面上可以视为“后景”的单位，在话语结构层面上都有可能纳入“表基”的覆盖范围。

范式基础上的较为全面的语篇推进分析，只好恕请读者以待另文了。

为避免读者因此而对新型研究范式缺乏信任，下面拟借小句层面语篇推出若干实例，通过新型话语结构与新型信息结构的对勘性分析，以说明其效力。

(1)一阵高跟皮鞋的响声使他抬起头来，他已经走了十多步了，她就立在他面前，还是先前那一身装束。(巴金《寒夜》，上海晨光出版社1953年版)

(2)他已经走了十多步了，一阵高跟皮鞋的响声使他抬起头来，她就立在他面前，还是先前那一身装束。(巴金《寒夜》，上海文艺出版社1980年版)

(3)学程正捧着一本小而且厚的金边书快步进来，便指着一处，呈给四铭，说……(鲁迅《肥皂》，《晨报副镌》1924年3月27日)

(4)学程正捧着一本小而且厚的金边书快步进来，便呈给四铭，指着一处说……(鲁迅《肥皂》，见《鲁迅全集》第二卷，人民文学出版社1981年版)

以上四例均引自名家作品。其中例(1)、例(3)属于有瑕疵的表述，例(2)和例(4)两例属于规范措辞。有瑕疵的表述问题出在哪里？通过考察可知：在以上诸例中，“他已经走了十多步了”和“呈给四铭”负荷的是后景信息；“一阵高跟皮鞋的响声使他抬起头来”和“指着一处”，承载的是前景信息。换言之，“他已经走了十多步了”与“呈给四铭”是作为表基而存在；“一阵高跟皮鞋的响声使他抬起头来”与“指着一处”是作为表核而存在。根据新型信息结构和新型话语结构的一般排序规律，后景理应位于前景之前，表基理当处于表核之前。而作者在组织话语例(1)和例(3)时，忽略了以上规律，后来在作品修订过程中，意识到了遵守前述规律的必要性，通过语序调整而化瑕疵为规范。

第八节 结束语

有关语篇研究范式的以上设想,与其说是新探索不如说是集大成,因为它其实是对前贤有关论述合理因子以及学界有关研究最新成就的一次较为全面的总结。通过博采众长建立的新范式,在初步实践中给我们带来不少意外和惊喜。其中后景与前景偕行规律的揭橥最能鼓舞人心。它使我们认识到:后景与前景的联系不仅存在于话语的主要成分之间以及主要成分内部,还存在于话语的小句之间以及话语的段落之间。后景与前景之间不仅有着相互依存关系,还有着相互转换关系。相互依存是说谁也离不开谁。因为彼此均以对方为前提,离开对方无所谓前景或后景。相互转换是说语流中某单位的信息属性并非一成不变。例如承接复句中的小句,其信息属性除了取决于所处位置,还取决于与谁相对。析言之,将它与前句相对,则会看出它是作为前景信息载体而存在的;将它与后句相对,则会看出它是作为后景信息支点而出现的。正是后景与前景的上述两种关系及其共同作用,从而为语篇推进提供了基础和动力。“表基+表核”与“后景+前景”表里相依、同步呈现。之所以这里只提后者不提前者,全因为相对表基与表核联系,后景与前景联系更具内在性和决定性。后景与前景偕行规律的揭示,不仅将语篇研究推向新台阶,也将有关认识提上新层次。实践充分说明,语篇推进研究范式需要与时俱进。

参考文献

（南朝梁）刘勰著，王运熙、周锋撰：《文心雕龙译注》，上海古籍出版社2012年版。

（唐）姚思廉撰，卢振华点校：《梁书》卷三十三，中华书局1973年版。

（宋）周密撰，黄益元校点：《齐东野语》，上海古籍出版社2012年版。

（明）李开先著，路工辑校：《李开先集》（下册），中华书局1959年版。

（明）钟惺著，李先耕、崔重庆标校：《隐秀轩集》，上海古籍出版社1992年版。

（清）包世臣：《艺舟双楫》，广智书局1909年版。

（清）陈澧：《东塾集》卷二，见沈云龙主编《近代中国史料丛刊》第四十七辑，台北文海出版社1970年版。

（清）唐彪辑撰，白莉民等点校：《读书作文谱》，岳麓书社1989年版。

［美］爱德华·萨丕尔著，陆卓元译，陆志韦校订：《语言论——言语研究导论》，商务印书馆1985年版。

［美］L.W.安德森等编著，皮连生主译：《学习、教学和评估的分类学：布卢姆教育目标分类学》（修订版），华东师范大学出版社2008年版。

［日］庵功雄等著，巴玺维等译：《初级日语语法精解》，外语教学与研究出版社2006年版。

北京市语言文字工作委员会办公室编写：《普通话水平测试指导用书》，商务印书馆2005年版。

曹逢甫著，谢天蔚译：《主题在汉语中的功能研究——迈向语段分析的第一步》,语文出版社 1995 年版。

曹冕:《修辞学》,商务印书馆 1934 年版。

曹石珠:《汉字修辞研究》,岳麓书社 2006 年版。

常江:《对联知识手册》,中国青年出版社 1990 年版。

陈昌来著,张斌主编:《现代汉语句子》,华东师范大学出版社 2000 年版。

陈建民:《汉语口语》,北京出版社 1984 年版。

陈望道:《修辞学发凡》,上海教育出版社 1979 年版。

陈忠:《认知语言学研究》,山东教育出版社 2006 年版。

[美]德博拉·K.威廉姆斯著,王立德、赵立光译:《英文易混词词典》,中央编译出版社 2007 年版。

傅隶朴:《修辞学》,台北正中书局 1969 年版。

[苏联]高尔斯基著,马兵译:《逻辑学》,上海人民出版社 1960 年版。

高万云:《文学语言的多维视野》,山东文艺出版社 2001 年版。

高万云:《中国修辞理论与批评》(黄海学术研究集萃),山东人民出版社 2004 年版。

高卫东:《语篇回指的功能意义解析》,上海交通大学出版社 2008 年版。

郭富强:《意合形合的汉英对比研究》,中国海洋大学出版社 2007 年版。

顾准:《顾准文集》,贵州人民出版社 1994 年版。

何自然主编,冉永平、莫爱屏、王寅编著:《认知语用学:言语交际的认知研究》,上海外语教育出版社 2006 年版。

[德]黑格尔著,贺麟、王玖兴译:《精神现象学》(上卷),上海人民出版社 2013 年版。

[德]洪堡特著,姚小平译注:《洪堡特语言哲学文集》,商务印书馆 2011 年版。

胡习之:《核心修辞学》,中国社会科学出版社 2014 年版。

胡壮麟编著:《语篇的衔接与连贯》,上海外语教育出版社 1994 年版。

黄伯荣、廖序东主编:《现代汉语(增订五版)》(下册),高等教育出版社2011年版。

黄国文编著:《语篇分析概要》,湖南教育出版社1988年版。

黄玫:《韵律与意义:20世纪俄罗斯诗学理论研究》,人民出版社2005年版。

黄永武:《中国诗学设计篇》,新世界出版社2012年版。

[美]霍凯特著,索振羽、叶蜚声译:《现代语言学教程》,北京大学出版社1986年版。

贾洪伟:《国外语义学在中国的传播与影响》,上海交通大学出版社2014年版。

蒋宗许:《汉语词缀研究》,巴蜀书社2009年版。

[美]克雷奇等著,周先庚等译:《心理学纲要》(下册),文化教育出版社1981年版。

[美]勒内·韦勒克、奥斯汀·沃伦著,刘象愚等译:《文学理论》(新修订版),浙江人民出版社2017年版。

黎锦熙:《新著国语文法》,商务印书馆1992年版。

黎锦熙、刘世儒:《中国语法教材》第六册,五十年代出版社1955年版。

黎锦熙、刘世儒:《联合词组和联合复句》,新知识出版社1958年版。

黎锦熙、刘世儒:《汉语语法教材》第三编,商务印书馆1962年版。

李棣华:《法语章法研究》,上海外语教育出版社1993年版。

李季:《王贵与李香香》,东北书店1946年版。

李季:《王贵与李香香》,人民文学出版社1961年版。

李天贤:《认知框架视角下的语篇连贯研究》,国防工业出版社2013年版。

李行健主编:《现代汉语规范词典》(缩印本),外语教学与研究出版社2010年版。

刘辰诞:《教学篇章语言学》,上海外语教育出版社1999年版。

刘大白:《中国文学史》,岳麓书社 2011 年版。

刘和民主编:《例解日语语法》,大连理工大学出版社 2002 年版。

刘丽芬:《俄汉标题对比研究》,商务印书馆 2013 年版。

刘润清编著:《西方语言学流派》,外语教学与研究出版社 1995 年版。

刘月华、潘文娱、故韡:《实用现代汉语语法》(增订本),商务印书馆 2001 年版。

林三松等主编:《写作艺术技巧辞典》,北京出版社 1994 年版。

[美]鲁道夫·阿恩海姆著,滕守尧译:《艺术与视知觉》,四川人民出版社 2019 年版。

陆丙甫:《核心推导语法》第二版,上海教育出版社 2015 年版。

[美]罗伯特·路威著,吕叔湘译:《文明与野蛮》,三联书店 2015 年版。

罗敬仁编:《日语助词概论》,北京出版社 1982 年版。

罗海臣、胡友信主编:《汉英科技大词典》,科学技术文献出版社 1998 年版。

罗选民等:《话语分析的英汉语比较研究》,湖南人民出版社 2001 年版。

吕叔湘:《中国文法要略》,商务印书馆 1982 年版。

吕叔湘:《汉语语法分析问题》,商务印书馆 1979 年版。

吕叔湘、朱德熙:《语法修辞讲话》,商务印书馆 2013 年版。

[美]A.P.马蒂尼奇编,牟博等译:《语言哲学》,商务印书馆 1998 年版。

倪海曙:《语文杂谈》,新知识出版社 1957 年版。

[英]帕默尔著,李荣等译:《语言学概论》,商务印书馆 1983 年版。

潘文国:《汉英语对比纲要》,北京语言文化大学出版社 1997 年版。

潘文国:《字本位与汉语研究》,华东师范大学出版社 2002 年版。

彭宣维:《英汉语篇综合对比》,上海外语教育出版社 2000 年版。

钱歌川:《翻译的基本知识》,北京联合出版公司 2015 年版。

钱乃荣主编:《现代汉语》,江苏教育出版社 2001 年版。

钱锺书:《管锥编》第一册,中华书局 1979 年版。

钱锺书:《谈艺录》(补订本),中华书局 1984 年版。

秦秀白编著:《英语语体和文体要略》,上海外语教育出版社 2002 年版。

屈承熹著,潘文国等译:《汉语篇章语法》,北京语言大学出版社 2006 年版。

邵敬敏主编:《现代汉语通论》,上海教育出版社 2001 年版。

沈家煊:《语法六讲》,商务印书馆 2011 年版。

沈开木:《句段分析(超句体的探索)》,语文出版社 1987 年版。

石安石:《语义研究》,语文出版社 1994 年版。

谭学纯、濮侃、沈孟璎主编:《汉语修辞格大辞典》,上海辞书出版社 2010 年版。

谭永祥:《修辞新格》,福建教育出版社 1983 年版。

谭永祥:《汉语修辞美学》,北京语言学院出版社 1992 年版。

童山东、吴礼权:《阐释修辞论》,首都师范大学出版社 1998 年版。

汪玢玲主编:《民间文学概论》,中央广播电视大学出版社 1994 年版。

王长喜主编:《新编大学英语全真课堂》第三册,中国对外翻译出版公司 2001 年版。

王德春:《修辞学探索》,北京出版社 1983 年版。

王仿编:《中国谜语大全》,上海文艺出版社 2008 年版。

王福祥:《俄语话语结构分析》,外语教学与研究出版社 1981 年版。

王福祥:《话语语言学概论》,外语教学与研究出版社 1994 年版。

王力:《汉语诗律学》(下),中华书局 2015 年版。

王宁:《汉字构形学讲座》,上海教育出版社 2002 年版。

王瑞林、李永建、张军挪:《基于虚拟样机的轻武器建模技术及应用》,国防工业出版社 2014 年版。

王希杰:《汉语修辞学》,商务印书馆 2004 年版。

王锳:《古典诗词特殊句法举隅》,语文出版社 2014 年版。

王佐良、丁往道主编:《英语文体学引论》,外语教学与研究出版社 1987

年版。

[瑞士]沃尔夫冈·凯塞尔著,陈铨译:《语言的艺术作品·文艺学引论》,上海译文出版社 1984 年版。

吴启主:《汉语构件语法语篇学》,岳麓书社 2002 年版。

吴为章、田小琳:《汉语句群》,商务印书馆 2000 年版。

邢福义:《汉语复句研究》,商务印书馆 2001 年版。

邢福义主编:《现代汉语》,高等教育出版社 1991 年版。

徐赳赳:《现代汉语篇章回指研究》,中国社会科学出版社 2003 年版。

徐烈炯、刘丹青:《话题的结构与功能》,上海教育出版社 1998 年版。

许余龙:《篇章回指的功能语用探索——一项基于汉语民间故事和报刊语料的研究》,上海外语教育出版社 2004 年版。

薛瑞兆、郭明志编纂:《全金诗》第四册,南开大学出版社 1995 年版。

杨树达编著:《中国修辞学》,科学出版社 1954 年版。

杨献军、陈叔力:《高级英语教学研究》,哈尔滨地图出版社 2008 年版。

叶桂桐:《中国诗律学》,文津出版社有限公司 1998 年版。

叶嘉莹:《迦陵文集》第八卷,河北教育出版社 1997 年版。

俞绍初辑校:《建安七子集》,中华书局 2005 年版。

袁毓林:《汉语配价语法研究》,商务印书馆 2010 年版。

臧克家:《臧克家文集》第六卷,山东文艺出版社 1994 年版。

詹黎编著:《儿歌大全》,上海科学普及出版社 2015 年版。

章利国:《设计艺术美学》,山东教育出版社 2002 年版。

张伯江、方梅:《汉语功能语法研究》,江西教育出版社 1996 年版。

张斌主编:《现代汉语描写语法》,商务印书馆 2010 年版。

张德禄、刘汝山:《语篇连贯与衔接理论的发展及应用》,上海外语教育出版社 2003 年版。

张今、张克定:《英汉语信息结构对比研究》,河南大学出版社 1998 年版。

张炼强:《修辞理据探索》,首都师范大学出版社 1994 年版。

张志公主编:《现代汉语》(上册),人民教育出版社 1982 年版。

张志公著,庄文中编:《张志公汉语语法教学论著选》,山西教育出版社 1997 年版。

赵艳芳:《认知语言学概论》,上海外语教育出版社 2001 年版。

赵元任著,吕叔湘译:《汉语口语语法》,商务印书馆 1979 年版。

赵元任著,丁邦新译:《中国话的文法》,中文大学出版社 1980 年版。

浙江省修辞研究会编写:《修辞方式例解词典》,浙江教育出版社 1990 年版。

郑贵友:《汉语篇章语言学》,外文出版社 2002 年版。

郑庆君:《汉语话语研究新探——〈骆驼祥子〉的句际关系和话语结构研究》,湖南教育出版社 2003 年版。

中国文学语言研究会、郑颐寿、诸定耕主编:《中国文学语言艺术大辞典》,重庆出版社 1993 年版。

周刚:《连词与相关问题》,安徽教育出版社 2002 年版。

朱德熙:《语法讲义》,商务印书馆 1982 年版。

朱德熙:《语法答问》,商务印书馆 1985 年版。

朱德熙:《语法分析讲稿》,商务印书馆 2010 年版。

朱光潜:《朱光潜美学文集》第二卷,上海文艺出版社 1982 年版。

朱光潜:《谈文学》,安徽教育出版社 1996 年版。

朱自清:《朱自清中国歌谣》,吉林人民出版社 2013 年版。

宗廷虎、陈光磊:《中国修辞史》(三卷本),吉林教育出版社 2007 年版。

宗廷虎、陈光磊:《中国辞格审美史》(五卷本),吉林教育出版社 2019 年版。

杜世洪:《脉辨——论话语互动的连贯基础》,华东师范大学博士学位论文 2008 年。

黎洪:《汉语偏正复句句序变异研究》,安徽大学博士学位论文 2012 年。

李教昌:《怒江傈僳语参考语法》,上海师范大学博士学位论文 2018 年。

邱雪玫:《现代汉语话题语—说明语结构研究》,南京师范大学博士学位论文 2011 年。

韦琍:《壮语对广西汉语方言的影响》,广西民族大学硕士学位论文 2008 年。

张丽丽:《试论以"左""右"引导的现代汉语并列复句:兼与〈圣经〉中同类复句比较》,安徽大学硕士学位论文 2011 年。

(宋)许彦周:《彦周诗话》,见(清)何文焕辑《历代诗话》,中华书局 1981 年版。

(清)刘大櫆:《论文偶记》,见申远初选注《元明清文选》,太白文艺出版社 2004 年版。

[美]爱因斯坦著,许良英等译:《物理学和实在》,见许良英等编译《爱因斯坦文集》第一卷,商务印书馆 1976 年版。

曹靖华:《谈散文》,见黄绳编《当代散文选读》,广东人民出版社 1983 年版。

曹阳:《语篇翻译谈》,见四川大学外国语学院编《外国语言文学与文化论丛》第九辑,四川大学出版社 2009 年版。

段宝林:《北京古今民间诗律的立体研究》,见段宝林、过伟、刘琦主编《古今民间诗律》,北京大学出版社 1999 年版。

方光焘:《体系与方法——评东华先生的总原则》,见《方光焘语言学论文集》,商务印书馆 1997 年版。

方光焘:《漫谈语言和言语问题》,见《方光焘语言学论文集》,商务印书馆 1997 年版。

方光焘:《语言与言语问题答客问》,见《方光焘语言学论文集》,商务印书馆 1997 年版。

飞白:《诗律学》,见海岸选编《中西诗歌翻译百年论集》,上海外语教育出版社 2007 年版。

高汉平、尹斌庸:《音节形式的比较研究》,见倪海曙主编《语文现代化》第一辑,知识出版社 1983 年版。

胡壮麟:《〈语篇连贯与衔接理论的发展及应用〉序》,见张德禄、刘汝山《语篇连贯与衔接理论的发展及应用》,上海外语教育出版社 2003 年版。

黄国文:《从语篇功能的角度看〈清明〉的几种英译文》,见钱军编《语言学:中国与世界同步》,外语教学与研究出版社 2003 年版。

黄师哲:《无定名词主语同事件论元的关系》,见黄正德主编《中国语言学论丛》第三辑,北京语言文化大学出版社 2004 年版。

[美]吉尔福特著,魏庆安译:《智力的三维结构》,见魏庆安等译《情感·意志·个性》,鹭江出版社 1988 年版。

[美]莱因森、利伯曼著,潘悟云译:《计算机言语识别》,见[美]王士元主编《语言与人类交际》,广西教育出版社 1987 年版。

老舍:《关于文学的语言问题》,见《福星集》,北京出版社 1958 年版。

老舍:《戏剧语言》,见《小花朵集》,百花文艺出版社 1963 年版。

廖秋忠:《篇章中的框—棂关系与所指的确定》,见中国语文杂志社编《语法研究和探索》第三辑,北京大学出版社 1985 年版。

刘大白:《〈毛诗〉底用纽》,见《旧诗新话》,岳麓书社 2012 年版。

刘丹青:《对称格式的语法功能及表达作用》,见北京市语言学会编《语文知识丛刊》第三辑,地震出版社 1982 年版。

刘丹青:《焦点(强调成分)的调查研究框架》,见上海市高校比较语言学 E-研究院编,潘悟云、陆丙甫主编《东方语言学》第一辑,上海教育出版社 2006 年版。

吕叔湘:《从主语、宾语的分别谈国语句子的分析》,见《吕叔湘全集》第二卷,辽宁教育出版社 2002 年版。

吕叔湘:《声、韵、调在文学上的应用》,见《语文常谈》,三联书店 1980 年版。

马清华:《并列结构多语序运筹的机制》,见北京大学汉语语言研究中心《语言学论丛》编委会编《语言学论丛》第三十二辑,商务印书馆 2006 年版。

[捷克]马泰休斯著,张惠芹等译:《关于句子的所谓实际切分》,见王福祥、白春仁主编《话语语言学论文集》,外语教学与研究出版社 1989 年版。

[捷克]马泰休斯著,丛林译:《捷克语词序的基本功能》,见王福祥、白春仁主编《话语语言学论文集》,外语教学与研究出版社 1989 年版。

[苏联]马雅可夫斯基著,毕奂午译:《怎样作诗?》,见余振主编《马雅可夫斯基选集》第四卷,人民文学出版社 1987 年版。

阮显忠:《汉语谐音与汉族文化》,见复旦大学语言文学研究所编《语法修辞论:纪念陈望道先生诞辰 100 周年论文集》,浙江教育出版社 1994 年版。

史有为:《走向柔性的现代汉语语法研究——四十年间语法研究方法论之变迁》,见刘坚、侯精一主编《中国语文研究四十年纪念文集》,北京语言学院出版社 1993 年版。

史有为:《语篇和语篇法则引论——兼及语篇教学》,见《寻路汉语——语言习得与对外汉语教学研究》,商务印书馆 2013 年版。

宋柔:《汉语小句复合体和话头结构》,见揭春雨、刘美君主编《实证和语料库语言学前沿》,中国社会科学出版社 2018 年版。

王灿龙:《制约无定主语句使用的若干因素》,见中国语文杂志社编《语法研究和探索》第十二辑,商务印书馆 2003 年版。

王红旗:《汉语主语、宾语的有定与无定》,见北京大学中国语言学研究中心《语言学论丛》编委会编《语言学论丛》第五十辑,商务印书馆 2014 年版。

王力:《中国文法学初探》,见《王力语言学论文集》,商务印书馆 2000 年版。

王力:《中国语法理论》,见《王力全集》第八卷,中华书局 2015 年版。

王希杰:《并列和音节与次序》,见《这就是汉语》,北京语言学院出版社

1992 年版。

王宗炎:《〈语篇的衔接与连贯〉序》,见胡壮麟编著《语篇的衔接与连贯》,上海外语教育出版社 1994 年版。

文炼、胡附:《扩大语法研究的视野》,见吕叔湘等著,马庆株编《语法研究入门》,商务印书馆 1999 年版。

吴文超:《从汉语拼音到拼音中文》,见苏培成、颜逸明、尹斌庸编:《语文现代化论文集》,商务印书馆 2002 年版。

岩峰:《漫谈傣族诗歌的韵律》,见郑晓云编《岩峰学术文集》,云南民族出版社 2007 年版。

叶圣陶:《评〈读和写〉,兼论读和写的关系》,见中央教育科学研究所编《叶圣陶语文教育论集》,教育科学出版社 1980 年版。

[法]雨果著,柳鸣九译:《〈克伦威尔〉序》,见柳鸣九编选《雨果散文精选》,海天出版社 2014 年版。

臧克家:《有的人》,见《臧克家诗选》,人民文学出版社 1956 年版。

臧克家:《有的人》,见《臧克家诗选》,人民文学出版社 1978 年版。

张新华:《表达非主题判断的无定名词主语句》,见王建华、张涌泉主编《汉语语言学探索》,浙江大学出版社 2007 年版。

张志公:《篇章论(下)》,见张志公著、王本华编《汉语辞章学论集》,人民教育出版社 1996 年版。

朱介凡:《中华谚语格律》,见段宝林、过伟、刘琦主编《古今民间诗律》,北京大学出版社 1999 年版。

朱泳燚:《协调音节　上口顺耳——鲁迅语言修改艺术学习札记》,见北京市语言学会编《语文知识丛刊》第六辑,地震出版社 1983 年版。

宗白华:《常人欣赏文艺的形式》,见《宗白华全集》第二卷,安徽教育出版社 2008 年版。

白朝晖:《三言句式在词中的出现及其词体意义》,《文学遗产》2010 年第 5 期。

曹德和:《汉语句序排列规律》,[日]《中国语研究》2005年总47期。

曹德和:《关于修辞理论的深度思考——从修辞学基本概念的界定谈起》,《学术界》2008年第5期。

曹德和、黎洪:《可变与不可变规范的区分及其学术意义——从语用与规范关系的对立观点说起》,《学术界》2011年第7期。

曹德和:《广义语篇观立论基础考察》,《殷都学刊》2013年第4期。

曹德和:《从汉字和汉文化关系谈汉字前景规划》,《中国文字学报》2015年第六辑。

曹德和、黎洪:《语音节奏与并列结构语音组织原则》,《语言与翻译》2016年第4期。

曹德和、潘明霞:《隐性衔接类型考察以及有关理论探讨》,《东方语言学》2020年第21辑。

曹德和、王卫兵:《汉语押韵衔接的形式描写、功能验证以及理据探讨》,《语言与翻译》2018年第1期。

陈本益:《汉语诗歌形式的"细胞"——兼谈〈诗经〉四言句式的起源》,《中国文学研究》2007年第1期。

陈平著,徐赳赳译:《汉语中结构话题的语用解释和关系化》,《国外语言学》1996年第4期。

陈平:《汉语双项名词句与话题—陈述结构》,《中国语文》2004年第6期。

陈平:《汉语定指范畴和语法化问题》,《当代修辞学》2016年第4期。

陈庆荣、杨亦鸣:《古诗阅读的认知机制:来自眼动的证据》,《中国社会科学》2017年第3期。

陈晓平:《论拆字的特点》,《湘南学院学报》2006年第3期。

陈信德:《现代日语的句法(二)》,《日语学习与研究》1980年第2期。

董洪学、王景琳、杨桂玲:《话语连贯的语境阐释力》,《东北师范大学学报》(哲学社会科学版)2009年第2期。

董秀芳:《话题标记来源补议》,《古汉语研究》2012 年第 3 期。

杜世洪、卡明斯:《连贯是一个语言哲学问题——四十年连贯研究的反思》,《外国语》2011 年第 4 期。

范继淹:《无定 NP 主语句》,《中国语文》1985 年第 5 期。

范晓:《关于句式问题——庆祝〈语文研究〉创刊 30 周年》,《语文研究》2010 年第 4 期。

方经民:《有关汉语句子信息结构分析的一些问题》,《语文研究》1994 年第 2 期。

冯胜利:《汉语韵律句法学引论(上)》,《学术界》2000 年第 1 期。

傅永和:《汉字的部件》,《语文建设》1991 年第 12 期。

高更生:《试论超句》,《山东师范大学学报》(哲学社会科学版)1984 年第 1 期。

胡承义:《SL(2,P~n)的特征标表及其结构》,《江汉大学学报》(自然科学版)1987 年第 2 期。

胡习之:《试论"否全回环"》,《营口师专学报》(哲学社会科学版)1995 年第 2 期。

胡裕树、范晓:《试论语法研究的三个平面》,《新疆师范大学学报》1985 年第 2 期。

姜望琪:《从句子语法到篇章语法》,《中国外语》2007 年第 5 期。

姜望琪:《主位概念的嬗变》,《当代语言学》2008 年第 2 期。

黎洪、曹德和:《平行句式衔接功能及其成因暨语用原则——从朱德熙的一个重要观点说开去》,《安徽师范大学学报》(人文社会科学版)2017 年第 5 期。

李晋荃、王希杰:《谐音:从修辞到文化》,《杭州师范学院学报》1996 年第 2 期。

廖秋忠:《现代汉语篇章中指同的表达》,《中国语文》1986 年第 2 期。

廖秋忠:《现代汉语篇章中的连接成分》,《中国语文》1986 年第 6 期。

刘丹青:《汉语类指成分的语义属性和句法属性》,《中国语文》2002 年第 5 期。

刘丹青:《制约话题结构的诸参项——谓语类型、判断类型及指称和角色》,《当代语言学》2018 年第 1 期。

柳鸣九:《关于意识流问题的思考》,《外国文学评论》1987 年第 4 期。

林柷敌:《文章学初探》,《文汇报》1962 年 4 月 19 日。

鲁国尧:《语言学与美学的会通:读木华〈海赋〉》,《古汉语研究》2012 年第 3 期。

陆丙甫:《从语义、语用看语法形式的实质》,《中国语文》1998 年第 5 期。

陆丙甫:《语序优势的认知解释:论可别度对语序的普遍影响》,《当代语言学》2005 年第 1—2 期。

陆丙甫:《作为语法分析起点之一的数量性限制》,《汉语学习》2012 年第 2 期。

陆俭明:《汉语口语句法里的易位现象》,《中国语文》1980 年第 1 期。

陆烁、潘海华:《汉语无定主语的语义允准分析》,《中国语文》2009 年第 6 期。

吕叔湘:《语句次序》,《中国语文》1980 年第 3 期。

吕叔湘:《主谓谓语句举例》,《中国语文》1986 年第 5 期。

马东风:《歌词不通的通俗歌》,《音乐周报》1990 年 1 月 5 日。

梅祖麟、高友工:《论唐诗的语法、用字与意象》,《哈佛亚洲研究月刊》1971 年 9 月号。

倪宝元:《如何使言语更加连贯》,《语文建设》2000 年第 5—6 期。

牛保义:《隐性衔接论》,《外语教学》1998 年第 3 期。

戚雨村:《布拉格学派和马泰休斯的语言理论》,《外国语》1993 年第 5 期。

钱学森:《科学学、科学技术体系学、马克思主义哲学》,《哲学研究》1979

年第1期。

邱雪玫、李葆嘉:《论话说结构的研究沿革》,《南京师大学报》(社会科学版)2013年第6期。

冉永平:《话语标记语的语用学研究综述》,《外语研究》2000年第4期。

邵敬敏、赵春利:《关于语义范畴的理论思考》,《世界汉语教学》2005年第1期。

沈家煊:《汉语"大语法"包含韵律》,《世界汉语教学》2017年第1期。

沈家煊:《谈谈功能语言学各流派的融合》,《外语教学与研究》2019年第4期。

石毓智:《汉语的主语与话题之辨》,《语言研究》2001年第2期。

史有为:《多元·柔性·主体——80~90年代语法研究大势之我见》,《世界汉语教学》1991年第4期。

史有为:《再续〈汉语文化语音学虚实谈〉》,《世界汉语教学》1995年第4期。

史有为:《主语后停顿与话题》,《中国语言学报》1995年第5期。

史有为:《汉语语篇连贯性问题概析》,《修辞学习》2004年第5期。

史有为:《语篇、语篇法则和语篇教学——中国语教育学研究之五》,[日]《应用言语学研究》2004年第6期。

史有为:《话题、协同化及话题性》,《语言科学》2005年第3期。

史有为:《关于语篇—词汇主导教学——从对日汉语教学中词汇的地位谈起》,《对外汉语研究》2005年第1期。

宋文辉:《现代汉语中是否存在和话题分立的语法主语》,《语言教学与研究》2020年第2期。

宋玉柱:《再谈关联词语在单句成分间的连接作用——从"却"字连接主、谓谈起》,《汉语学习》1990年第3期。

谭汝为:《嵌字诗漫谈》,《文史杂志》1988年第3期。

王军:《联想回指现象琐议》,《西安外国语学院学报》2003年第1期。

王军:《论关联度在间接回指释义中的主导作用》,《现代外语》2004 年第 3 期。

王军:《汉英间接回指形式对比初步》,《四川外语学院学报》2005 年第 1 期。

王军:《“框棂关系”对间接回指研究的启示》,《外语教学》2005 年第 4 期。

王蒙:《符号的组合与思维的开拓》,《读书》1991 年第 5 期。

王蒙:《语言的功能和陷阱——在复旦大学“文史讲堂”的演讲》,《书城》2008 年第 4 期。

王全智:《论语篇的使成条件》,《外语与外语教学》2001 年第 9 期。

王寅:《主位、主语和话题的思辨——兼谈英汉核心句型》,《外语研究》1999 年第 3 期。

[日]望月圭子著,石关译:《汉语主题的分级类型》,《汉语学习》1987 年第 2 期。

魏亚利:《现象句中的“が”与“は”》,《日语知识》2008 年第 2 期。

文炼:《关于分类的依据和标准》,《中国语文》1995 年第 4 期。

文炼、胡附:《谈词的分类》,《中国语文》1954 年 2 月号、3 月号。

吴士文:《辞格结构形式初探》,《辽宁师院学报》1979 年第 4 期。

徐杰:《主语成分、话题特征及相应语言类型》,《语言科学》2003 年第 1 期。

徐静蕾:《汉语的“意合”特点与汉人的思维习惯》,《语文导报》1987 年第 6 期。

徐赳赳:《现代汉语联想回指分析》,《中国语文》2005 年第 3 期。

徐盛桓:《再论主位和述位》,《外语与外语教学》1985 年第 4 期。

徐盛桓:《论常规关系——新格赖斯会话含意理论系列研究之六》,《外国语》1993 年第 6 期。

徐盛桓:《常规关系和文化教学》,《外语教学与研究》1996 年第 1 期。

徐盛桓:《信息状态研究》,《现代外语》1996 年第 2 期。

徐盛桓:《含意本体论研究》,《外语教学与研究》1996 年第 3 期。

徐盛桓:《常规关系与句式结构研究——以汉语不及物动词带宾语句式为例》,《外国语》2003 年第 2 期。

徐盛桓:《常规关系与语句解读研究——语用推理形式化的初步探索》,《现代外语》2003 年第 2 期。

徐盛桓:《常规推理与“格赖斯循环”的消解》,《外语教学与研究》2006 年第 3 期。

徐盛桓:《自主和依存——语言表达形式生成机理的一种分析框架》,《外语学刊》2007 年第 2 期。

许余龙:《英汉指称词语表达的可及性》,《外语教学与研究》2000 年第 5 期。

许余龙:《英汉指称词语的语篇回指功能对比研究》,《外国语》2018 年第 6 期。

杨通银:《侗族语言资源和非物质文化遗产》,《贵州民族研究》2009 年第 1 期。

杨亦鸣、曹明:《汉语皮质下失语患者主动句式与被动句式理解、生成的比较研究》,《中国语文》1997 年第 4 期。

杨自俭:《语篇和语境——〈衔接与连贯理论的发展及应用〉序》,《解放军外国语学院学报》2003 年第 2 期。

叶圣陶:《谈谈语法修辞》,《新闻与出版》1957 年 3 月 31 日第 4 版。

曾祥芹:《论文章的内部和外部规律》,《上饶师专学报》1994 年第 4 期。

章熊:《语言的整齐与变化》,《语文学习》1979 年第 2 期。

张国宪:《论对举格式的句法、语义和语用功能》,《淮北师范大学学报》1993 年第 1 期。

张普:《关于语感与流通度的思考》,《语言教学与研究》1999 年第 2 期。

张喜荣:《语篇隐性衔接关系的扩展性研究》,《四川外国语学院学报》

2009 年第 1 期。

张滟:《话题链的句法—话语界面研究——汉语话语导向类型特征的一个表现》,《现代外语》2012 年第 2 期。

张涌泉:《说“押韵”的“押”》,《文史》2014 年第 1 期。

赵金铭:《谐音与文化》,《语言教学与研究》1987 年第 1 期。

朱德熙:《汉语句法中的歧义现象》,《中国语文》1980 年第 2 期。

朱德熙:《现代汉语语法研究的对象是什么?》,《中国语文》1987 年第 5 期。

朱晓农:《语法研究中的假设—演绎法——从主语有定无定谈起》,《华东师范大学学报》(哲学社会科学版)1988 年第 4 期。

Aitchison, J. (1987). *Words in the mind: An introduction to the mental lexicon*. Oxford: Basil Blackwell.

Ariel, M. (1990). *Accessing noun-phrase antecedents*. London: Routledge.

Beaugrande, R. D., & Dressler, W.U. (1981). *Introduction to text linguistics*. London: Longman.

Berry, D. C., & Broadbent, D. E. (1988). Interactive tasks and the implicit-explicit distinction. *British Journal of Psychology*.

Bloomfield, L. (1933). *Language*. London: George Allen & Unwin Ltd.

Brown, G., & Yule, G. (1983). *Discourse Analysis*. Cambridge, London: CUP.

Bruner, J.S., Goodnow, J.J., & Austin, G.A. (1956). *A study of thinking*. New York: Wiley.

Carlson, G. N. (1977). A unified analysis of the English bare plural. *Linguistics and Philosophy*.

Chafe, W. L. (1976). Givenness, contrastiveness, definiteness, subjects, topics, and point of view. In C. N. Li (Ed.), *Subject and topic*. New York: Academic Press.

Ellis, D. G. (1999). *From language to communication.* Mahwah: Lawrence Erlbaum Associate.

Enkvist, N.E. (1978). Coherence, pseudo-coherence, and non-coherence. In J. O. Östman (Ed.), *Cohesion and semantics.* Åbo, Finland: Åbo Akademi Foundation.

Ferdinand de Saussure. (1967). *Cours de linguistique générale.* Publié par Charles Bailly et Albert Séchehaye avec la collaboration de Albert Riedlinger. Édition critique préparée par Tullio de Mauro Postface de Louis-Jean.

Grice, H. P. (1975). Logic and conversation. In Cole, P., & Morgan, J. (eds.) *Syntax and semantics, Vol 3: Speech acts.* New York: Academic Press.

Grice, H.P. (1989). *Studies in the way of words.* Cambridge, MA: Harvard University Press.

Givón, T. (1983). Topic continuity in discourse: An introduction. In Givón, T. (Ed.), *Topic continuity in discourse: A quantitative cross language study.* Amsterdam: John Beniamins.

Guilford, J. P. (1986). *Creative talents: Their nature, uses and development.* New York: Bearly Limited.

Halliday, M. A. K., & Hasan, R. (1976). *Cohesion in English.* London: Longman.

Halliday, M.A.K., & Hasan, R. (1985). *Language, context and text: Aspects of language as a social-semiotic perspective.* Victoria: Deakin University Press.

Halliday, M. A. K., & Matthiessen, C. M. I. (2004). *An introduction to functional grammar (3rd ed).* London: Edward Arnold.

Hockett, C. F. (1958). *A course in modern linguistics.* New York: Macmillan.

Jakobson, Roman. (1958). Linguistics and poetics. In Stephen Rudy (Ed.), *Selected writings* Ⅲ: *Poetry of grammar and grammar of poetry.* Hague: Mouton.

Jef Verschueren.(1999). *Understanding pragmatics*.London:Arnold.

Lai, K.(2006).*World renowned linguist professor Halliday launches Halliday Center at city U*. Hong Kong: City University of Hong Kong Press.

Lambrecht,K.(1994).*Information structure and sentence form:Topic, focus, and the mental representations of discourse referents*. Cambridge: Cambridge University Press.

Levinson, S. C. (1983). *Pragmatics*. Cambridge: Cambridge University Press.

Li,C.N., & Thompson,S.A.(1976). Subject and topic: A new typology of language. In C.N.Li(Ed.),*Subject and topic*.New York: Academic Press.

Lu, Bingfu & San Duanmu.(1991).A case study of the relation between rhythm and syntax in Chinese. Paper presented at the 3rd North American Conference on Chinese Linguistics, May 3-5.

Lu, Bingfu & San Duanmu.(2002). Rhythm and syntax in Chinese: A case study. *Journal of Chinese Language Teachers Association.*

Meyer,D.E., & Schvaneveldt,R.W.(1971).Facilitation in recognizing pairs of words: Evidence of a dependence between retrieval operations. *Journal of Experimental Psychology*.

Prince, E.F.(1981).Toward a taxonomy of given-new information. In P. Cole (Ed.),*Radical pragmatics*.New York:Academic Press.

Quirk, Randolph, et al. (1973). *A grammar of Contemporary English*. London:Longmans.

Richards, J. C., Platt, J., & Platt, H. (1992). *Longman dictionary of language teaching and applied linguistics*.Harlow: Longman.

Sapir,Edward.(1921).*Language: An introduction to the study of speech*.New York:Harcourt Brace Company.

Whaley, L.J.(1997). *Introduction to typology: The unity and diversity of language*. Thousand Oaks: Sage Publications , Inc.

Widdowson, H.G. (1979). *Explorations in applied linguistics*. Oxford: Oxford University Press.

北原保雄.(1984).『日本文法の焦点』.東京:教育出版.

久野暲.(1973).『日本文法研究』.東京:大修館書店.

三尾砂.(1948).『國語法文章論』.東京:三省堂.

山田孝雄.(1936).『日本文法学概論』.東京:宝文館.

松下大三郎.(1961).『標準日本口語法』.東京:勉誠社.

松下大三郎.(1978).『改撰標準日本文法』.東京:勉誠社.

野田尚史.(1996).『「は」と「が」』.東京:くろしお出版.